Dieter Redlich

Krieg soll herrschen, damit Gerechtigkeit nicht siege

Subjekt der Geschichte der Menschheit sind wir – normale Menschen.
In Le-Chambon-sur-Lignon und in Dieulefit wurden Tausende vor den Nazis und dem Vichy-Regime gerettet.
Es gab unter den Bürgerinnen und Bürgern keine Verräter.
Sie handelten richtig. Sie setzten ihr eigenes Leben aufs Spiel.
Wie lässt sich ihre Solidarität mit den unerwünschten Flüchtlingen erklären?

Wenn alle monokausalen Erklärungen versagen,
so bleibt nur zu sagen, dass diese aufopfernden Menschen
im Grunde, sich von den anderen Menschen nicht unterschieden,
außer, dass sie gerecht gehandelt haben.

Es gibt internationale Vereinbarungen wie den Briand-Kellogg-Pakt, die heute noch ihre Gültigkeit hätten, wenn nicht menschenfeindliche Usurpatoren geduldet wurden und immer wieder geduldet werden, ihre ihnen geliehene Macht über die Mehrheit der Menschheit an sich zu reißen.

Dieter Redlich

Krieg soll herrschen, damit Gerechtigkeit nicht siege

Oldib Verlag

Bibliografische Information der Deutschen Nationalbibliothek
Die Deutsche Nationalbibliothek verzeichnet diese Publikation in der Deutschen Nationalbibliografie; detaillierte bibliografische Daten sind im Internet über http://dnb.ddb.de abrufbar.

Oldib Verlag Oliver Bidlo
Waldeck 14
45133 Essen
www.oldib-verlag.de
Herstellung: BoD, Norderstedt

ISBN 978-3-939556-98-5

Inhalt

I. Krieg dem Kriege

ei allem Erfolg vergaß Jaurès nie, woher er kam.
Lebensstil blieb von bescheidenem bürgerlichem
hnitt. 1886 hatte er Louise Blois aus Toulouse
iratet. Zusammen mit ihren beiden Kindern be-
nten sie ein kleines Haus in Passy, nördlich des
adéro, einem Vorort, der erst 1860 nach Paris
meindet worden war. Eine schmale Treppe führ-
seinem Arbeitszimmer, das niedrig wie eine
sarde war, die Regale vollgestopft mit Büchern
Papieren, die sich selbst noch auf dem einge-
kten Fauteuil und dem Fußboden stapelten.
in seiner Kleidung zeigte sich Jaurès von großer
lässigkeit. Wer die kleine, stämmige Gestalt mit
abgewetzten Rock sah, dessen Taschen prall
lt waren mit Zeitungen und Broschüren, der
kaum auf den Gedanken gekommen, in ihm
n der bald schon bedeutendsten Politiker Euro-
u begegnen.
ur landesweit bekannten Figur wurde er im Ge-
der Dreyfus-Affäre, die Frankreich bis in die
dfesten erschütterte. Im Dezember 1894 war
d Dreyfus, ein jüdischer Hauptmann im Ge-
stab, wegen angeblichen Verrats militärischer
imnisse an Deutschland aus der Armee aus-
ßen und zu lebenslanger Verbannung auf die
lsinsel verurteilt worden. Obwohl sich rasch die
ien mehrten, dass es in dem Prozess nicht mit

Krieg dem Krieg

jede Beteiligung an einer bürgerlichen Regierung abzulehnen, ein Prinzip, das sie überdies für die anderen Parteien der Internationale verbindlich machen wollten. Auf einem Kongress in Amsterdam im August 1904 entluden sich die Differenzen in einem heftigen Wortgefecht zwischen Jaurès und August Bebel, dem charismatischen SPD-Vorsitzenden. Jaurès bezeichnete es als eine »verderbliche Illusion« der SPD-Führung, zu glauben, sie könne »ihre Taktik allen anderen Ländern vorschreiben«. Hinter ihrer revolutionären Prinzipienfestigkeit verberge sich in Wirklichkeit nichts weiter als politische Ohnmacht. Bebel entgegnete nicht weniger heftig: Jaurès habe sich »auf das Schwerste kompromittiert durch die fortdauernde Unterstützung Millerands«.

Am Ende nahm der Kongress eine Resolution Bebels an, die eine Abkehr vom revolutionären Klassenkampf durch »eine Politik des Entgegenkommens gegenüber der bestehenden Ordnung der Dinge« verurteilte. Zugleich wurden die französischen Sozialisten aufgefordert, sich zu einer Partei zusammenzuschließen. Um des lang angestrebten Ziels der Einheit willen schluckte Jaurès die Kröte der Amsterdamer Resolution. Im August 1905 wurde die Parti Socialiste, Section Française de l'Internationale Ouvrière aus der Taufe gehoben. Und es war Jaurès,

Abb. 1: "25 Juillet 1914 à Vaise, l'ultime discours de Jaurès contre la guerre, cinq jours avant son assassinat": "Le capitalisme porte en lui la guerre comme la nuée porte l'orage!"[1] Seine letzte Rede 5 Tage vor dem Krieg: Der Kapitalismus trägt in sich den Krieg wie die schwarze Wolke das Gewitter.

[1] Das Bild von Jaurès ist dem Artikel aus Die ZEIT Nr. 37/2009 entnommen. Die Formulierung „Krieg dem Kriege" ist zwar dem gleichlautenden Klassiker von Ernst Friedrich entlehnt (viersprachig mit den Fotografien des Grauens aus dem Ersten Weltkrieg), das allerdings erst 1924 seine Erstauflage hatte. 1985 gab es dann schon die 17. Aufl. (Ffm.). Friedrichs Taschenbuch mit seinen ehrlichen und guten, gar auch kämpferischen Aussagen, ist leider auch ein Beleg dafür, dass trotz des richtigen humanitären Anliegens keine starke Friedensbewegung und -erziehung stattgefunden hatte.

Über den Krieg ist neben den Beschreibungen von Erlebtem und Erlittenem so Vieles geschrieben und auf Massenveranstaltungen gesagt worden, dass die Schrecken des Krieges eigentlich jedem Bürger dieser Erde bekannt sein dürften. Es würde auch genügen, allein die ersten Seiten von Plieviers Buch *„Stalingrad“* (1945 Berlin) zu lesen, um das Grauen im Inneren eines von der Front zurückkehrenden Panzers, in dem eine Granate explodiert war, eindrücklich nachzuspüren. Das Grauen lähmt, es dürfte vermutlich, weil kaum damit gelebt werden kann, im Freudschen Sinne verdrängt werden. Das führt nicht zu Handlungen und schon gar nicht zu solchen, die den Krieg selbst bekämpfen – und das hätte „eigentlich“ stattfinden sollen, seitdem es Kriege gibt. So bleibt die Disproportion bewahrt zwischen den Absichten, den Frieden zu bejahen und den Aussagen des Verdammens des Kriegsgeschehens. Hinzukommt das Phänomen, dass die aufgeputschte Öffentlichkeit sich der herrschenden staatlichen Kriegsbereitschaft sogar gelegentlich jubelnd ausliefert, so dass die realen oder potenziellen Opfer von Kriegen auch – in der Regel nur zeitversetzt – Verteidiger des Krieges sein können. Damit gäbe es überhaupt keine reale Möglichkeit mehr, den Kriegen zu entkommen.

Diese Konsequenz erscheint jedoch als unglaubwürdig, zumal wir uns weigern *müssen*, an der Idee festzuhalten, dass das Grauen und Elend immer schon Teil der Kultur der Menschheitsgeschichte gewesen sein soll und an ihr bis in alle Zukunft kleben werde. Die Beweislast, dass die Geschichte der Menschheit ohne das Wechselspiel von Krieg und Frieden nicht auskommen könne, liegt bei dem (überwiegend) staatlichen Handeln, dass der Krieg und der ihn de facto vorbereitende Frieden benötigt werde zwecks Aufrechterhaltung eines gesellschaftlichen Zustandes *ohne* Tod und Zerstörung. Humanistische Ideale sind immer schon in Teilen der Gesellschaft hochgehalten worden trotz des alles verunklarenden, entmutigenden und in der Wirkung auch deprimierenden Nebels. Dieser Nebel hat die Funktion, optimistisches, zukunftsbezogenes Handeln zu verhindern.

Der Erste Weltkrieg galt als der „Große Krieg“, an dem millionenfach Soldaten teilnahmen, in dem Soldaten in Stellungskriegen zu zehntausend täglich starben, die Zivilbevölkerungen ihren Tributzoll ebenfalls zahlen mussten, der technologische Fortschritt Bombenflugzeuge, Giftgas, Panzer zur Vernichtung von Menschen bereitstellte. Nach dem Großen Krieg schien die Hoffnung von allen Menschen geteilt zu werden, dass der Krieg abgeschafft werden müsste. Es dauerte nicht lange, bis Mussolini in Abessinien Giftgas einsetzte. Das allein schon bewies, dass der menschliche Verkehr unter schlimmeren, zerstörerischen, elendgebärenden Bedingungen vonstattengeht, dass es schon in Friedenszeiten, das sind die Zeiten, in denen in meiner Nähe gerade mal nicht Staaten zu den Waffen rufen. Zurzeit scheint auch die Menschheit müde zu sein, sich zu organisieren, um z.B. Kriegskredite nicht zu gewähren. Die Menschheit ist im Krieg und sie ist in der Vorbereitung zum Krieg. Die Unterschiede zwischen den Wirtschaftsgebieten sind die verheimlichten Motoren, die im Untergrund den Lärm und die Unzufriedenheit bei den Menschen erzeugen, die wollen, dass es ihnen besser gehe.

1. Krieg oder Frieden – für wen oder was?

1.1 Über Zwecke, Ziele, Macht, Gewalt

Der französische Sozialistenführer Jean Jaurès blies zu einem militanten Angriff auf das drohende Kriegsgeschehen des sich abzeichnenden Weltkrieges, der später als der Erste nummeriert wurde. Jean Jaurès wurde ermordet. Mit dem Mord sollte auch seiner sozialistischen Partei nachhaltig Schaden zugefügt werden, die konträre ethische Prinzipien des unbedingten Pazifismus vertrat. Geplant war die Erzwingung des Friedenszustandes mit Hilfe des auch gewerkschaftlich organisierten Massenstreiks. Der Mord ist eine Reaktion auf die von Jaurès ausgehende Bedrohung des französischen Staates. Nicht die Kriegstreiber – die, eintretend in den Krieg, billigend auch eine Niederlage wie die von 1870/71 hingenommen hätten – galten als Bedrohung des Staates, sondern die Verteidiger der französischen Gesellschaft gegen die Übergriffe des Staates. Es musste damit gerechnet werden, dass die durch den kommenden Krieg geschwächte Gesellschaft zu einer sozialistischen Wende geführt würde, die von Jaurès schon zuvor ihre gesellschaftsrevolutionierende Perspektive erhalten hatte. Der letzte Abend in Frieden war Freitag, der 31. Juli 1914. Der Nationalist Raoul Villain erschoss im *Café du Croissant* Jean Jaurès. Jaurès war das letzte Opfer der „Gerechtigkeit in Friedenszeiten“, während die Kriegsmaschine zur „Konfliktlösung“ schon lange bereitgehalten wurde.[2] 1919 trat ein Geschworenengericht zusammen, entließ den Mörder aus der Untersuchungshaft, verkündete seinen Freispruch und verurteilte Jaurès' Witwe, die Kosten des Verfahrens zu tragen. So wurde Jaurès zu einem zweiten Mal geopfert am Ende des Krieges mit Blick auf die kommende zivile Rechtsstaatlichkeit. Die Ideologie ist so simpel wie der Spruch, dass *nach* dem Krieg (1870/71 gegen Preußen bzw. Deutschland) immer bedeutet *vor* dem Krieg: Pazifistisches Gedankengut und Reden zersetzen die Wehrkraft, die vermeintlich das Edelste beherberge: die Märtyrer und die Helden der Kriege.

[2] Es sei auch an zwei brisante Krisen erinnert: An den Dreyfus-Skandal und das Schachern um die französische Kolonie Marokko (gleichfalls involviert: England, Deutschland, Russland).

Jaurès galt als Reformsozialist, der von der Richtigkeit überzeugt war, auch divergierende sozialistische Kräfte auf parlamentarisch-demokratische Weise zu binden, um sie letztlich auf Massenzusammenkünften zu vereinigen. Mit diesen Mitteln der Agitation wollte er die Macht der Arbeiterklasse stärken, für Freund und Feind sichtbar werden lassen und letztlich ihre humanen Forderungen durchsetzen: Die Auseinandersetzung um den 1. Mai als Feiertag, der Acht-Stunden-Tag, die Verbesserung der Arbeitsbedingungen besonders für die Bergarbeiter in den Kohlerevieren u.v.m. enthielten seine taktischen und strategischen Überlegungen von mehr Gerechtigkeit. Jaurès arbeitete als Journalist für die Zeitungen *La Dépêche du Midi* (später *Le Midi Socialiste*) und *L'Humanité* (ihre Redaktion lag gegenüber dem *Café du Croissant*, Ecke *rue du Croissant* und *rue Montmartre*; heute umbenannt in *Taverne du Croissant*). Diese Überzeugungen deckten sich nicht mit denen anderer sozialistischer Gruppierungen in der *Internationalen* (IAA: *Internationale Arbeiter Assoziation*, 1864 gegründet von Karl Marx), die für all die Arbeiter drängenden Probleme *systemische* Ursachen benannten, die nur mit der Zerschlagung des kapitalistischen Systems zum Verschwinden gebracht werden könnten. Diese marxistische Auffassung, den Hebel der Geschichtsveränderungen nicht bei den vordergründigen Erscheinungen von Krieg und Frieden anzusetzen, sondern primär notwendig radikal, an die „Wurzeln“ der Gesellschaft zu gehen, war vielen überzeugender, nimmt man Marxens und Engels' Schärfe und Klarheit der Analysen zur Kenntnis, wenn allein an die politische Prognose des kommenden Krieges gedacht wird:

> *Und endlich ist kein anderer Krieg für Preußen-Deutschland mehr möglich als ein Weltkrieg und zwar ein Weltkrieg von einer bisher nie geahnten Ausdehnung und Heftigkeit. Acht bis zehn Millionen Soldaten werden sich untereinander abwürgen und dabei ganz Europa so kahlfressen, wie noch nie ein Heuschreckenschwarm. Die Verwüstungen des Dreißigjährigen Kriegs zusammengedrängt in drei bis vier Jahren und über den ganzen Kontinent verbreitet; Hungersnot, Seuchen, allgemeine, durch akute Not hervorgerufene Verwilderung der Heere wie der Volksmassen; rettungslose Verwirrung unsres künstlichen Getriebs in Handel, Industrie und Kredit, endend im allgemeinen Bankerott; Zusammenbruch der alten Staaten und ihrer traditionellen Staatsweisheit, derart, dass die Kronen zu Dutzenden über das Straßenpflaster rollen und niemand sich findet, der sie aufhebt.*[3]

[3] Prognose am 19.12.1887 erstellt; MEW, Bd. 21, S. 350 f.

Die Motive des politischen Handelns sind für Jaurès hinreichend deutlich: Es geht seiner Auffassung nach der Arbeiterklasse vordergründig um das Ziel der Abschaffung des Krieges. Jaurès wie auch wir heute wissen, welche Ressourcen geplündert werden, um das System der militärischen Kräfte aufrechtzuerhalten. Für Luhmann – und ein kurzer Schwenk zum Zweckbegriff – bedarf eine jede Erörterung von Zielen und Zwecken der damaligen sozialistischen Bewegungen – und ihre Widersprüchlichkeiten würden dies zur Genüge offenbaren – zuvörderst eine wissenschaftlich befriedigende Diskussion. Der Schwierigkeitsgrad einer derartigen Diskussion – also von Prämissen, an deren Lösungen letztlich durchaus auch eine Arbeiterpartei Interesse haben müsste – ist allerdings so hoch, dass kaum ein Ende allein der Probleme, die Luhmann aufwirft, in Sicht ist.

Luhmann behauptet, dass der Zweckbegriff von der „Einzelhandlung her konzipiert“ sei und „deshalb als Theorie komplexer Handlungen nicht [ausreiche]“.[4] Bestenfalls, würde man die Komplexität der „System/Umwelt-Beziehungen“ reduzieren auf eine „Wirkungseinheit“ geringerer Komplexität, könnte man dennoch kaum zu einer Aussage über die Relation „Zweck-Wirkung“ kommen, da die Individuen die Realität nur unzureichend „absorbiert“ werde.[5]

Stimmte man obigen Äußerungen zu, ergäbe sich Luhmanns Einsicht, dass „die Paradoxie die Orthodoxie unserer Zeit“[6] sei. Der Begriff des Zwecks ist zentral für eine jede politische Diskussion und erst recht für die Klarheit von politischen Zielsetzungen, die Kraft und Energie von ihren Parteigängern erwarten und erhoffen:

> *Zwecke sind* subjektive *Vorstellungen künftiger Wirkungen, und zwar subjektiv nicht nur als Erwartung eines faktischen Verlaufs, sondern auch als Wertschätzung, die über den lohnenden Einsatz systemeigener Kräfte bestimmt.*[7]

Das ist in der Tat zutreffend, wenn unter „subjektiv“ nicht die umgangssprachliche Konnotation gemeint ist. Alle Ziele, Zwecke, Werte, nach denen gestrebt und auf die hin erzogen wird, entstammen sozialer also menschlicher also subjektiver Quelle. Als solche können sie zweifelsohne „institutionalisiert“ sein (wie z.B. das Militär) oder „koordinierende Generalisierungen“[8] darstellen wie kollektive vereinbarte Meinungen, Auffassungen etc.

---

[4] Niklas Luhmann, *Zweckbegriff und Systemrationalität*, 1991, Ffm., S. 155.

[5] Alle ebd.

[6] Niklas Luhmann, *Die Gesellschaft der Gesellschaft*, Bd. 2, 1999 Ffm., S. 1144.

[7] Niklas Luhmann, *Zweckbegriff und Systemrationalität*, 1991, Ffm., S. 188.

[8] Ebd., S. 188 f.

Der Krieg ist ein System, das von Zwecken oder Zielsetzungen gesteuert wird. Es bedient sich der Gewalt (Androhung, Durchsetzung). In dieser Abstraktheit wird sich kein Widerspruch finden:

> *Gegen Menschen absichtlich angewandte physische Gewalt ordnet sich dem handlungsbezogenen Medium Macht dadurch zu, dass sie* Handeln durch Handeln eliminiert *und dadurch auch eine* kommunikative Übertragung reduzierter Entscheidungsprämissen ausschließt. *Mit diesen Eigenschaften kann physische Gewalt nicht Macht sein, sie bildet aber den nicht überbietbaren Grenzfall einer machtkonstituierenden Vermeidungsalternative.*[9]

Die „machtkonstituierende Vermeidungsalternative" heißt: Gewalt. Will ein Fürst keine Gewalt anwenden, so das Lehrstück von Machiavelli, dann kann er immer noch zur Gewalt greifen. Damit aber hätte der Fürst sich auf den chaotischen Ausgangspunkt zurückbewegt und keine *Stabilität der Herrschaft* errungen. Auch dem muss zugestimmt werden, dass Gewalt eben ausschließt, dass irgendwelche sozialen Gebilde von der Struktur „Macht-versus-Gewalt" abweichen sollten. Der soziologisch relevante Gesichtspunkt ist doch der von Reemtsma so oft herausgearbeitete, dass Gesellschaften und besonders Staaten, zwecks Machterhalt der Mitarbeit und nicht Unterwerfung ihrer Bevölkerung bedürfen.[10] Auch die eventuell aufkommende Frage nach der Zweckbestimmung von Militär innerhalb der staatlichen Grenzen, führt ebenfalls zurück auf Machiavelli und auf keinen Fall dahin, dass der in Frage kommende Staat ein Lob auf die Macht „ihres" Staates vernehmen würde. Hier liegt eine Verwechslung von Polizei und Militär vor.

Das Problem von Macht und Gewalt ist nicht leicht und jedem einsichtig zu präsentieren. So nimmt es nicht Wunder, dass auch Jaurès auf Schwierigkeiten gestoßen ist: Seine Lebensaufgabe sah er in der Erhaltung des Friedens zwischen den Völkern.[11] Seine Erkenntnis, dass Mahnen und Schreiben über den Krieg vergebens und stattdessen ein militantes Handeln erforderlich sei, ist verständlich, aber nicht ausreichend. Eventuell ist der Jaurèssche Gedanke schon im Ansatz verkehrt: Das strategische Ziel, eine *Gesellschaft* schaffen zu wollen, deren Geburt keinesfalls der unseligen Einheit von Krieg und Frieden bedarf, ist nur die negative Seite, nämlich der vorstellbare Zustand, der *nicht* angestrebt wird. Nehmen wir als Beispiel die erste Schrift in der Menschheitsgeschichte, die sich gegen den Krieg ausspricht. Es ist das Werk von Mo Ti (490-381):

---

[9] Nikas Luhmann, *Macht*, 4. Aufl. 2012, München Basel, S. 73 f.

[10] Jan Philipp Reemtsma, *Vertrauen und Gewalt*, 2008 Hamburg.

[11] Jost Meyen, *Jean Jaurès – Ein Leben für den Frieden*, in: Humanité 1904 (2014/18), S. 64.

Doch das Richtige wird niemals von den Unteren für die Oberen, sondern immer von den Oberen für die Unteren bestimmt (Der Wille des Himmels III, S. 85). Diejenigen, die sich den eroberungslustigen Fürsten widersetzen, machen jene [...] nieder [...], brennen die Ahnentempel [...], werden als Gefangene mit nach Hause gebracht. Die Männer werden zu Sklaven und Sträflingen und die Frauen zu Sklavinnen gemacht. Und die eroberungslustigen Fürsten wissen nicht, dass dies unmenschlich und ungerecht ist, sondern sie verkünden noch ihren Nachbarfürsten: ‚Ich habe einen Staat angegriffen, seine Armee geschlagen und soundso viele Generäle getötet'.[12]

Gerechtigkeit kommt vom Himmel, die Menschen sind einfältig und sollen sich mäßigen. Die Zukunft des Volkes sei abhängig von den Bestimmungen des göttlichen Kaisers, des Sohnes des Himmels und der herrschenden Adeligen. Was erwartet also den Soldaten nach dem Kriegszeug, wenn er in die Heimat zurückkehrt, die aber einen schlechten Herrscher hat? Es ist die „Friedlosigkeit"[13] in Permanenz. Der Herrscher kann jedoch durch Mäßigung, vorbildliches Einsparen zu hoher Ausgaben, die Bevölkerung entlasten und vermehren. Es soll das uralte Klischee gelten, das auf ein Drittes, ein Metaphysisches verwiesen wird, welches jenseits von Volk und Herrscher in die Gegenwart hineinwirke und von dem nur der Herrscher Kenntnis hat. Alles ist dem von dem einen Gott eingesetzten Herrscher geschuldet. Ausgeklammert wird die Frage, wie es dem Volk denn gehen würde, wenn es einen Krieg verloren hat, wenn ein dreißigjähriger Krieg das Land verwüstet, wenn es eine Inflation gibt etc.
Analoges ist schon im Codex Hammurabi bekannt, dass der von einem Gott eingesetzte weltliche Herrscher (hier: Hammurabi 1728-1686) sich für sein Volk damit verdienstvoll macht, dass er „Recht und Gerechtigkeit in den Mund des Landes gelegt und für das Wohlsein der Menschen [...] gut sorgte", so der resümierend letzte Gedanke in der Einführung Hammurabis zu seinen einzelnen Gesetzen.[14]
Man erkennt, dass sich eine leidende Bevölkerung nach Robustheit (s.w.u.: Taleb), nach metaphysischer Stabilität sehnt, wenn die Realität anders als gepredigt aussieht. Das „realistische" Antikriegsbuch von Friedrich (s.o.), das preiswerte Taschenbuch mit Fotografien aus dem Ersten Weltkrieg, erschien 1924 und erst ab 1980 gab es jährlich Neudrucke. Ebenso ahnt man, dass ein Krieg eine Verheißung auf bessere Zeiten ist. Menschen, die nichts zu verlieren ha-

[12] Mo Ti *Gegen den Krieg.* Hrg. Helwig Schmidt-Glintzer, 2016 Wiesbaden, S. 88
[13] Ebd., S. 48.
[14] Wilhelm Eilers, *Codex Hammurabi – Die Gesetzesstele Hammurabis,* 2009 Wiesbaden, S. 31.

ben, wie fast der Regelfall nach dem Weltkrieg, hätten nur noch ihr Leben zu verlieren. Das war aber dann auch nicht mehr viel wert.

Dass die „Robustheit" in der wirklichen Welt ein sehr mühsames Geschäft ist herzustellen, besonders wenn man sich den religiösen Versprechungen versperren möchte, führte Philosophen dazu, unter dem (späteren) Stichwort „Metaphysik", sich solchen und verwandten Begriffen zuzuwenden und zur Not auch um solche Begrifflichkeiten wie der Gerechtigkeit, Gesellschaften zu errichten, die als Muster einer Besserung der Welt gelten sollen: Es seien Utopien – Orte, die es nicht gibt – die sich philosophische Geister wie Platon ausdachten und, ausprobiert in der Realität, scheiterten. So geschah es Platon mit seinem Sizilianisches Abenteuer: Er reiste nach Sizilien 388 und ein zweites Mal 366 v.u.Z., um dem Schwager und Schwiegersohn Dion von Syrakus (409-354) in seinen dynastischen Konflikten zu unterstützen, was aber fehlschlug, so dass Platon Sizilien verlassen musste.[15] In seiner Schrift über den „Staat oder über die Gerechtigkeit" wird am doppelten Titel programmatisch Platons politische Philosophie deutlich, wie Redhead aufzeigt:

> *(Republik/Der Staat) Gerechtigkeit ist die wichtigste Idee für die Machthaber. Aber dabei handelt es sich nur um eine besondere Anwendung eines weiter umfassenden Prinzips: das rechte, tugendhafte Handeln, das den Individuen zu eigen und von dem Glückseligkeit abhängig sei. So finden moralische Kenntnisse ihren, das rechte Handeln fördernden Zugang zur Vernunft und leiten den Staatsmann, dass seine primäre Aufgabe die Beförderung des Guten in den Individuen sei, womit der Kern von Platons politischem Denken in der Schrift „Die Republik" bzw. „Der Staat" und anderen Dialogen bezeichnet wäre. Paradoxerweise wird hier der strikt unpolitische Sokrates zum idealen Staatslenker, weil er über das erforderliche Expertenwissen verfüge, obwohl gerade er immer wieder betont, keine Kenntnisse zu besitzen, nun aber als privater Denker das Wohl der Bürger betreibe.*[16]

> *(Nomoi/Die Gesetze) Der Athener: Offenbar erscheinst du, o Gastfreund, mir wohl eingeübt, die Gesetzeseinrichtungen der Kreter zu durchschauen. [...] Der von dir aufgestellten Erklärung eines wohleingerichteten Staates zufolge scheinst du mir zu behaupten, seine Einrichtungen müssen so beschaffen sein, dass er im Kriege den Sieg über die anderen Staaten davontrage. Nicht wahr?*[17]

---

[15] Ludwig Marcuse, *Plato und Dionys – Geschichte einer Demokratie und einer Diktatur*, 1968 Berlin.

[16] Brian Redhead, *Political Thought from Plato to NATO*, 1984 BBC, S. 22, Übers. Re.

[17] Platon, *Sämtliche Werke 6*, Reinbek, 1964, S. 11.

Platon sieht den Krieg, einschließlich des Bürgerkriegs, als etwas Natürliches an für den Staat. Um den Bürgern Gutes zu tun, müsste ein Regent auf Gebietsexpansion aus sein, so dass wiederum Krieg herrschen würde. Platons Vorstellungen sind keine Modelle für unsere bürgerlichen Verfassungen, da es sich immerhin um ein Modell handelt, in dem Sklaven und Frauen nichts zu sagen haben. Interessant bleibt doch das typisch „philosophische Geschäft", ethische Kriterien des Gemeinlebens zu erörtern, um sichere Grundlagen zu erarbeiten für alle weiteren Fragen. Es handelt sich schon in dieser Konstruktion um ein hierarchisches Modell, an dessen Spitze unhinterfragbare Machteliten aus den aristokratischen Gruppierungen streiten. Wie auch immer mit diesem Kapitel der (hellenischen) Philosophie verfahren werden könnte, so ist doch berechtigterweise der Primat des wissenschaftlichen Strebens die Gesellschaft, in der Gerechtigkeit herrschen soll, zweifellos richtig. Betriebe man keine Ethik, die sich mit Gegenständen metaphysischer Natur beschäftigt, wäre jede Diskussion von Gut und Böse, gerechten, ungerechten Zwecken etc. überflüssig und sinnlos.

> *Wohin aber führt denn nun unsere jetzige Rede und um was deutlich zu machen, sagt sie dies? Das offenbar, dass vor allem auch der von Zeus bestellte Gesetzgeber dort, sowie jeder andere, der nur ein wenig taugt, immer seine Gesetze geben wird, indem er auf nichts anderes sein ganzes Augenmerk richtet als auf die höchste Tugend. Diese besteht aber [...] in nichts anderm als in Treue bei Gefahren, welche Treue man auch vollendete Gerechtigkeit nennen könnte.*[18]

Planendes Handeln greift nicht nach einer Vision in der Zukunft, sondern formuliert Ziele, die die Zustimmung derjenigen erfahren, die dafür auch ihre Haut hinhalten. Der Begriff der Utopie (er bedeutete der „schöne" (eu-) oder der „nicht-existierende" (eu) Ort) wird zumeist diffamatorisch verwendet. Dass aber unsere bürgerliche Gesellschaft einst ein Paradebeispiel eines solchen Handelns gewesen ist, wird vergessen: Die *Verfassung von Virginia* aus den Jahren 1606 und zuletzt 1776 und schließlich *Die Erklärung der Menschen- und Bürgerrechte* von 1789 schreiben Zielsetzungen vor, die, in der Sprache von Kant in seinem Aufsatz aus dem Jahre 1784, besagen: „Wir leben in einem Zeitalter der Aufklärung, aber (noch) nicht in einem aufgeklärten Zeitalter".
Die geäußerte Kritik an Jaurès sollte nicht die politische Zielsetzung eröffnen, dass das kontradiktorische Gegenteil, nämlich *nicht* zu analysieren und *nicht* zu schreiben, sich zwangsläufig ergeben würde. Es hieße nur, nicht dieses Feld schlechtem Journalismus zu überlassen. (Kriegs-)Gewalt ist für ein zynisches Weltbild das „bewährte Mittel", Konflikte auszutragen. So reihen sich Jaurès

[18] Platon, *Sämtliche Werke 6*, Reinbek, 1964, S. 15.

und Brandt ein in die ununterbrochene Kette von Kriegsgegnern, die offensichtlich in den Destruktionskräften des Krieges die Wurzel allen Übels und die Lösung von Konflikten im „Ewigen Frieden“ sahen (was vermutlich auch auf den heutigen kriegerischen Konflikt zwischen Russland und der Ukraine mit ihren Unterstützern zu beziehen ist, da bislang keine der Parteiungen sich zu einem Friedenszustand äußerten, in dem die anscheinend kaum zu beseitigenden auch die Zukunft belastenden Konflikte enthalten sein müssten und, wenn von den Kriegsparteien nicht gemeinsam besprochen, eine jede Zukunft auch ohne dies belasten werden).

Jaurès ist das letzte Opfer der Justiz des französischen Staates und das erste Opfer des Staates im erklärten Kriegszustand des Ersten Weltkriegs. Ikonographisch betrachtet erscheint der Staat schon bei den Römern als Gottheit, als der Janus, der bicephale Gott, der Gott mit den Zwillingsköpfen, die vor- und rückwärts gerichtet, den Anfang und das Ende (einer Gesellschaft, der Geschichte eine Staates), das Alpha und Omega von Zeit und Geschichte symbolisieren sollen.

Es ist zu vermuten, dass sich Kriegsgewalt zur Durchsetzung hegemonialer Bestrebungen kaum von der Struktur früherer Kriege unterscheidet. Kluge Lehren aus der Weltgeschichte wie Willy Brandts gut gemeintes Diktum: „Frieden ist nicht alles, aber ohne Frieden ist alles nichts“ sind kraftlos und bei weitem ohne das Potenzial, über das die Destruktivkräfte verfügen. Dieser Einsicht stellte Jaurès seine militante Formulierung entgegen, ohne allerdings das bei einem Sieg der sozialistischen Kräfte entstehende Neue Frankreich skizzieren zu können. So zeigt sich, dass die Frage von Krieg *und* Frieden nicht allein das widersprüchliche Verhältnis des Staates zu seinen Bürgern umfasst. Ein Staat im Friedenszustand ist als solcher kein materiell gewordenes Friedensideal. Eine Abschaffung der militärischen Institutionen versetzte noch keinen Staat in einen sozialen Idealzustand und schon gar nicht, was noch schwieriger zu errichten sein dürfte, in einen Staat, der lebendig ist. Das Binnenverhältnis des Staates zu seinen militärischen Institutionen mag zerbrochen werden oder nicht: Das Wesen des Staates ruht in seiner institutionalisierten Macht. Diese Macht bedarf mehr als eine Streitmacht, die in einem staatlichen Gebilde „eingebettet“ ist und seinem Dompteur gehorcht: Das „Allerheiligste“, das Metaphysische eines jeden real existierenden Staates, hält sich in diesem ungleichen Machtverhältnis des Staates „seinen“ Bürgern gegenüber verborgen. Womit der Staat seine Macht drapiert, ist sekundär. Wesentlich, existentiell, für den Staat ist diese *Legitimation* seiner Macht, die immer, bezogen auf das Staatsvolk, seine Übermacht darstellt. Keine Erörterung des Staates kommt ohne eine solche metaphysische Legitimation aus, die u.U. auch seine Zielsetzung ist. Diese Funktion mag eine Religion leisten (s.w.u.: Dexiosis) oder in der russisch-orthodoxen christlichen Lehre, da das soziale Band zwischen Adelsschicht oder Bürger und dem Zaren das Wort Gottes sein sollte, wie es sich Tolstoi in seiner frühen, dem Anarchismus zuneigenden Phase dachte, dass nach Zerstörung des Zarenstaates, für eine solche Revolution die Bibelinterpretation ausreiche. Die Bibel zeige Gottes Handeln als das naturgewordene, vollendete Gut, das sowohl sich selbst begreift als auch das alle Russen einigende Band sein sollte, was für eine ethische Begründung der weltlichen Gesellschaft hinreichen würde. Die Lösung des Konfliktes von weltlicher und geistlicher Macht wurde „genial" von Napoleon Bonaparte (Napoleon I.) gelöst: Die Selbstkrönung vom 2. 12. 1804 in der Kathedrale Notre Dame.

Die Herrschaftslegitimation des bürgerlichen Staates ist jedoch weitaus komplizierter zu denken und zu formulieren als solche der Tolstoischen religiösen Vorläufer: Es muss an die widersprüchliche Einheit von Vernunft und Interesse appelliert und Lösungen der anfallenden Konflikte von den Bürgern selbst hergestellt werden, die dann in einer wahrhaften Demokratie auch die ethischen Normen zur Grundlage ihres politischen Denkens und Handelns entwickeln müssten. Das klingt so einfach. Prüft man es, scheint es so schwierig zu sein, dass man anfängt zu verstehen, warum dieses Übel von Krieg und Frieden – ein geteilter Begriff, über dessen Einhaltung bislang der Staat wachte – die Menschheitsgeschichte so lange schon ergebnislos begleitet hat. Eine Diskussion über die Zielvorstellungen menschlicher Gesellschaften einschließlich der Kritik der Menschheitsgeschichte, müsste sich auf den Staat fokussieren, der abgeschafft bzw. auf dem Weg zu seiner Abschaffung nicht nur das alte Problem von Krieg und Frieden, sondern daraus sich ergebende wahrhaft humane Aufgaben zu bewältigen habe: Die großen Aufgabenkomplexe sind Gerechtigkeit und Gleichheit, die schon seit der Großen Französischen Revolution auf der politischen Agenda standen, jedoch bis heute kein befriedigendes Erbe antreten lassen.

1.2 Friktionen von Krieg und Frieden

1.2.1 Couplets als eingebettete Systeme

Das eingebettete System ist eine Bezeichnung, die im 21. Jh. vornehmlich unterschiedliche Eigenschaften von Apparaten (Autos, Mondlandefähren, Rechner etc.) bezeichnet. Auf das sie umgreifende Gesamtsystem funktionieren sie teils autonom, stützend und kontrollierend. Sie sind ein wichtiges Gebiet der Informatik und Ingenieurwissenschaften geworden.

In der Öffentlichkeit wurde der Begriff als „Embedded Journalism" bekannt, als bei militärischen Operationen Journalisten sich nicht so, wie sie es gewohnt waren, frei bewegen durften, sondern nur in einer sie schützenden und damit sie auch kontrollierenden militärischen Umgebung. Auch einfache Apparate wie Automobile oder Drucker verfügen über eingebundene Systeme, die sich selbst überprüfen und dies im Hinblick auf das sie umgebende System (Auto, Drucker). Diese Fähigkeit ist besonders relevant für die komplexen Anlagen in der Raumfahrt und des Militärs (Marschflugkörper, ballistische Raketen), die kaum entdeckt und bekämpft werden können, da sie sich selbständig steuernd-kontrollierend und korrigierend, an ihre Umgebung beständig anpassend bewegen können. Sie sind allem Anschein nach extensiv im russisch-ukrainischen Krieg eingesetzt.
Moderne Drohnen können mit einer Gesichtserkennungssoftware ausgestattet sein und von beliebig weit entfernten Pulten aus gesteuert werden, um sogar unerwünschte Individuen liquidieren zu lassen. In der modernen Kriegführung gibt es keine Tragik des militärischen Geschehens, wie noch der (Un-)Gehorsam gegen homerische Götter als kriegsentscheidend gedacht wurde; es gibt auch keine Unmittelbarkeit und personale Verantwortung, wie das Klischee eines (ritterlichen) Zweikampfes[19] gedacht war und, was nicht vergessen werden darf, existiert all dies immer noch vor dem Hintergrund des möglichen Einsatzes vorhandener Nuklearwaffen, die nicht nur Massenvernichtungswaffen sind, sondern auch wirksam – bei Freund und Feind – eine Schädigung des Erbgutes kommender Generationen hervorrufen. Dem kommen bio-chemische Waffen nahe, wie das Dioxin (Agent Orange – auch in anderen Farbetiketten produziert), das als sog. Entlaubungsmittel nur 20 Jahre den vietnamesischen Boden verseuchen sollte, aber noch heute zu schrecklichen Fehlbildungen führt.
Der Begriff des Krieges hat in dem des Friedens nicht sein kontradiktorisches Gegenteil (wie plus / minus in einem solchen Gegensatz gedacht werden). Diese strenge logische Kontradiktion, wie von Aristoteles vorgesehen, existiert im Unterschied zum konträren Gegensatz nicht in der Realität, sondern in von Menschen geschaffenen Systemen. Es kann nicht gelingen, nach dem oben Gesagten, Listen von Eigenschaften der beiden Begriffe zu erstellen. Der einzige Sinn des Ausdrucks Krieg und Frieden ist der, dass der Krieg ohne seine Vorbereitung in Zeiten des sog. Friedens nicht existieren kann. Demnach ergibt es überhaupt keinen Sinn, nur diesen Frieden aus diesem Ausdruck „Krieg und Frieden" zu lösen und der Menschheit den Friedensteil zu wünschen. Dieser

[19] Clausewitz, vertritt noch die alte Auffassung: „Der Krieg ist nichts als ein erweiterter Zweikampf", was spätestens seit den Weltkriegen obsolet geworden ist. Carl von Clausewitz, *Vom Kriege*, 1990 Augsburg. S. 17.

Frieden ist belastet: In positiver Hinsicht, dass die Produktivkraftentwicklung ihres wichtigsten Stimulus beraubt wird und in negativer Hinsicht, dass Konfliktregelungen geschaffen werden müssen, ohne dass Opfer auf den Altären der stärkeren Gesellschaften dargebracht werden. Wir lernen von Mo Ti und behaupten nur auf Grund dialektisch-logischer Überlegungen, dass ein – erweiterter – Begriff der Kriegs- und Friedlosigkeit nur eine Arbeitshypothese sein kann für einen zu erarbeitenden Gesellschaftszustand.

Geräte wie u.a. Drohnen stärken die Überzeugung, dass hochkomplexe Maschinen nicht ohne (teil-)autonome Embedded Subsysteme ihre Hauptfunktion ausüben können. Andererseits wird das Gesamtsystem anfälliger für Fehlfunktionen untergeordneter Systeme. Wenn die Analogie zu biologischen Systemen Geltung hat, so sind die menschlichen Immunsysteme (vermutlich gar dreifach, wenn das alte System der Archaeen mitgezählt wird) nicht nur hilfreich, die menschlichen Funktionen zu erhalten. Aber „Fehlschaltungen" ereignen sich, wenn ein Immunsystem irrtümlich eine Verletzung meldet mit der Folge, dass der Körper gegen sich selbst „mobilisiert" und ein Totalausfall aller menschlichen Systeme die Folge sein kann (gedacht ist an die zehntausend an CFS/ME, an der Fatiguität, leidenden amerikanischen Soldaten während der Eroberung von Okinawa). Irrtümer (sog. Kollateralschäden) haben sich bei Drohnenangriffen gezeigt. Wenn die hier nur angedeuteten Komplexe von Sprache und Denken sowie beide in Interaktion verlaufend erwogen werden, entstehen unvermeidbar Ängste und vermutlich Fluchtbewegungen in konservative, bequemere Klischees, dass Subjekte sich nicht mehr der begrifflichen Anstrengungen des Denkens unterwerfen, sondern das zu schätzen lernen, was „sich immer schon bewährt" habe.

Aber wer oder was stellt diese Aufgaben? Allein eine Beschäftigung mit dem Ausdruck Krieg und Frieden lässt uns schon seine Stabilität mit Erschrecken bewundern. Unser heimlich agierendes Subsystem aktiviert Psychisches wie den Erhaltungsbau von Erwartungen, dass unweigerlich, geradezu zwangsläufig, ohne unser bewusstes Zutun, in bewusst gesteuerte Handlungen einmünden müsste: So glauben wir, ohne wirklich nachzudenken, dass nach dem Krieg der Frieden eintreten werde. Der Krieg verliert somit schon einen Teil seines Schreckens. Es ist, als folgten wir einem Modell, dass nach einem Anderes zerstörenden Ausatmen aufgrund von Naturgesetzen ein Wiedereinatmen folgen müsse. Es ist erschreckend: Wir nehmen hin, dass *etwas in uns denkt!* In der Bibel belebt der Schöpfergott mit seinem Odem die Welt (1. Mose, 2,7). In Haydns Vertonung der Schöpfung heißt es, dass Gott den Odem einzieht, so dass die Menschen zu Staub zerfallen und es allen Gläubigen sichtbar wird, dass der Odem wieder ausgehaucht und den Menschen die Beseelung bringen wird. Es ist ein Grauen, nach der Schöpfung auch die Gewissheit zu haben, dass alles

Leben ersticken werde und der Trost ist schwach, dass nach dem fürchterlichen Erstickungstod eine Wiederbelebung gesetzmäßig eintreten muss. Die Erschaffer von Psalm 104 haben nicht gemerkt, dass – in perfekter Analogie – es auch in Gott „atmet".[20]

1.2.2 Kontradiktion als Weg zu einem Dritten – Couplets in der Literatur (Shakespeare)

Zurzeit Shakespeares, im elisabethanischen England, gab es wenige intellektuelle Vergnügungen. Die Sprache bildete das geeignete Material zum Spielen; vor allem die Vokale, die fast alle als Diphthonge lustvoll ausgesprochen werden konnten, waren intellektueller und sinnlicher Spaß, den Alte und Junge teilten und, wenn die Fahne über Shakespeares Theater *The Globe* gehisst wurde, um zu zeigen, dass an diesem Tag wieder gespielt werde, ließen sich Begeisterte aller Londoner Schichten und Altersgruppen anlocken.
Es seien nur zwei *rhyming couplets* gewählt, gesprochen von zwei der drei Hexen zu Beginn der Tragödie *Macbeth:*

> *A desert Heath.*
> *First Witch: When shall we meet again*
> *In thunder, lightning, or in rain?*
> *Second Witch: When the hurlyburly's done,*
> *When the battle's lost and won.*
>
> *Ein freier Platz*
> *Erste Hexe: Sagt, wann ich euch treffen muss:*
> *In Donner, Blitz oder Regenguss?*
> *Zweite Hexe: Wann der Wirrwarr ist zerronnen,*
> *Schlacht verloren und gewonnen.*

Couplets sind „Paare". Wird eine Zeile vorgegeben, soll als Reimergänzung eine zweite Zeile erdichtet werden. Beide zusammen erzeugen ein Drittes, das Tertium, das zumindest mitgedacht oder auch ausgesprochen wird. Blieben wir nur im Rahmen von Shakespeares Macbeth, so ist die Aussage „Schlacht zerronnen und gewonnen" („battle's lost and won") klassisch-sprachlogisch betrachtet eine Paradoxie, die noch verstärkt wird durch das zweifach formulierte „Gesetz": „schön ist wüst und wüst ist schön" (oder, ebenfalls korrekt übersetzt

[20] 1972 schuf Andrei Tarkowski (auf der Basis von Lems SF-Werk) den Film *Solaris*: Ein Planet als ein pulsierendes menschliches Gehirn.

als „richtig ist falsch und falsch ist richtig“: „fair is foul and foul is fair“). Bezogen auf das Zitat aus Macbeth löst sich der „Wirrwarr“, wird flüssig (zerronnen) und führt eine Lösung des realen und logischen Widerspruchs herbei, dass die Schlacht verloren *und* gewonnen wird. Mit dieser „Lösung“, mit diesem Endergebnis, ist aber nicht allein gemeint, dass der Sieg der einen Partei die Niederlage der anderen *ist*. Im weiteren Verlauf der Tragöde wird gezeigt, dass dem siegreichen Helden der Schlacht, Macbeth, sein errungener Sieg zu seinem Untergang führen wird.

„Der Wirrwarr“, so wird es versprochen, ist ein in der Sache selbst liegender logischer Widerspruch und erscheint schon verdichtet in einem Wort und auch in einem Paar, das dann das übergreifende Dritte dem Hörer letztlich sogar suggerieren lässt, wie die Gesetze des Lebens lauten. Nicht gemeint ist, was zunächst verstanden werden könnte, dass des Einen Verlust des Anderen Gewinn ist. In dieser hier von Shakespeare beschriebenen Welt enthält der Sieg in der Schlacht für Macbeth einen Gewinn (er wird befördert) als auch schon die Möglichkeit des Verlusts (getrieben von seiner Frau erwacht in Macbeth der Ehrgeiz, der die künftige Niederlage herbeiführt); hinzutritt das weitere, paradox gefasste Motiv der Legitimation der königlichen Macht: Macbeth, der Verteidiger (gegen einen aufsässigen Norweger) von König Duncans rechtmäßiger Herrschaft verlässt selbst jegliche Rechtmäßigkeit der Legitimation seiner eigenen Macht in der weiteren Folge der Tragödie. Die allein in diesen wenigen Zeilen in „couplets“ ausgesprochenen Widersprüchen zeigen das oben angedeutete „Dritte“ als das Übersummative, das die zutreffend beschriebene Widersprüchlichkeit, dass das Richtige das Falsche ist und zu Beginn das Eine noch die Möglichkeit des Anderen in sich trägt, aber trotz ehrlicher Anstrengung (Macbeth als Verteidiger der rechten Sache) das Gesamtergebnis des Wirrwarrs die angelegte Paradoxie siegt und Macbeth zerstört. Wenn „fair“ „foul“ ist, dann wird man sich erinnern, dass die Göttin einer solchen Welt schon genannt ist: Fortuna. Dies aber ist in einem christlich geprägten Europa nicht hinzunehmen. So ist es eine Provokation: Der Zuhörer wird sich schon selbst bemühen müssen, welche Weltanschauung ihm eher genehm sein könnte.

Eine weitere, reichhaltige Komposition Shakespeares enthält einen Reichtum von Widersprüchen, die gelöst werden wollen:

> *I think that I shall never see / A poem as lovely as a tree;*
> *[...]*
> *This precious book of love, this unbound lover, /*
> *To beautify him only lacks a cover.*

Dieser phantastische Shakespeare schafft es dann noch, Zweideutiges in das „couplet" zu schmuggeln (unbound; cover / un(ein)gebundener / Buchdeckel oder auch Bettdecke), was das Publikum in Begeisterung versetzen dürfte. Man freut sich, wenn man etwas bemerkt hat, wie man sich freut, wenn man etwas versteckt oder etwas Verstecktes findet. Wie hier im Shakespeare-Zitat: Wie kann eine Schlacht verloren und gewonnen werden und dies sich ereignen und wohl klären ließe, nachdem (?) die Schlacht verloren *und* gewonnen ist?[21]

1.2.3 Eingebettete Systeme und raum-zeitliche Orientierungen

In vielen Sprachen ist die bevorzugte Leserichtung von links nach rechts. Mit Sicherheit ist diese Richtung nicht die des Verstehens. Selbst wenn wir eine längere Zeitspanne von links nach rechts lesen, so geschieht mit Sicherheit eine gelegentliche retrograde Überprüfung: Unser Gedächtnis hält Gesagtes, Gemeintes fest und im Verlaufe des Gesprächs überprüfen wir soeben Gehörtes mit dem früher Gesagten. Oder auch umgekehrt: Wir merken uns etwas, das wir für wesentlich halten, besonders, da wir vermuten, dass unser Gesprächspartner bald oder am Ende seiner Rede mit dem Früheren in Widerspruch geraten wird. Gleiches gilt auch für das Mäandern des Redeflusses in dem Sinne, dass wir spüren können, dass Abweichungen uns verwirren sollen. Reden, Bücher, Filme können strategische Ziele (ich will X davon überzeugen, dass er/sie unrecht hat) verfolgen, die eben nicht offen benannt, sondern eher verschwiegen oder täuschend anders eingekleidet werden.

Interessanterweise ist die Schreibweise des „Bustrophedon" („so, wie der Ochse pflügt") eine Möglichkeit, das noch einmal im Blickfeld zu haben, wenn man die zweite Zeile erreicht und liest, was in der ersten geschrieben steht.

Das *Embedded System*, das dafür sorgt, meist mit Hilfe seiner konstruierten Schleifenwindungen das unbewusst ablaufende Vermuten, Absichern, Täuschen etc. herzustellen, ist ähnlich dem Fahrtziel, zu dessen Erreichen auch bei Störungen Umwege in Kauf genommen werden. Das Besondere an diesem Verfahren ist wieder, dass dieses „Relais", „dieses das Handeln steuernde Subsystem", unser Handeln diktiert, ohne dass wir uns dessen bewusst sind, auch nicht, dass wir am Ende das Relais neu kalibrieren müssten. Es ist nicht identisch mit der tatsächlichen Steuerung. Es steuert die Steuerung. Die Feinjustierung wird dem Handelnden, Sprechenden, Fahrenden überlassen, nachdem ihm Zeit eingeräumt worden ist, den bisherigen Weg und Ertrag überprüfen zu

[21] Es sei noch auf das schöne Werk von Helen Vendler hingewiesen, *The Art of Shakespeare's Sonnets*, 1997 Cambridge, Massachusetts, London.

können.[22] Es mag verwirrend klingen, die raum-zeitliche Überprüfung schafft Vertrauen (oder auch Misstrauen) in der Kommunikation allein schon auf sprachlicher Ebene. Hinzutreten noch die üblichen Kontrollen der Suche nach Übereinstimmungen von Gesprochenem mit Mimik, Gestik, Geruch – kurz, es gibt noch weitere unterschwellig ablaufende Prozesse zur Absicherung des Verstehens.

Wird von Krieg oder von Krieg und Frieden gesprochen, so wird bei der Erwähnung des Krieges schon unterschwellig erwartet, dass – gleichsam erlösend – von Frieden geredet wird. Interessant ist, dass in der Regel bei der Erwähnung des Ausspruchs Krieg und Frieden das „Tertium", das unsichtbar anwesende Dritte, der gesellschaftliche Zustand außer Acht gelassen wird, als habe er nichts mit dem Krieg und seinem Frieden zu tun.

Der Ausspruch entspricht formal dem Ausdruck Kants vom „Ewigen Frieden", jedoch ohne die korrigierende Einsicht, dass dieser Wunsch nur ironisch sein kann und lediglich verhindert, ernsthaft über die Zukunft der Menschheit eine Vision zu entwickeln, die realistisch und realisierbar ist.

Der konservative Dante Alighieri berichtet über „Christi Höllenfahrt"[23], der einige Seelen gerettet und einige Steinbegrenzung des konzentrischen Höllentrichters zerstört habe. Aber die Hölle selbst blieb erhalten. Mit ihr zu drohen, hilft auch der (staatlichen) Herrschaft außerhalb der Hölle.[24]

1.3 Die Amphiktyonien als Sinnbild für die Kultivierung eines Konflikts

Mit der ersten Staatenbildung in Mesopotamien, dem fruchtbaren Zweistromland (ab ca. 3.700 v.u.Z.), zog diese Zeitenwende auch die ersten kulturellen Entwicklungen nach sich: Zeichen einer Schriftsprache, (geplanter) Fernhandel, Rechtssysteme etc., abgesichert durch eine Priesterkaste, die für den Kultus

---

[22] Ein interessanter Parallelismus menschlicher Denkstrukturen: Firchow (*Grundzüge der Stilistik in den altägyptischen Pyramidentexten*, 1953 Berlin) hat also zunächst für die Pyramidentexte den *parallelismus membrorum* als Basiselement erkannt. Damit stehen die ägyptischen Texte im Kontext der gesamten vorderasiatischen Literatur, für die dieses Prinzip ebenfalls gilt. Darüber hinaus hat er mit den Dreier- und den Vierergruppen weitere Formelemente definiert und damit ein System umrissen, wie es erst beinahe drei Jahrzehnte später Foster (*Thought Couplets in the Tale of Sinuhe*, 1993 Ffm.) mit *dem thought couplet*, dem *triplet* und dem *quatrain* für die ägyptische Literatur insgesamt wieder postulieren sollte (G. Burkard, H.J. Thissen, *Einführung in die altägyptische Literaturgeschichte I, Altes und Mittlere Reich*, 2007 Berlin, S. 58f.).

[23] In: *Vorhölle, Erster Kreis, Canto IV.*

[24] Vgl. Karl Fr.A.K. Bartsch, *Die göttliche Komödie*, 2010 Wiesbaden.

des Staates zuständig war. Wir sehen, dass bei allen historisch gewachsenen Differenzen dieses System des Staates mit seinen stabilisierenden Subsystemen (u.a. Priester und Militär) eine stabile Lebensform der Menschen herstellbar schien. Die Frage der Gewalt ist zu trennen von der Frage der Macht, welch letztere das Merkmal eines auf Dauer sich einrichtenden Staates ist. Dies ist der Kern vieler Äußerungen Reemtsmas: Grundsätzlich sollte verstanden werden, dass Macht und Gewalt einander ausschließende Verhältnisse sind, die auch entsprechend so begrifflich zu fassen sind.[25]

In der Betrachtung vorstaatlicher sozialer Verhältnisse ergibt sich das Bild, dass gewalttätige Auseinandersetzungen zwischen nomadisierenden Sippen stattfanden, wie Ausgrabungen nachweisen konnten. Der Vulgärdarwinismus bietet an, dass der „Stärkere überleben" werde (Spencers „survival of the fittest"). Es ging Darwin aber darum nachzuweisen, dass das Überleben eine Anpassungsleistung ist. Die Anpassung enthält die beiden Momente der Adaptation und der Akkomodation, vom Subjekt aus betrachtet. Die Wirkungen beider Fähigkeiten sind passiv-aktiver Natur. So lernt laut Piaget das Subjekt, sich dem Anderen zu unterwerfen, aber auf eigene Weise, einwirkend. Diese Grundannahmen der menschlichen Auseinandersetzung betreffen die Möglichkeit individuellen „Dominanzstrebens, des „alten Wirbeltiererbes" innerhalb einer Gruppe oder Sippe, ist aber unterschieden von Beziehungen zu anderen Gruppen.[26] Es ist entsprechend zu unterscheiden zwischen „repressiver Dominanz" von „prosozialer oder fürsorglicher Führung". So gibt es auch auf Neu Guinea rivalisierende, agonal-kämpferische Auseinandersetzung zwischen benachbarten Gruppen. Der noch „fast steinzeitlich denkende" Yalis[27] wundert und erschreckt sich, dass die Europäer Kriege gegen Feinde führen, die man gar nicht kennt. Yalis hätte vermutlich, falls man ihm überhaupt erfolgreich die europäische Kultur verständlich machen könnte, den Ausdruck „Krieg und Frieden" für ein Synonym der europäischen Zivilisation gehalten. Der ganze Ausdruck würde von ihm abschätzig negativ konnotiert. Da Yalis kognitive Fähigkeiten, laut

[25] Jan Philipp Reemtsma, *Die Gewalt spricht nicht*, 2002 Stuttgart.

[26] Irenäus Eibl-Eibesfeldt, *Krieg und Frieden aus der Sicht der Verhaltensforschung*, 1975, 1997 München, S. II und 103 ff.

[27] Jared Diamond, *Guns, Germs and Steel*, 1997 London Kap. 1, Yalis Frage. Unter dem „steinzeitlichen Denken" sind das Leben und die kulturelle Prägung in einer vorstaatlich organisierten Gesellschaft, also der Gentilgesellschaft, zu verstehen. Macht begründet sich auf fachliche und soziale Kompetenz, wobei letztere sich auf die Fähigkeit bezieht, zwischenmenschliche Beziehungen auch durch instrumentalen Einsatz anderer zur Verwirklichung eigener Ziele einzusetzen. Das kann über repressive Sozialtechniken der Dominanz geschehen oder über affiliative (kontaktaufnehmende; Re.) Techniken des Werbens um Ansehen und schließlich durch Mischstrategien aus beiden." (Irenäus Eibl-Eibesfeldt, *Krieg und Frieden aus der Verhaltensforschung*, 1997 München (4. Aufl.) S. 103).

Diamond, unseren nicht nachstehen, würde er bald die Scheinheiligkeit der europäischen Denkungsart entdecken, dass „Krieg" der Begriff ist, der seinem Pendant, dem Frieden, sein „Kriegs-Teil" seiner eigenen Bedeutung (lediglich das Gegenteil zur Dominanz des Krieges zu sein) aufdrückt.[28] Wörter können sehr lebendig sein und sich zu Einheiten formieren, die nicht logischer Natur sind.[29]

Mit Hegels Logik betrachtet, ist der Kampf, der auf den Tod des Anderen geht, ein Vernichtungskampf (Annihilation). Das ist das, was wir gewohnt sind, an der Kriegssituation so bedrohlich zu empfinden. Der Krieg geriert sich als Moloch, der Menschen frisst und seine Kulturen destruiert. Wäre dies das Gesetz des Austausches von Aggressionen, hätte die Menschheit nicht bestehen können. Im vorstaatlichen Kampf geht es nicht um diese Form der Negation, Auslöschung, dass alles gewagt wird, um das Andere zu vernichten (s.w.u. Bild, *Der Kampf der Dani auf Neuguinea*). Das Neue, das in einigen Regionen entwickelt worden ist, besteht in einer bestimmten Weise von Koexistenz, die diese totale Vernichtung ausschließt. Diese Koexistenz ist gegenüber dem gleichgültigen Nebeneinander von einer neuen Qualität, die mehr ist als die Addition der beiden Elemente. So entsteht ein anderer Weg der Konfliktregelung vorstaatlicher-vorstädtischer Siedlungen in der hellenistischen Welt vor über 3.500 Jahren: Die Erschaffung sog. Amphiktyonien.[30] Es handelte sich dabei um Übereinkünfte von benachbarten Ethnien, die regelten, dass einerseits kriegerische Unternehmungen den Konsens des ganzen Verbandes bedurften, dass ein Angriff einer feindlichen Ethnie auf ein Mitglied der Amphiktyonie die Reaktion von allen Mitgliedern auslösen würde und dass zusätzlich noch alle zwei oder vier Jahre Wettkämpfe stattfanden, während derer keine Kriege geführt werden durften. Auch wenn in den späteren Olympischen Spielen ein religiöses Moment vorherrschte, war dies bei den ursprünglichen Nachbarschaftsgemeindeverbänden nicht der Fall und sie waren nicht daraufhin angelegt.

Man stelle sich vor, dass eine Ethnie, aus welchen Gründen auch immer, sich auf einen Kriegszug gegen eine andere vorbereitete, so hätte sie gegen die Grundregel der Gemeinschaft verstoßen. Riskieren wir den Transfer auf heuti-

---

[28] Die Redundanz sei verziehen: Wenn „Frau" definiert wird als „Nicht-Mann", wird der Mann in seiner Bedeutung (in Bezug auf die Frau) gestärkt.

[29] Die mathematische Kommutation entstammt einer ganz anderen Denkart und Wirklichkeitsauffassung, was auch für die klassische Logik von den Kontradiktionen und Teilen der Rhetorik gilt, wie von ihren Formen den Negationen – man denke allein an Kontrarietät, Antagonismus, Widerspruch etc.

[30] Zu danken sind Freud und Einstein, die dieses uralte Konzept dem Vergessen entreißen konnten: Sigmund Freud, *Zeitgemäßes über Krieg und Tod. Warum Krieg? Der Briefwechsel mit Einstein*, 2012, 2022 Ditzingen. Zu bewundern ist insbesondere Freud, der noch zu Beginn des Weltkrieges Parteigänger der deutschen Partei war.

ge Konflikte wie z.B. den Atomstreit mit dem Iran, so müsste sich ein Nachbarschaftsland oder ein Gebiet im Bereich des mit mehrfachen Atomsprengköpfen ausgerüsteten Irans bedroht fühlen und in der Gemeinschaft eine „Abrüstung" verlangen. Eine solche Gefährdung durch vermutete iranische (atomare) Rüstung ist der UNO zur Kenntnis gelangt und führte zu einer Überwachung der iranischen Atommeiler. Aber die US-amerikanische Regierung, die sich bedroht fühlte, brach die Überwachung ab ohne Beweis, ob der Iran gegen die UN-Sanktionen verstoßen hatte oder nicht.

Mit dem System der Amphiktyonien wurde ein Prinzip des nachbarschaftlichen Lebens eingerichtet, wie es heute noch in seinen rudimentären Formen der Olympischen Wettkämpfe erkennbar ist. Es soll zur Zeit der Olympischen Spiele Frieden herrschen. Die Römer entwickelten den uns nicht ganz unbekannten, allerdings oft von ambivalenter Bedeutung beherrschten, Spruch: „Willst Du den Frieden, bereite Dich auf den Krieg vor" (*si vis pacem para bellum*; vgl. die Waffe „Parabellum", sic!). Es hat also seit sehr langer Zeit schon den Menschen nicht an den richtigen Einsichten und Handlungen gefehlt, dass ein Friedenszustand einer zwischenstaatlichen Regelung bedarf, deren Ziel der Erhalt des Vertrauens ist, dass kein Staat einen anderen übervorteilen *könne und auch nicht wolle*. Diese Weisheiten der Pflege und Bewahrung nachbarschaftlichen Friedens stellen das qualitativ Neue des getrennten, aber doch geeinten Lebens.[31] Mit einem Begriff alter Metaphysik müsste hier von einem den Amphiktyonien eigentümlichen „Geist" die Rede sein, der das Leben der Bewohner beseelt. Diese Überlegungen sind zwar in Bibliotheken zu finden, nicht in Schulbüchern und gelten nichts in Zeiten gesellschaftlicher Konflikte wie auch der ursprüngliche Friedensgedanke der Olympiade mittels politischer Ausgrenzungen und im Zusammenhang mit Vermarktungsinteressen pervertiert wurde.

Die Ziele des Zusammenlebens von Menschen könnten in den Begriffen der Gerechtigkeit gefasst sein. So, als *yad vashem*, als Gerechte, sind die nicht-jüdischen Bürgerinnen und Bürger geehrt worden, die allein im Umkreis der Kleinstädte Le Chambon-sur-Lignon und Dieulefit während des Vichy-Regimes und der deutschen Besatzung Südfrankreichs, jeweils etwa 3.500 Menschen vor der Deportation in die deutschen Vernichtungslager bewahrt hatten.[32] Denn: Um Gerechtigkeit und um eine solche, die ein Egalitätsverständnis zwischen den

---

[31] Redlich, Shimon, *Together and Apart in Brzezany: Poles, Jews, and Ukrainians, 1919-1945*, 2002 Indiana Press.

[32] Gemeint ist natürlich die zeitliche Folge; dennoch, denken wir an das hier später erwähnte Werk von W.St. Merwin, *Unchopping a Tree*, 2014 San Antonio, sind dies zugleich Beispiele, die helfen, die Quantenphysik zu illustrieren.

Menschen entwickeln wird, wird es in einer Zukunft jenseits von Krieg und Frieden gehen müssen.

1.3.1 Wer über den Krieg schreibt...

> *Kultur ist nämlich für gewisse Leute – so 99 Prozent – langweilig: wissen Sie das?! – Wohl braucht der Künstler und Denker Muße; aber umkehrbar ist dieser Satz, ähnlich wie der vom Schwein und der Wurst, nicht. „Viel Unsinn ist schon über die Griechen im Allgemeinen, und besonders die Perserkriege geschrieben worden [...]" Zugegeben, ich habe ja Ihr Buch in der Hand! „Das Hauptunglück der Perser war nämlich nicht, den Griechenkrieg zu verlieren, sondern die Griechen die Geschichte dieses Krieges schreiben und an die Nachwelt weiter gehen zu lassen".*[33]

Arno Schmidts Ironie zielt unmittelbar auf Vorurteile des amerikanischen Historikers, George R. Stewart, Univ. of California (1895-1980) ab, der auf dem Niveau von *Reader's Digest* Ungereimtes zur Geschichte der Perser und Hellenen schrieb. Das „Ungereimte" versteckt sich hinter der Trennung von Krieg und Geschichtsschreibung. Letztere (im Verständnis von „Historikern" wie Stewart) sei der wahrhafte Ausdruck nur derjenige der griechischen Kultur. Somit wird getrennt die Reflexion *über* den Krieg und die rekonstruierte Beschreibung des Krieges selbst. „In Wahrheit" – so die bemerkenswerte Offenheit des Thukydides über den Krieg mit den Meliern[34] wird von Thukydides kein „Dialog" (wie es noch in heutiger Literatur heißt) beschrieben, sondern von einem Ultimatum berichtet: Frauen und Kinder dürfen überleben, alle Männer werden getötet, sollten die Melier sich weigern, dem attischen Seebund beizutreten. Auch neutral dürfen sie nicht sein. Die Kultur eines Staates lässt sich nicht von seinen Institutionen der Gewalt und auch nicht von seinen militärischen Produkten trennen. Kultur und Wirtschaft stehen in einem Wechselverhältnis mit der Politik. Sie sind es auch, wenn sie sich „kritisch" und irgendwelchen ethischen Normen verpflichtet wähnen. Es handelt sich um Subsysteme des Krieges selbst – also dem Kriege selbst zugehörig. Der ideale Nicht-Kombattant unterwirft sich aus eigenem Antrieb (z.B. um dem Mainstream zugehörig sein zu wollen) dem Kriegsgeschehen. Es sind die sozialen Bindungskräfte, die zumindest bei den meisten Menschen latent vorhanden sind und sie bewegen, in

---

[33] Arno Schmidt, *Erzählerisches Werk in 8 Bänden*, Ausgabe Haffms, 1985, Band 3, *Schwarze Spiegel*, S. 219.

[34] In *Der Peloponnesische Krieg*, Buch V, Kap. 84-116.

Kriegs- wie Antikriegsveranstaltungen Partei zu ergreifen. In diesem Sinne der Parteinahme ist auch der sog. Melier-Dialog zu verstehen, auch wenn er strenggenommen kein Dialog, sondern eine Erpressung ist.

So ist zurzeit des russisch-ukrainischen Konflikts das öffentliche Parteiergreifen für die Sache der Ukraine zu einem Subsystem dieses Krieges geworden. Vergleichbare Konflikte wie solche in der Folge des terroristischen Ereignisses in den USA (nine-eleven) führten zu Militärschlägen gegen Länder, die in keiner Weise mit den Attentätern in Bezug standen. Der verdächtigte Haupttäter Osama bin Laden war saudisch-arabischer Herkunft. Im Gegenteil, Irak und Iran – neben anderen Staaten des Mittleren Ostens – boten der US-Regierung Hilfe an, bin Laden aufzuspüren und festzunehmen. Das bedeutet, dass mittels der Kriege Hegemonie durchgesetzt werden soll, ist eine unausgesprochene Maxime politischen Handelns. Was zudem von den besten Wissenschaftlern, von den hundert „besten" Universitäten der Welt, die alle in den USA arbeiten, heute als Stationen der Menschheitsgeschichte bezeichnet wird, findet Eingang in die Medien und natürlich in die Schulbücher. Das Kriterium des erfolgreichen Wissenschaftlers ist die Zahl der Erwähnungen des Wissenschaftlers in den Medien. Verstehen wir Arno Schmidt recht, so hatten die Perser es versäumt, häufig über die kriegerischen Hellenen zu berichten. Arno Schmidt resigniert, denn was macht es schon aus, wer die Geschichte schreibt, wenn dieser nur aus einer Menge von Sklavenhaltern gewählt werden kann?

Arno Schmidt kritisiert die Bewertungen in Stewarts Werk. Was sind schon Bibliotheken voller Bücher über griechisch-persische Konflikte im Vergleich zu den Toten, die in diesen Kriegen sterben mussten? Ursachen herauszufinden, warum es sich in der Menschheitsgeschichte herausgestellt hat, dass Konflikte mittels Kriegen gelöst werden sollen – eine solche Verblendung könnte nur von der Geschichtswissenschaft aufgedeckt werden. Nur sie kann generationenübergreifend und nicht jedes Mal politisch-aktual beantwortet werden. Nur die wissenschaftliche Reflexion kann auf den Bodensatz der „Konfliktlösungsstrategien" stoßen, wo es das Töten und nicht das Versöhnen als das selbstverständliche, normale, angemessene Mittel den Beweggrund (Motiv) der Geschichte gibt. Dann ist die Beschäftigung mit der Menschengeschichte wichtig, richtig und für das Überleben der Menschheit ein bedeutsames Mittel. Und diese Erkenntnis lässt die Geschehnisse in ihren Widersprüchlichkeiten interessant und wohl immer auch spannend erscheinen. Das weiß der gelehrte Arno Schmidt.

1.3.2 Die Gewalt der Musik

In der Mitte des sechzehnten Jahrhunderts starb Martin Luther. Im letzten Drittel des 16. Jh. (z.B. 1566 in Antwerpen) gab es ikonoklastische[35] Ausschreitungen durch Calvinisten. Am Ende des sechzehnten Jahrhunderts herrschte immer noch ein von Calvinisten angezettelter Krieg in den Niederlanden 1810 schuf Kleist sein vorletztes Werk: *Die heilige Caecilie oder die Gewalt der Musik.*[36]

> *Drei Brüder, junge in Wittenberg studierende Leute (trafen) mit einem vierten, der in Antwerpen als Prädikant angestellt war, in der Stadt Aachen zusammen. Sie wollten daselbst eine Erbschaft erheben, die ihnen von Seiten eines alten, ihnen allen unbekannten Oheims zugefallen war [...]. (So) traf es sich, dass von den Nonnen im Kloster der heiligen Caecilie*[37] *[...] der Fronleichnamstag festlich begangen werden sollte; die vier Brüder beschlossen, auch der Stadt Aachen ein Schauspiel der Bilderstürmerei zu geben (der Prädikant und andere jungen Männer bewaffneten sich um zu zerstören); [...] die Nonnen führten ihre Musiken selber auf; oft mit einer Präzision, einem Verstand und einer Empfindung, die man in männlichen Orchestern (vielleicht wegen der weiblichen Geschlechtsart dieser geheimnisvollen Kunst) vermisst.*

Schwester Antonia erkrankte. Die Heilige Caecilia verwandelte sich in diese Nonne, die die Noten zu dem wundersamen Musikstück besaß. Sie erreichte schließlich noch gerade rechtzeitig den Aachener Dom, um das „schickliche Musikwerk", „eine uralte, von einem unbekannten Meister herrührende italienische Messe" aufzuführen, „mit welcher die Kapelle mehrmals schon, einer besondern Heiligkeit und Herrlichkeit wegen, mit welcher sie gedichtet war, die größten Wirkungen hervorgebracht hatte"; „mit Beilen und Brechstangen versehene Frevler fanden sich im Dom ein, mehr denn hundert", „man hatte sich unverschämte Äußerungen gegen die Nonnen erlaubt". Plötzlich erschien „Schwester Antonia", in die sich die hl. Caecilia verwandelt hatte. Sie verteilte

[35] Dekalog, 5. Buch Mose, Exodus: „Du sollst dir kein Gottesbildnis machen, das irgendetwas darstellt am Himmel droben, auf der Erde unten oder im Wasser unter der Erde." Bilderstürmer folgten dieser Auffassung (Ikonoklasmus); solche Bewegungen gab es auch in der jüdischen, reformchristlichen und wahhabitischen Religion.
[36] „caecus" (Lat.) heißt „blind"; den Blinden sagte man nach, musisch begabt zu sein; so wurde die hl. Caecilie ihre Schutzpatronin.
[37] 1925 Berlin, Sechster Band, S. 255 ff.; die „Schwingen des Wohlklangs" überwältigte die Gemeinde und die vier aufständischen Brüder.

die Partitur und setzte sich selbst, von Begeisterung glühend, an die Orgel, um die Direktion des vortrefflichen Musikstücks zu übernehmen.

> *Demnach kam es, wie ein wunderbarer, himmlischer Trost, in die Herzen der frommen Frauen. [...] Man sang ein Oratorium, „das mit der höchsten und herrlichsten musikalischen Pracht ausgeführt; es regte sich, während der ganzen Darstellung, kein Odem in den Hallen und Bänken; besonders bei dem SALVE REGINA und noch mehr bei dem GLORIA IN EXCELSIS, war es, als ob die ganze Bevölkerung der Kirche tot sei: dergestalt, dass, den vier gottverdammten Brüdern und ihrem Anhang zum Trotz, auch der Staub auf dem Estrich nicht verweht ward und das Kloster noch bis an den Schluss des Dreißigjährigen Krieges bestanden hat, wo man es, vermöge eines Artikels im westfälischen Frieden, gleichwohl säkularisierte.*

Die Mutter der vier Brüder bemühte sich noch sechs Jahre lang, ihre verschollenen Söhne zu finden. Man fand die vier in einem städtischen „Irrenhause", wo sie wegen einer religiösen Idee krank lagen, sie waren trübselig und melancholisch. Die Frau war entsetzt, als sie ihre vier Söhne erkannte:

> *Sie saßen, in langen, schwarzen Talaren, um einen Tisch, auf welchem ein Kruzifix stand und schienen, mit gefalteten Händen schweigend auf die Platte gestützt, dasselbe anzubeten. (Erklärt wurde), dass kein Laut über ihre Lippen käme; dass sie sich bloß in der Stunde der Mitternacht einmal von ihren Sitzen erhöben; und dass sie alsdann, mit einer Stimme, welche die Fenster des Hauses bersten machte, das GLORIA IN EXCELSIS intonierten. (Es wurde der Mutter von einem einst Beteiligten berichtet): bei Anhebung der Musik, nehmen Eure Söhne plötzlich, in gleichzeitiger Bewegung und auf eine uns auffallende Weise, die Hüte ab; sie legen, nach und nach, wie in tiefer unaussprechlicher Rührung, die Hände vor ihr herabgebeugtes Gesicht (und) ruft uns allen mit lauter fürchterlicher Stimme zu: gleichfalls unsere Häupter zu entblößen. (Später, in einen Gasthof gebracht, um Mitternacht): erheben sich die vier Brüder, inszenieren das GLORIA IN EXCELSIS. So mögen sich Leoparden und Wölfe anhören lassen [...]*[38]

[38] Warum Kleist noch den Hinweis gibt, dass auf der Partitur „unbekannte zauberische Zeichen, womit sich ein fürchterlicher Geist geheimnisvoll den Kreis abzustecken schien, und meinte, in die Erde zu sinken, da sie grade *das gloria in excelsis* aufgeschlagen fand", scheint mir auf den ersten Blick nicht einleuchtend. Allerdings ist Kleist durchaus zuzutrauen, auch falsche Fährten zu legen, wie hier der Einfluss des Teufels angedeutet wird. Kleist ebd. S. 267. Kleist versehentlich vom 5. März bis 9. April 1807 in Fort Joux eingekerkert gewesen. In derselben Zelle befand sich später Toussaint-Louverture.

Man erinnert sich, kaum Schwärzeres, Perspektivloseres, Abgründigeres in der Literatur gefunden zu haben als in dieser sog. Legende. Dass Bilderstürmer antipapistisch sind und zur Not auch Kirchen einreißen wollen, ist bekannt und religiösen Konflikten nicht fremd. Dass der Staat mit seinen Organen sich nicht immer dem Schutz religiöser Gemeinden verschreiben wollte, mag historisch so gewesen sein und bis in unsere Zeit andauern, dass aber die Heilige Caecilia selbst wie eine Kleistsche Amazonenkönigin Penthesilea mit der Gewalt von Waffen ausgestattet wird, stärkt doch des Lesers Wunsch, eine verlässliche Gegenmacht erblicken zu wollen. Die Musik scheint geeignet zu sein, Kultur und Wohlklang zu verbreiten, hier, bei Kleist jedoch ist die Musik wie eine Marschmusik der vier apokalyptischen Reiter. Sie tötet nicht nur, sie verwandelt auch die Bilderstürmer in Musikanten, deren Musik verwandelt wird in schauriges Geheul und Gebrüll von Raubtieren. Was darf den alttestamentarischen Flüchen und Verfolgungen Jahwes noch entkommen, der doch mal laut Altem Testament nach jedem Arbeitstag sagte, „dass es gut war" und nun ist von all dem, der Schöpfung, der Geschichte der Menschheit nichts mehr übriggeblieben, das hätte weiter existieren können oder sollen.
Das, was Kleist hier schreibt, lässt die Wurzeln erkennen, aus deren Wachstum die Vielfalt in die Welt gekommen ist. Doch dieses Leben existiert auf geborgter Zeit. Alles Existente belegt nur seine Fragilität angesichts der ungeheuren göttlichen Vernichtungskraft.
Während Schwester Antonia der Orgel ungehörten Wohlklang entlockt, *erstirbt* die Kirchengemeinde und der Planet Erde scheint sein Leben zu verlieren – noch nicht einmal die Flüchtigkeit eines Staubkornes lässt erkennen, dass es ein Ort ist für lebende Menschen. In Retrospektion kann die Orgelmusik so wenig etwas kreieren wie der tödliche Pfeil, gerichtet auf einen Menschen, noch lokalisierbar im Fluge auf sein Ziel, aber unaufhaltsam das Schreckliche bewirkend.[39] Gott reute seine Schöpfung, alles andere wurde „vom Erdboden vertilgt" und nur Noach „fand Gnade in den Augen des Herrn" (Moses 6).
Die Gewalt der Musik ist die Ambivalenz von Krieg und Frieden. Die Musik ist Instrument der Kriegführung immer schon gewesen oder nun: geworden; der schreckliche Gott, dessen Schöpfungskräfte in jedem Stein, jeder Pflanze, jedem Tier und der ganzen Menschheit steckt und dessen Liebe an sich in all den Elementen Schöpfung sein sollte, wird dergestalt von Kleist als ein „Memento" („Vergiss nie, dass dein Leben prekär und abhängig ist vom urgewaltigen göttlichen Willen") niedergeschrieben, das nie vergessen werden soll, dass

[39] Es erinnert an Haydns Vertonung der Schöpfung bis zu dem Punkt, da vom biblischen Gott (wegen der Bosheit der Menschen) aus der Schöpfung das Leben gezogen wird: Raphaels Rezitativ (die optimistische Schöpfungsmusik bricht abrupt ab: Es schaudert den Hörer): „Du wendest ab dein Angesicht, / da bebet alles und erstarrt."

in allem, was geschaffen wurde, der Tod steckt. Der Tod ist eingebettet im Lebendigen. Wer das nicht akzeptiert, versteht das Leben (und auch die Liebe) nicht.

Verstehen bedeutet in der Regel, das Ziel dialektischer Prozesse vorläufig zu fixieren und, da die Natur ein Organismus ist, der lebt, Tod und Geburt kennt und beständig praktisch tätig ist, scheint es auch richtig zu sein, sich auf diese methodische Weise einzulassen und den Tod hinzunehmen. Von Achilles wird gesagt, dass er von seinem Vater Peleus einen Speer geerbt habe, der die von ihm geschlagenen Wunden wieder heilte.[40] So mag es bei den Göttern aussehen. Fortuna praktiziert dies täglich in ihrem Kreisen. Diesen Widerspruch so stehenzulassen, lässt den auf den Tod gehenden Kampf als ein Mittel Gutes zu tun, wie die Wunden des Krieges zu heilen. Am Ende des Leids erfolgt die Freude der Errettung vom Leid. Das ist sehr christlich gedacht.

1.3.3 Die Sprache spricht

Die (gewählte) Stimmlage, der begleitende Gesichtsausdruck etc. bilden ihren eigenen Komplex des sprachbegleitenden Ausdrucks. Sie sind, ohne direkten Rekurs auf einen spezifischen semantischen Gehalt, von bedeutungstragender Funktion. So können Ironie, religiöser Glaube, Zweifel, politisch problematische Überzeugungen, Spott etc. als (un-)bewusst hervorgerufene Tönungen von Emotionen sich dergestalt auswirken, dass Sprachstile die Aussage verfremden, ohne dass es dem Sprecher bewusst wird. Jedem Sprecher ist vertraut, seine Einstellung zu den Inhalten seiner Rede zu formieren. Jeder Hörer wird versuchen, Sicherheit in der vom Sprecher geäußerten Rede dadurch zu erreichen, dass zumindest ein Abgleich des Gesichtsausdrucks mit den wie auch immer gewerteten Inhalten vorgenommen wird. Dies allerdings kann auch gelernt werden zu verbergen.

Was bislang angemerkt wurde, ist der komplexe Reichtum des sprachlichen Ausdrucks und des geistigen Formierens, ein Reichtum, der so überwältigend sein kann, dass gar der Eindruck entstehen kann, dass es die Sprache selbst ist, die da redet.[41] Die Sprache erscheint so als Subjekt, das auch im Unbewussten

[40] Vgl. Dante, ebd. S. 164, Fn. 652.

[41] Vgl. Kleist, *Über die allmähliche Verfertigung der Gedanken beim Reden*, wahrscheinlich 1805-06 in Königsberg; Luhmann, *Die Wissenschaft der Gesellschaft,* 1992 Ffm.: Es spricht eine gewisse Anfangsplausibilität dafür, „dass man zahlreiche Probleme der traditionellen Erkenntnistheorie anders beleuchten kann, wenn man die Systemreferenz von Mensch oder Bewusstsein auf Gesellschaft oder Kommunikation umstellt.“ Was gewinnt oder verliert man, wenn man dies täte? Der Preis ist eine überflüssig gewordene Ethik und die Aufgabe dessen, was hier noch nicht ohne Grund traditionell Metaphysik nennt.

agiert. Das Subjekt verschließt sich jedoch nicht unbedingt diesen Einflüssen. So ereignen sich, indem es sich der Sprache bedient, Fehlleistungen als „Offenbarungen“ des an sich wohl gehüteten Unbewussten. Es können Versprecher vorkommen und das Unbewusste als sprachlich Eingekleidetes sicht- und hörbar werden, oft in verzerrter Form.[42] Das Geäußerte wird „erkennbar entstellt“: Das Unbewusste bahnt sich seinen Weg zur Oberfläche des sprachlichen Ausdrucks und in diesem Prozess „verrät es sich“.
Dies muss jeder Sprecher wie Leser bedenken und bereit sein, hinzunehmen, dass wir keine perfekten Lebewesen sind. Klarheit und Bemühen um Ein-Eindeutigkeit mag Vorsatz sein, Unklarheiten auszumerzen. Ob dies dann gelingt oder nicht, kann zur unangenehmen Rechthaberei führen. Dies entsteht aus der Einsicht in unsere systembedingte Imperfektion.[43] Imperfektion und Idealität stehen in einem wechselseitigen Bedingungsverhältnis.
Sicherheiten für einen unmissverständlichen Ausdruck gibt es mithin bei lebendigen Hörern und Sprechern nicht. Es gibt nur beliebte Scheinlösungen wie das krampfhafte Aufsuchen von Definitionen. Meist liegt das Problem dort, wo ein erzwungenes Verhalten (bei der Arbeit oder im Krieg) über den Einschluss eines sehr umfangreichen Thesaurus verfügt, der Angenehmes wie auch Gefährdendes („Lavaströme“) in die sprachlichen Ausdrücke gießt. Hier ist zu erwarten und wohl auch zu befürchten, dass ganz urtümliche Grundauffassungen über einen Topos in aller Heimlichkeit die sprachliche Gestaltung leiten. Passiert dies, sind die Subjekte der Kommunikation nicht mehr ganz Herr des Verstehens. Es geht nicht um Assoziationen.[44] Sie sind in ihren Aktivitäten innersubjektiv. Es geht um *Gewichtungen*, die mit der geäußerten Sprache vorgenommen werden und die alteingesetzte Berechtigungen so mitschleppen, dass sich der Sprecher hinter ihnen auch gut verstecken kann: „Der Krieg“ soll zuerst genannt werden? Was ist gewonnen, wenn der Frieden zuerst genannt wird? Bei der Stabilität des Ausdrucks wird noch nicht einmal der Austausch der Nomen bemerkt werden.

---

[42] Vgl. Sigmund Freud, *Zur Psychopathologie des Alltagslebens*, 1904.

[43] „Du nimmst den Odem weg, / In Staub zerfallen sie.“ (Bezüglich des Schweigens vgl. Gavrill Derschawin, „Der Tod des Mannes wahrhaft schön! / Wie eine Orgel, die verstummt (…)“, in: Jurij Michailowitsch Lotman, *Die Innenwelt des Denkens*, (2000) dt. 2010, 3. Aufl. 2012 Frankfurt/M.: S. 99. Es handelt sich um ein wechselseitiges Bedingungsverhältnis – ein ideales Betätigungsfeld für Theologen. Das Göttliche ist selbstredend das Ideale, deswegen muss das Weltliche wie der Mensch imperfekt sein. Entsprechendes gilt für das Verhältnis von Krieg und Frieden.

[44] Arno Schmidt arbeitet mit den um sexuelle Assoziationen belegten Wortbedeutungen. Solche Ausdrücke sind vermutlich exklusiv für Psychiater interessant und vor allem relevant, ansonsten eher völlig zu vernachlässigen!

Die Behandlung des Topos „Sprache" ist auch zu verstehen als das notwendig vorsichtige Herantasten an das Hauptthema Krieg und Frieden. Angedeutet in dieser Betrachtung sind die kulturell-geschichtlichen Aspekte, die sich wie ein dichter Filz über das Gebilde des Romans von Tolstoi gelegt haben. Rein aus sachlichen Erwägungen, den Jaurèsschen Spruch ernst zu nehmen und einen entscheidenden Sieg über den Krieg zu erringen, sollte angesichts der Komplexität und der stärksten Kräfte, die je auf diesem Planeten erzeugt wurden, um den zu besiegenden Krieg zu annihilieren, d.h. so zu vernichten, dass ein *Nichts* übrigbleibt. Hierbei sollten keine Illusionen entstehen, man könnte, gleichsam so nebenbei, dem Frieden eine Chance geben (*give peace a chance* oder *make love not war),* dies singen, dann sei der Krieg wie ein schlechter Spuk verschwunden. Jedoch alles bliebe beim Singen und Mitsingen, was noch keine Realität verändert hat. Auch der Ausdruck *give peace a chance* ist schon vom Gegner als die Notwendigkeit des Krieges bestätigend erkannt worden: Es gäbe keine Blitze, wäre die elektrische Entladung kontinuierlich. Es gäbe keinen Krieg, würde er in Kontinuität herrschen.[45]

Bei seiner Untersuchung des Ursprungs der menschlichen Sprache hebt Roman Jakobson hervor, dass es aufgrund seiner Forschungen gewiss sei, dass „drei Universalien unter den ausschließlich menschlichen Leistungen miteinander in Verbindung stehen:

1) Die Anfertigung von Werkzeugen zur Herstellung von Werkzeugen [vgl. diese ‚Kunst', die als ‚Tertium' schon mit Shakespeare eingeführt wurde].
2) Das Auftauchen phonematischer, rein distinktiver Elemente, die keine eigene Bedeutung besitzen, sondern dazu dienen, bedeutungstragende Einheiten, nämlich Morpheme und Wörter, zu bilden [ein wichtiges, systemisches Merkmal; Re.].
3) Das Inzesttabu, das die Anthropologen überzeugend interpretiert haben als unerlässliche Vorbedingung für einen weiterreichenden Aus-

[45] Von 1931 bis 1975 wurde der Kleinlaster und Bus *Opel Blitz* gebaut. Die Muttergesellschaft war und ist GM (General Motors). Es gab Verflechtungen auch von kriegswichtigen Firmen über die Ländergrenzen hinaus, von denen auch die Kriegsschuldigen wie Deutschland und Japan profitierten. Dennoch ist es nicht zu verstehen, wenn die beiden Nationen, Japan und Deutschland, die die größten und abscheulichsten Kriegsverbrechen begangen haben, nach dem Kriege zu den wohlhabendsten Nationen gezählt werden konnten. Allein in der Sowjetunion wurden 1.710 Städte und ca. 70.000 Dörfer zerstört. Warum muss die Siegerin immer noch um so vieles mehr leiden als die Täter? (Die Linke, 22. Juni 2021) Das betrifft auch das Verhältnis China und Japan.

tausch von Geschlechtspartnern und damit einen nachfolgenden Aufbau ökonomischer, kooperativer und defensiver Bündnisse."[46]

Der letzte Punkt scheint mir sehr relevant zu sein. Jakobson bereichert hiermit eine Diskussion, die ansonsten völlig in ihrer Bedeutung in die Genetik abdriftet. Gleichwohl verlassen wir an dieser Stelle Jakobsons Auseinandersetzung zum Ursprung menschlicher Sprache und wenden uns einigen „Kriegen" zu.

2 Reflexionen über Kriege

2.1 Der französisch-russische Krieg (1812-1814)

Krieg und Frieden[47] ist ein Roman über ein weltgeschichtliches Ereignis. Jede sprachliche Äußerung, ob gesprochen oder geschrieben, beeinflusst den Adressaten, verführt ihn und erliegt gleichermaßen seinerseits kommunikationsprägenden Einflüssen. Sich gegen diese Künste zu schützen, ist nicht einfach, da mehrere Ebenen der Bedeutungen auf die Rezipienten (auch bewusst manipulierend) einwirken. Geglaubt wird eine scheinbar wesentliche Funktion der Kommunikation: die Semantik. Wir *glauben* an sie, da Dinge, Sachverhalte, Pläne etc. in einem Verfahren bezeichnet werden können (z.B. der Definition oder des Hinweisens), womit wir uns, da wir uns mit dem Besitz des Verfahrens (deiktisch) auch in der Sicherheit des Gemeinten (der *intentio recta*) wohlig befinden, zufriedengeben. Neben der *intentio recta*, die das aufmerksame Bewusstsein direkt auf ein Objekt fokussiert, gibt es die *intentio obliqua*[48], die das Bewusstsein auf das Bild oder den Eindruck des Objektes auf unser Bewusstsein hinterlassen hat, richtet; hier ist also die Stelle, da wir noch bewusst eingreifen oder ignorieren können und sogar herausfinden, dass hier von alters her Vorurteile eine Auffassung vom Gegenstand formiert haben, die alle von unse-

---

[46] Roman Jakobson, *Semiotik, Ausgewählte Texte 1919-1982*, 1988 Ffm., S. 390.

[47] Titel des Werkes von Leo Tolstoi, (1868/69; Moskau), dt. 2009 Köln (1.532 S.).

[48] „Der Krieg ist geschändet worden" lautet ein Gedicht von Brecht, Werke Bd. 3 *Gedichte 1*, 1997 Ffm., S. 389 f. Man kann von einer hohen Wahrscheinlichkeit sprechen, dass diese Überschrift nicht einen aktuell verlaufenden Krieg bezeichnet, sondern über „den Krieg" spricht i.S. der *intentio obliqua*, der ins Auge gefasst wird von irgendeinem ironischen Menschen (denn: Krieg und schänden disharmonieren als Vorstellungen). So fährt Brecht auch fort: „Wie ich höre, wird in den besseren Kreisen davon gesprochen. / Dass der zweite Weltkrieg in moralischer Hinsicht / Nicht auf der Höhe des ersten gestanden habe. Die Wehrmacht / Soll die Methoden bedauern, mit denen die Ausmerzung / Gewisser Völker von der SS vollzogen wurde […]" Es wird also ein Bild (ein Verständnis) von Krieg präsentiert oder eine Meinung, die dann ironisch verfremdet wird.

rer Umgebung geteilt werden o.ä. So gibt es immer wieder Meldungen über Kameradschaftstreffen mit der Betonung des glücklichen Kameradschaftssinnes im NS-Heer.[49]

Für unsere Vorschau benötigen wir die Einsicht und die Voraussetzungen des Handelns, den Krieg abzuschaffen (zu nihilieren). Damit wäre aber auch in einem anderen Sinne dem *peace* (Frieden) keine Chance gegeben. Das ist nur einfach gedacht und geschlussfolgert. Aber was ahnen wir, was dann für Ereignisse auf dem Globus herrschen würden?

Glücklicherweise wissen wir, wenn auch nichts Genaues so doch hinreichend Verlässliches, weil Zeitzeugen der uralten Gentilverfassung noch auf Neuguinea und in der Kalahari die Khoisan befragt werden konnten: Die Gentilverfassung wurde von der Staatenbildung negiert, die offensichtlich den damaligen Menschen mehr versprach als sie einlösen konnten oder wollten.[50] Die Menschen lebten in umgrenzten Gebieten, sie arbeiteten, was sie ernähren konnte und ihre Emotionen umfassten das normale Spektrum von Liebe zu Hass. Was dem Neuguineer Yali so befremdlich-unverständlich war, unbekannte Menschen in Kriegszügen zu töten, existierte nicht. Es klingt utopisch, es ist inzwischen möglicherweise den meisten Menschen keine begehrenswerte Lebensweise, aber – falls dies noch ein wichtiger Wert ist – Kinder wuchsen auf ohne Traumatisierung und Katastrophen. Sie lebten mit und in der Natur – das sagt schon fast alles. Wie das Leben aussehen würde, ist heute nicht zu sagen, weil in unseren Köpfen und Gefühlen absolut gar nichts auf eine entstaatlichte Welt eingerichtet ist.

Nach Tolstoi kann die Entscheidung für oder gegen den Krieg als Frage keine Antwort der Vernunft sein, sodann womöglich noch Politiker befähigen, einen Frieden herbeizuführen. Eine solche Entscheidung gibt es nicht und kann es nicht geben. Es sei schlechterdings unmöglich zu meinen, im Besitz zu sein von Mitteln der Vernunft, den menschlichen Verkehr so zu regeln, dass Mord und Totschlag Maßnahmen hervorrufen könnten für ein friedliches Zusammenleben auf Dauer.

---

[49] Vgl. Wikipedia: Kameradschaftstreffen, 24.7. 2022) Was konstituiert die Gemeinschaft der Soldaten im NS-Heer? Was die Gemeinschaft der Räuber, die eine Bank überfallen? Was die Gemeinschaft der Nonnen in Kleists Legende von der Heiligen Cäcilie? Ein jedes Mitglied bringt in die Gemeinschaft ein, was es in seinem Leben erworben hat. Drei ehemalige Soldaten, drei Bankräuber, drei Nonnen etc. werden, so unser Vorurteil, eine Übereinstimmung ihrer erworbenen Fähigkeiten feststellen und damit das Ganze, die Gemeinschaft, charakterisieren. Bankräuber sind nicht dafür bekannt, dass sie Oratorien singen, aber, man weiß ja nie, wo man selbst einst landen wird.

[50] Trotz des Alters immer noch sehr lesenswert: Friedrich Engels, *Der Ursprung der Familie, des Privateigentums und des Staats*, MEW Bd. 21, 1. Aufl. 1962 Berlin: Kap. IX: Barbarei und Zivilisation.

(Über den Fortschrittsglauben) Damals hatte ich die Empfindung, als drücke dies Wort etwas aus. So genügte, während meines Aufenthaltes in Paris, der Anblick einer Hinrichtung, um mir die Gebrechlichkeit meines Vertrauens auf den Fortschritt zu zeigen. Als ich sah, wie der Kopf sich von dem Körper trennte und mit dumpfem Geräusch auf den Grund des Korbes fiel, verstand und begriff ich, ja ich erkannte, nicht vermöge des Geistes, sondern vermöge meines ganzen Wesens, dass keine Theorie der Vernunft, des Fortschritts diese Handlung rechtfertigen könnte.[51]

Ein jeder Krieg gebiert den nächsten. So wie ungerächter Mord den Willen stärkt, neue Waffen für einen „endgültigen" Sieg zu sammeln (also eine Interims- eine Friedenszeit benötigen), ergeht es Staaten. Nimmt man das voluminöse Werk des Grafen Leo Nikolajewitsch Tolstoi, so erfährt man eine Reihe von Faktoren, die seiner Meinung nach gleichsam unter der Schwelle der Ereignisse in ihrer Gesamtheit das Kriegsgeschehen hervorgebracht haben: Der Generalfeldmarschall Michail Illarionowitsch Kutusow wird gezeichnet in seinem Bemühen, keinen den üblichen Kriegsregeln folgenden Feldzug mit seinen Siegen und Niederlagen zu leiten, wie ihn der Zarenhof geliefert zu sehen wünschte. Kutusow zeigte kein Feldherrenverständnis, Ruhm und Ehre zu erwerben, was, übersetzt in die Realität, bedeutete: Es sollte keine Siegesfeiern geben, nicht von Helden die Rede sein und damit auch vermieden werden, dass die vielen Toten „auf dem Schlachtfeld als dem Feld der Ehre" ihr Leben gelassen hätten: Es wäre ein Euphemismus, der keinen Trost versprechen könnte. Es gibt Dokumente über das, was geschehen ist, als Antwort auf die Fragen: Was könnte getan bzw. unterlassen werden, damit der räuberische Gegner sich vom besetzten Land zurückzieht? Die Größe des Landes implizierte für das Napoleonische Heer lange Versorgungswege, jeder Rückzug der Russen schadete dem Gegner; kleine Gefechte lieferten Guerillakämpfer wie auch in Spanien (in Zusammenhang mit Aufständen; s.w.u. „Goya" und die Insurgenten) praktiziert; jeder tote Soldat Napoleons wirkte sich schmerzhaft und in der Summe verheerend auf die gesamte Kampfstärke aus, die im wörtlichen Sinne ausblutete. Auch die Fehler Napoleons setzten die Kriegsführung großen Gefahren aus: Es gelang Napoleon nicht, einen anderen Weg für den Rückzug zu wählen, als den er für den Hinweg schon verbraucht hatte. Nicht alle Depots waren noch vollständig erhalten und die Bevölkerung war noch nicht zurückgekehrt, um ihr Land anzubauen, wovon Napoleons Armee hätte profitieren konnte. So konnte Kutusow eher menschenschonende und ungewohnte Taktiken konzipieren. Die Negation einer aktiven Kriegführung bewirkte das Aufkommen ganz ande-

[51] Tolstoi, *Meine Beichte*, 1902, 2012 Köln, S. 22 f.

rer, nicht lehrbuchmäßiger taktischer Entscheidungen, die kriegsentscheidend wurden: Dass keine entscheidenden Schlachten mit anschließenden Friedensregelungen geführt wurden, veränderte den Krieg vollkommen. Napoleons Armee war auch trotz der hohen Verluste noch ein ernsthafter Gegner. Besonders beschützte er die „Alte Garde“, deren Qualität unvergleichlich hoch war. Kutusows zentrales Strategem bestand darin, dass die „Natur des napoleonischen Raubzuges“, sich selbst überlassen, kriegsentscheidend sei und in Folge der Aggressor sich selbst vernichten musste. Was so einfach klingt, wie dies Verweigerungsstrategem nun einmal lautet, so ist seine Durchführung in der Realität sehr viel komplexer. Auch muss in Rechnung gestellt werden, dass Napoleon ein ganz ungewöhnlich präzise arbeitender und Erfahrungen hervorragend auswertender Feldherr war, der mit seinem Heer, fast immer in Unterzahl Siege erfechten konnte. Indem Moskau nicht verteidigt wurde, das Besatzerheer erfreut Beute machen konnte, was auch ein Napoleon nicht verhindern konnte, irgendwann aber der Rückzug angetreten werden musste, dieser jedoch durch schon geplündertes Land führte, auch anfangs Gefangene bewacht und (bes. auch die eigenen Verwundeten) versorgt werden mussten, im Verlaufe des Rückzugs Verwundete i.d.R. sich selbst überlassen wurden, Zugtiere geschlachtet werden mussten, Gefangene erschossen wurden, der gesamte Heereszug mehr und mehr in einen derart prekären Zustand geraten musste, dass, an der polnischen Grenze ohne organisierte Kampfhandlungen dann auch in der Tat Tausende den Tod fanden – all diese Faktoren bewirkten, dass selbst geringste Verluste sich auf die Kampfkraft Napoleons Armee proportional empfindlicher auswirkten als auf Kutusows Heer, der wusste, was geschehen musste, um zu siegen. Er konnte es sich leisten, die mehrfach angebotenen Friedensverhandlungen Napoleons schlicht zu ignorieren. Die Umstände der Natur des russischen Feldes wie auch des unterversorgten Napoleonischen Heeres wurden kriegsentscheidend. Zwar war der Feldzug gegen Russland von langer Hand vorbereitet, auch gab es zum ersten Mal in der Militärgeschichte Lazarettwagen, aber es gab auch viele Faktoren, die in ihrer Summe den Eindruck hinterlassen, dass Napoleon Opfer seiner eignen Imagination wurde: Wenn der Feldzug beschleunigt Moskau erreichen sollte, benötigte er nicht nur Ochsen und Pferde, sondern auch ausreichend Fourage. Hier gewinnt der Historiker den Eindruck, dass Napoleon schon Gedanken ausbrütete, die schon „prototypisch“ waren für Taktik und Strategie späterer Feldzüge, der sog. Blitzkriegführung. Diese meinten für kurze Zeit mehr erreichen zu können, wenn z.B. der Vormarsch durch schwer befrachtete Fuhrwerke behindert würde, auf sie mithin verzichtet werden müsse, getreu dem Motto „Weniger ist mehr“, was sich dann als eine Taktik „dümmer als geglaubt“ entpuppt. Heraklits Diktum vom Krieg als dem Vater aller Dinge entfaltete allein schon in der räumlichen Ausdehnung in den sog. Napoleonischen Koalitionskriegen eine reichhaltigere Fülle von Kriegshandlungen als je für möglich gehalten wurde, denkt man an den sog. Westfälischen Frieden: Die europäische Gier nach Kolonien verkehrte sich in eine Bedrohung der Kolonialherrschaft. Mit der (noch fast) weltweiten Ausbreitung wurde das Ende der sog. Kabinettskriege herbeigeführt. Die Zahl der Kolonien wuchs gewaltig und sog ihre Beteiligung (in Afrika, Nord- und Südamerika, Südost-Asien) in den Strudel der Konflikte ihrer europäischen „Kulturnationen."

Tolstoi schuf ein Bild von Kutusow, das ihn als einen in sich ruhenden Koloss mit meist fast geschlossenen Lidern zeichnete, der sich im Gegensatz zum hoch-aktiven Napoleon, durch Negation, Abwesenheit von Befehlen und praktischer Gestaltung des Krieges auszeichnete. Kutusow erscheint wie die sibirische Landschaft, unendlich groß, dass ein jeder sich in ihr verlieren würde. Eine Abwesenheit gestalterischer Kräfte kann dennoch durch ihre Präsenz Wirkung erzielen. Tolstoi schreibt dieser Ruhe Kutusows nicht zu, ein Mittel darzustellen, dass ein Krieg auf diese Weise gewonnen oder verloren werden könne. Der Vergleich aus dem Zweiten Weltkrieg belegt m.E. diese falsche Verallgemeinerung: Das Schlachtschiff Tirpitz hatte die Funktion, britische Konvois zu stören. Die Tirpitz feuerte keinen Schuss auf feindliche Schiffe. Churchill drängte aber sie zu vernichten, was 1944 endgültig geschah. Ihre Wirkung erhielt sie durch ihre Präsenz. Die sibirische Landschaft war kein planvoll gestaltetes Mittel des Krieges i.U. zum Panzerkreuzer.

Der Verteidigungskrieg Russlands wird zu einem notwendigen, weil nun erzwungenen Krieg. Damit ist schon fast alles erreicht, was Militärs erhoffen. Aus Sicht des russischen Oberbefehlshabers Kutusow führt er jedoch „nicht richtig" Krieg, da er sich zurückzieht und sich weigert, Kräfte, die im russischen Kontext schlummern zu aktivieren, statt sich Napoleon zu stellen und anschließend ein Friedenswerk mit ihm auszuhandeln. Napoleon erwartet das „Münz-System": Es gibt zwei Parteien, Frankreich und Russland, die miteinander ringen. Angesichts der sich abzeichnenden Unterlegenheit Russlands erwartet Napoleon, dass Russland um Frieden nachkommt. Der russische Befehlshaber Kutusow handelt jedoch entgegen der Erwartungen Napoleons, denn Kutusows Armee kann sich zurückziehen, so oft er dies will und die Unterstützung des Zaren hat. Aus Napoleons Sicht spielt Kutusow falsch, da Napoleon weiß, er könnte die russische Armee besiegen und mit diesem Sieg einen günstigen Friedensschluss bewirken. Aber Kutusow weiß, dass Krieg noch etwas anderes bedeutet als militärische Siege in Schlachten zu erzielen. Dies hier nicht zu verstehen, kostet auf dem Schlachtfeld Menschenleben. Befragen wir Shakespeare, so ist von Kutusow eine ganz andere, neue Weise der Strategie praktiziert worden: „Schlacht verloren und gewonnen" erhält eine neue Bedeutung, wonach das

Ausweichen eines konfrontativen Kampfes zu einer Selbstzerstörung des Angreifers führt – unter bestimmten, nachvollziehbaren Voraussetzungen.
Bemüht man sich, einen Überblick über die Ereignisse in Europa von der alles überragenden Französischen Revolution (1789) bis zum Zweiten Pariser Frieden von 1815 zu gewinnen, zeigt sich Napoleons Politik als eine gegen die sich entwickelnde Kolonialpolitik der europäischen Mächte, auf die sich besonders England gut verstand.[52] Ginge es nur um Herrschaftshäuser, hätte es allerdings keiner Revolution bedurft und Louis XVI. hätte noch weiterleben können. Durchgeführt wurde diese Politik weniger auf das Interesse der künftigen Kolonialvölker gerichtet, sondern (statt Russland sollte ursprünglich England angegriffen werden) auf das Einlösen der alten, römischen Weisheit, dass der Krieg den Krieg ernähre (Cato d.Ä.: *bellum se ipsum alit*), um immer mehr Soldaten zu befehligen. Denn jeder Sieg bedeutete, dass fremde Soldaten requiriert werden konnten, wenn deren Landesherren besiegt worden waren.
Die *levée en masse* (1793) war die Reaktion auf die erste verlorene Schlacht bei Valmy (s. auch die Niederlagen in der Vendée), die die Revolution und ihre Ergebnisse bedrohte. Diese neue Wehrpflicht traf auf Zustimmung bei den etwa 1 Mio. ausgehobenen Soldaten (ihre „benötigte" Zahl wurde jährlich festgesetzt).
Mit dem Staatsstreich vom 18. Brumaire, wurde Napoleon Erster Konsul und führte alle weiteren Kriege gegen die (antifranzösischen-antimonarchistischen) Koalitionen auch mehrfach, so dass am Ende kaum eine europäische Nation existierte, die nicht in Napoleons Kriege verwickelt war. Die von Tolstoi erwähnte Episode spiegelt mit Sicherheit das zu dieser Zeit weitverbreitete feudalistische Herrschaftsdenken wider, in diesem Fall der russischen Elite: Es geht um den Brand in Moskau. Ein vermeintlicher Brandstifter wird gefangen genommen und vor Graf Rastopotschin geführt. Es bildet sich eine Menge, die offensichtlich interessiert ist, die weiteren Entwicklungen mitzubekommen. Der Graf wendet sich an die Menge und wiegelt sie gegen den Gefangenen namens Wereschtschagin auf, obwohl dessen Schuld oder Unschuld nicht entschieden ist:

> *Das haben sie nun aus Russland gemacht! Das haben sie aus mir (sic!) gemacht!" Der Graf spricht vom Balkon aus zur Menge: „Guten Tag, Kinder!" […] „Kinder", sagte Rastoptschin, […] dieser Mensch, Wereschtschagin, das ist der Schurke, durch den Moskau zugrunde geht." „Er hat seinen Zaren und sein*

[52] Wenige Tage nach der verlorenen Schlacht bei Waterloo wurde Napoleon in die Verbannung auf St. Helena geschickt. Die Insel wurde von den Briten verwaltet. Erst 1834 ging sie in den britischen Besitz über.

Vaterland verraten, er hat sich diesem Bonaparte hingegeben." […] „Vollstreckt selbst an ihm das Urteil! Ich übergebe ihn euch!" Das Volk schwieg… ein Ulan schlug ihn (Wereschtschagin) mit der flachen Klinge seines Säbels. Erst als das Opfer sich nicht mehr wehrte, […] begann die Menge eilig um den daliegenden, blutbefleckten Leichnam herum Platz zu machen. „O mein Gott! Das Volk ist doch wie ein wildes Tier! Wer kann dagegen aufkommen?" „….dieses Volk. Sie sagen, es ist nicht der richtige… Gewiss wird es nicht der richtige sein… O Gott…!" […] „Der Pöbel ist schrecklich, geradezu scheußlich", dachte er auf Französisch (sic!).[53]

Von dem Soldaten wird erwartet, dass er für das Vaterland oder die Familie oder zu Ehren irgendwelcher Tugenden auch gerne kämpft. Es mag sein, dass in Ländern, in denen eine tiefe Hinwendung zum Christentum existiert, „Nächstenliebe und Selbstaufopferung"[54] häufiger vorkommen als anderswo. Diese Einstellung, sich aus vermeintlich edleren (metaphysischen) Gründen zu opfern, gehört zu jedem Krieg; die pauschale Begründung im Sinne einer verlogenen Rechtfertigung findet sich dort, wo der Tod als erstrebenswert gefeiert wird: wie für die Ewigkeit von Horaz formuliert wurde: *„Dulce et decorum'st pro patria mori."* (Süß und ehrenvoll ist es, für das Vaterland zu sterben.)
Auch unter Napoleon bestand die Aufgabe der Offiziere im Gefecht darin, dafür zu sorgen, dass die Soldaten kämpften. Ohne dieses Vorbild oder ohne den Zwang, den auch die Offizierspistole versinnbildlichte (die für solche Zwecke der Disziplinierung Ordonnanzpistole genannt wurde), versucht der normale Verstand, möglichst nicht heldenhaft, gegen gut bewaffnete Gegner anzurennen. Abgesehen von diesen Waffen ist das persönlich-soziale Verhältnis der Soldaten zu Napoleon etwas Besonderes. Es ist das Verhältnis zwischen einem Patron und seinem Klienten. Letzterer ist der „Schutzbefohlene", der sich an einen Patron „anlehnt" und um Schutz nachsucht. Der Patron ist der Beschützer. Das Verhältnis kann mit diesen Begriffen ein Geschlechter- oder Sippenverhältnis – „wie in einer Familie" – bezeichnet werden. Immer sind mit einer Klientele höhere, mächtigere Beschützer gemeint wie weltliche oder geistliche Herrscher. Der feste *Glaube* der Soldaten an Napoleon war unerschütterlich. Das Patronatsverhältnis erhöht den kämpferischen Geist, der den Soldaten leitet, seine Kampfkraft unter den Augen seines Herrn unter Beweis zu stellen. Das System ist so alt wie es Väter und Söhne gibt.

[53] Tolstoi op.cit. 3/III/XXV, S. 1160-1164.
[54] Tolstoi, op.cit., S. 500.

Tolstois Roman modelliert Gedanken und Aussagen mit Sprachkategorien, die nicht rein grammatikalischer oder logischer Natur sind. Schon in den ersten beiden Sätzen heißt es:

> *Nun, sehen Sie wohl, Fürst: Genua und Lucca sind weiter nichts mehr als Apanagen der Familie Bonaparte. Nein, das erkläre ich Ihnen auf das Bestimmteste: Wenn Sie mir nicht sagen, dass der* [nicht „dieser"; sic! Re.] *Krieg eine Notwendigkeit ist, wenn Sie sich noch länger erlauben, all die Schändlichkeiten und Gewalttaten dieses Antichristen in Schutz zu nehmen (wirklich, ich glaube, dass er der Antichrist ist), so kenne ich Sie nicht mehr, so sind Sie nicht mehr mein Freund, nicht mehr, wie Sie sich ausdrücken, mein treuer Sklave.*[55]

Das Wort „der" kann *funktional* wie „dieser" als Demonstrativpronomen auftreten. Was die beiden ersten Sätze ausdrücken, ist, wie vom Leser erwartet, dass im Gespräch der beiden Freunde auf den gerade sich ereignenden Krieg von 1812, also den napoleonischen Überfall auf Russland „gezeigt", verwiesen wird. Das Sprachverständnis erlaubt es, dass auf den gerade sich ereignenden Krieg der Verweis stattfindet. Somit handelt es sich um die sog. Deixis: Es wirkt, als zeigte man mit dem Finger auf das Phänomen Krieg. Allerdings wäre dann eher das Demonstrativum „dieser" der angemessene Ausdruck. Die Grammatik eröffnet traditionell zwei Möglichkeiten des Gebrauchs: Der Adressat jedoch entscheidet und kann in diesem vorliegenden Fall aus dem Sprecher einen Pazifisten machen oder nur einen, der über das Zeitgeschehen räsoniert: so gibt es die soeben erwähnte deiktische Variante, die eher auf Außersprachliches verweisen soll. Es gibt daneben aber auch den innersprachlicher Verweis, die sog. anaphorische Bedeutung. Wird diese Möglichkeit erwogen, dann wäre der jetzige Krieg eine Notwendigkeit. Es geschieht innertextlich eine Rückverweisung auf den zuvor erwähnten Krieg. Der Ausdruck *der* Krieg verweist aber zusätzlich noch auf eine weitere Bedeutung, auf etwas ganz Anderes: Streng genommen erscheint in der deutschen Sprache der bestimmte Artikel in zwei Funktionen: *Der* Krieg ist nicht wie dieser Krieg ein demonstratives Hinweisen (s.o.), sondern gemeint ist eine bestimmte Heraushebung des mit dem *bestimmten Artikel* bezeichnetes Substantivs in die Sphäre der Allgemeinheit.[56] Das Zeichen „das" ist ein Antagonym. Es ist logisch betrachtet das Ganze (Klassenbegriff in seiner Allgemeinheit) *und zugleich* ist es ein Zeichen der Be-

[55] Tolstoi, op.cit. 1/I/I, S. 1.

[56] Nebenbei ist dies eine sehr interessante „Sprachlogik", da sie zeigt, dass ein lineares Erschließen von Inhalten eine Illusion ist. Eine Filmbetrachtung erschließt ungemein viele Inhalte über solche reziprok-rückverweisende bzw. antizipierende Weise, die aus einer Ahnung von künftig zu erwartenden Phänomenen resultieren.

sonderung. Etwas „darf" aber nicht zugleich allgemein und besonders (partiell) sein, würde die traditionelle-aristotelische Logik meinen. Besonderes (das Teil) kann, wie es der Ausdruck so will, Teil sein, welcher das Ganze *meint* wie der Kopf für das Ganze der Person. So kann die Bedeutung des Ausdrucks „der Krieg" nicht nur, wie oben ausgeführt, den Krieg von 1812 bezeichnen in dem Sinne, wie zuvor ausgeführt, der Krieg, zwecks Kriegsgewinn nichts anderes meint als die private Bereicherung des „Hauses Bonaparte", was eben nur im gegenwärtigen Kriegsereignis so ausgesagt werden kann. Es handelt sich also nur um einen Rückverweis auf das zuvor Dargestellte (Stichwort: Krieg für weitere Apanagen des Hauses Bonaparte). Vom Leser wird nur verlangt, in einem Zwischenspeicher das Merkmal des Krieges, im Interesse der Bonaparte-Sippe geführt zu werden, für das weitere Gespräch zu behalten. Dann folgt einfaches Verstehen: Es kann doch unmöglich irgendeine Notwendigkeit in diesem Napoleonischen Krieg gesehen werden, wenn es allein um die Vergrößerung der privaten Besitztümer ginge und das angesichts der bürgerlichen Revolution, die ansonsten doch noch sehr lebendig ist.

Man könnte auch sagen, dass in dieser Formulierung der Krieg als etwas Absolutes gesetzt wird. Aber: „Das Absolute und Eindeutige erscheint so selbst als das Unwahre." Ein Satz wie aus Hegels Dialektik geschnitzt. In der Tat wird die Genese, d.h. der „Wachstumsprozess" der Sprachelemente unterschlagen, verliert der Ausdruck seine Zugehörigkeit zur Wirklichkeit.[57]

Sollte es also lediglich um die Besitztümer des Hauses dieser Familie gehen, dann wäre der zur Kenntnis gebrachte Vorgang doch nur schlicht „mafiös" zu nennen, so zu handeln, wie Napoleon (wahrhaftig nicht ohne Grund) unterstellt wird. Wer so einen Unsinn für wahr hält, ist dumm und mit einem solchen Menschen hat es keinen Zweck sich zu unterhalten, sodass auch die Freundschaft ein Ende nähme. Wenn der Leser sich diese Interpretation soweit zu Eigen gemacht hat, kann er sich komfortabel weiter von Tolstoi tragen lassen. Aber: Der Leser hat noch die Möglichkeit bekommen, aus der Position des Sprechers (hinter dem dann u.U. gar Tolstoi selbst sich verbergen könnte) einen Pazifismus zu entdecken!

Der Ausdruck „der Krieg" kann auch die vorigen Verweise (außerhalb und innerhalb) regelrecht transzendieren (die empirische Realität verlassen) und die Notwendigkeit von Krieg im Allgemeinen diskutieren, im weiteren Verlauf des Romans verfolgen oder seine traurige Rolle in der Menschheitsentwicklung resigniert bestätigt finden. All dies sind emotionale und kognitive Prozesse, die ein Schriftsteller nur antippen oder eröffnen kann. Solche Schriftsteller könnten Klassiker genannt werden, weil sie über die Fähigkeit verfügen, selbständig

[57] Günter Blamberger, *Heinrich von Kleist,* op.cit. S. 356.

zu beschreitende Wege zu ermöglichen. Die Leserin, der Leser kann das Buch kaufen, ausleihen etc., sie haben zudem die Option, einen Fächer von Möglichkeiten der Bedeutungen angeboten zu bekommen. Die Leser wählen und, indem sie sich selbst in die Kommunikation mit dem Text einlassen und versuchen, eine Kohärenz in der Vielfältigkeit des Textes zu finden, beschließen sie, was nach ihrem Dafürhalten „stimmig" ist oder nicht. So entstehen Eindrücke vom Text und Meinungen, „wie man ihn findet". Es fehlen Untersuchungen über die Polyvalenz von Antagonyme, die m.E. etwas Archaisches ausstrahlen.
Es drängt sich ein Bild eines alt-ägyptischen Märchenerzählers auf, der über eine Sprache verfügt, die bis auf die Konjunktionen „aber" und „und", weite Segmente der Bedeutungen des Erzählten dem Zuhörer überlassen muss, weil es sie in seiner Sprache nicht gibt. Etwas hören, das weiß jeder, muss überführt werden in ein Verstehen; die Kombinationsmöglichkeiten der Bedeutung des Textes sind vielfältig: Etwas verstehen heißt immer, eigene strukturierte Zusammenhänge anzuwenden, so dass für den Hörer – mit seiner eigenen Hilfe – ein Roman oder ein Epos wie *Die Geschichte von Sinuhe*[58] lebendig gemacht wird.
Man kann es sich nicht zu leicht machen: In Kutusows Heer gab es nicht nur das Zweiklassensystem der adeligen Offiziere und die Masse der Leibeigenen. Es gab auch freie Kosakenreiter, die ständig das sich zurückziehende Napoleonische Heer überfielen.
Und es gab etwas, das sich schon auf dem spanischen Kriegsschauplatz ergeben hatte: Es gab wenige Situationen – und das macht sie gleichsam sehr bemerkenswert – in denen Franzosen und Russen einander halfen (Wunden verbinden, Essen kochen). Und in Spanien gab es regelrechte Aufstände, Milizen, die die Franzosen nur vertreiben wollten – nicht töten, sondern vertreiben. Das sind keine Erscheinungsformen einer regulären Armee.
Die Kämpfer waren nicht darauf aus zu siegen, Eindringlinge zu vernichten etc. Napoleon verlangte 15.000 spanische Soldaten, die in seinem Russlandfeldzug eingesetzt wurden. Die Ereignisse vom 2. Mai 1808 (Dos de Mayo) sahen einen Volksaufstand mit Einheiten spanischer Militärs und Bürger gegen die französische Fremdherrschaft. Wie auch in Russland auf Napoleons Rückzug schlossen sich Räuberbanden den Attacken auf das französische Heer an. Als Napoleons ältester Bruder (Giuseppe; s.o.: Klientensystem) Joseph zum König von Spanien gemacht wurde, löste dies erneut einen Aufstand aus. Im folgenden Text geht es nur um den Zeitraum des Rückzugs der Grande Armee. Anschließend müsste sich eine Perspektive ergeben, wie diese neuen politischen

[58] Aus dem 20. Jh. v.u.Z.; die Verfilmung stammt auch aus dem 20. Jh., aber doch etwas später.

Phänomene verstanden werden können. Ist es etwa die *List der Vernunft*, sich eines reaktionären Napoleons zu bedienen, um Befreiungskriege in ganz Europa zu initiieren? Die *levée en masse* sollte doch das genaue Gegenteil bewirken. In der Menschheitsgeschichte scheint nun wirklich nichts mehr unmöglich zu sein:

There is a crack in everything /
that's how the light gets in. (Leonhard Cohen)

Der sogenannte Freischarenkrieg begann mit dem Einzug des Feindes in Smolensk. Ehe noch der Freischarenkrieg von der russischen Regierung offiziell gutgeheißen war, waren schon Tausende der Feinde (Nachzügler, Marodeure, Fourageure) von den Kosaken und Bauern getötet worden, die diese Leute ebenso selbstverständlich niederschlugen, wie Hunde einen verlaufenen tollen Hund totbeißen. Denis Dawydow war mit seinem feinen russischen Instinkt der erste, der die Bedeutung dieses furchtbaren Knüttels begriff, dieses Knüttels, der, ohne nach den Regeln der Kriegskunst zu fragen, die Franzosen vernichtete und ihm gebührt der Ruhm, den ersten Schritt zur Legalisierung dieser Methode der Kriegsführung getan zu haben.
Am 24. August wurde Dawydows erstes Freikorps gebildet und bald nach diesem bildeten sich viele andere. Je länger der Feldzug dauerte, umso mehr wuchs die Zahl dieser Freischaren. Die Freischärler vernichteten die große Armee stückweise. Sie sammelten die abgefallenen Blätter, die sich von selbst von dem vertrockneten Baum, dem französischen Heer, losgelöst hatten und schüttelten diesen Baum auch manchmal. Im Oktober, als die Franzosen in Richtung auf Smolensk zu flohen, gab es solche Scharen zu Hunderten, und zwar von sehr verschiedener Größe und sehr verschiedenem Charakter. Es gab Freischaren, die alle Einrichtungen eines Heeres übernommen hatten, mit Infanterie, Artillerie, Generalstab und allerlei Annehmlichkeiten des Lebens; es gab solche, die nur aus Kavallerie, aus Kosaken, bestanden; es gab kleine, die aus Fußvolk und Reiterei gemischt waren; es gab solche, die aus Bauern und Gutsbesitzern bestanden und von denen weiter niemand etwas wusste. Da war ein Küster Anführer einer Schar und machte im Laufe eines Monats mehrere hundert Gefangene; da war eine Schulzenfrau Wasillisa, die Hunderte von Franzosen totschlug.
Das letzte Drittel des Oktobers bildete den Höhepunkt des Freischarenkriegs. Die erste Periode dieses Kriegs, wo die Freischärler noch selbst über ihre Kühnheit erstaunt waren, jeden Augenblick fürchteten von den Franzosen erwischt und umringt zu werden und sich ohne abzusatteln und fast ohne je von den Pferden herunterzukommen in den Wäldern verbargen, jeden Augenblick eines Angriffs gewärtig, diese Periode war schon vorüber. Jetzt hatte diese Art der

Kriegsführung bereits eine bestimmte Gestalt angenommen und alle waren sich darüber klar, was man gegen die Franzosen unternehmen könne und was nicht. Jetzt hielten nur noch die Anführer derjenigen Korps, welche nach den Regeln der Kriegskunst mit Generalstäben in weiterer Entfernung von den Franzosen einher zogen, vieles für unmöglich; die kleinen Freischaren dagegen, die ihre Tätigkeit schon vor längerer Zeit begonnen und sich die Franzosen aus der Nähe angesehen hatten, hielten gar manches für möglich, woran die Anführer großer Korps nicht einmal zu denken wagten. Die Kosaken und Bauern aber, die zwischen den Franzosen umherschlichen, waren der Ansicht, dass jetzt schon geradezu alles möglich sei.

2.2 Der Krim-Krieg (1853-1856)

Die folgende Betrachtung widmet sich dem Krim-Krieg zwischen einerseits Russland und andererseits dem Osmanischen Reich mit seinen Verbündeten Frankreich, Großbritannien und Sardinien-Piemont.
Was ist die Realität? Eingedenk eines metaphysischen, religiösen Hintergrundes ließe sich antworten: *Muss ich auch wandern in finsterer Schlucht [...]*
Der britische Fotograf Roger Fenton (1819-1869) hat die hier auf der nächsten Seite gezeigte Szene (aufgenommen 1855) fotografiert, die im Krim-Krieg bekannt wurde unter dem Namen *Das dunkle Tal des Todes*. In der Geschichtsschreibung gilt dieser Krieg als die Vorwegnahme des Ersten Weltkrieges: Etwa 800.000 Tote, ein mörderischer Stellungskrieg, Seeschlachten etc. Er hatte einen religionsgeschichtlichen Auslöser, der wohl eher ein willkommener Anlass war: Mit kriegerischen Mitteln wollten nationale (staatliche) Differenzen „klären", ob auch die Ostkirche – also Russland – einen Anspruch auf die Kultstätten des hl. Landes erheben dürfe oder nicht. So wundert es auch nicht, dass der Name des umkämpften Tales christlicher Provenienz ist (die Sieger in dem Konflikt).

Abbildungen 2 und 3: Fenton, *Krim-Krieg*, Hrg. Frizot, *Neue Geschichte der Fotografie*,1998, Köln, S. 134.

Mit dem Krimkrieg

> *begann die erste, von staatlicher und auch von verlegerischer Seite koordinierte Bildberichterstattung. […]*
> *Die allegorische Bedeutung der Fotografie liegt in der bewussten Fragmentarisierung und der hier nur über den historischen Kontext zu fassenden Andeutung […]. Wenn wir aber Fotografien von historischen Ereignissen untersuchen, so sind Bilder gemeint, denen eben dieses historische Geschehen abzulesen wäre. Abbilder also und keine Abstraktionen. Die Problematik einer solchen Unterscheidung wird gerade an der Kriegsfotografie verständlich. Seit Herodot ist der Krieg im Sinne einer territorialen, politischen und gesellschaftlichen Veränderung das bedeutendste historische Ereignis.*[59]

Aus dem 23. Psalm:

> *Der Herr ist mein Hirte / nichts wird mir fehlen /*
> *Er lässt mich lagern auf grünen Auen / und führt mich zum Ruheplatz*
> *am Wasser / Er stillt mein Verlangen: / er leitet mich auf rechten Pfaden,*
> *treu seinem Namen / Muss ich auch wandern in finsterer Schlucht […]*

Fenton bereitete sich sieben Monate auf diese Reise zur Krim vor. Er ließ einen *Fotografic Van* bauen mit 5 Kameras, 700 Glasplatten für das Kollodium-Verfahren, Labormaterial und Schlafplatz: Sein Verfahren: Nasses Kollodium, Ver-

[59] Michel Frizot, *Neue Geschichte der Fotografie*, 1994 Paris/1998 Köln, S. 134-137.

schlusszeit von 3 und 20 Aufnahmen (ein Gewehr verschoss 70 Schuss pro Minute).[60]

In der Aufsicht, so muss darauf hingewiesen werden, befinden sich sehr viele Kanonenkugeln auf dem rechten Bild (Abbildung 3), wohingegen das linke Bild (Abbildung 2) zeigt, dass die Kugeln beiseite geschafft worden sind und überwiegend im linken Graben liegen. Auch heute noch wird diskutiert, ob die „drei“ Bilder – Bild 3 ist hier nicht abgedruckt – nicht bewiesen, wie sehr in einem Krieg getäuscht und belogen wird. Es hätte den Zustand des Weges unmittelbar nach einem Beschuss gezeigt und bevor der Weg vom Militär freigeräumt wurde, um z.B. mit einem Krankenwagen zu den Verwundeten fahren zu können (Abbildung 2, links, keine Kugeln auf dem Weg). Die Fotografie (Bild 3) zeigt denselben Bildausschnitt mit dem Unterschied, dass Fenton entschied, dass ein Bild eines Kriegsgeschehens dem heimischen Leser schon etwas Kriegerisches bieten müsse. Nebenbei sei zu ergänzen, dass die Kanonenkugeln keine Explosivgeschosse waren, in ihrer Anzahl jedoch für einen sehr gefährlichen Beschuss sorgen konnten.

Was zeigt welche Fotografie und kann eine von beiden Anspruch auf wahrheitsgetreue Darstellung erheben? „In Wahrheit“ kann man auf dem ersten Bild kaum mehr sehen als eine Straße oder einen Hohlweg, der zwischen zwei niedrigen Hügeln verläuft. Dass es sich um Ausschnitte eines Kriegsschauplatzes handelt, würde man erst bemerken, wenn man spezifische Gegenstände des Militärs oder tote Soldaten erkennen könnte. Manche werden wissen, dass der Ort auf der Krim liegt, da das Foto seinerzeit eine Berühmtheit erlangt hatte. Im Vergleich der beiden Bilder würde ein Verstehen gelingen, wenn die auf dem Weg liegenden Gegenstände als Kanonenkugel identifiziert worden wäre.

Die Straße, die, wie schon erwähnt, für Transporte von Bedeutung war, musste ab und an gesäubert werden. Dieser schreckliche Ort auf der Krim wurde den Briten durch Tennysons Lied über die Sinnlosigkeit des Krieges bekannt: *The Charge of the Light Brigade*.[61] Abgesehen vom mörderischen Kriegsgeschehen selbst, stellt es ein Ereignis dar, das so grauenhaft und sinnlos war, dass es paradoxerweise das Genre des Bildreporters in seiner Bedeutung förderte. Die Ent-

[60] Ebd. S. 137.

[61] Es gibt Videoclips, auch erklärendes Material zu dem katastrophalen, schon suizidal zu nennendem Kavallerie-Angriff auf die russischen Kanonen auf der Krim bei *Balaklava*. Letzterer Name ist auch der Titel von Theodor Fontanes Übersetzung des Gedichts von Tennyson. Das Gedicht klagt die Inkompetenz und Kommunikationsprobleme der britischen Generalität an. Damit ist noch kein Beitrag zu einem Angriff auf den *Krieg* erfolgt – den Krieg, der schon von Heraklit (Frg. 50, *Die Vorsokratiker I*, 1983 Stuttgart) umfassender verstanden wurde: „Krieg ist von allem der Vater, von allem der König, denn die einen hat er zu Göttern, die anderen zu Menschen, die einen zu Sklaven, die anderen zu Freien gemacht.“

wicklung der fotografischen Technik hatte kaum das Atelier verlassen, da auf die Gefahr des Verwackelns hin ein ruhiger Stativstand wegen der benötigten langen Belichtungszeit erforderlich war. Die Entwicklung entfaltete sich rasant, so dass schon bald Außenaufnahmen möglich waren wie zur Dokumentation des Krim-Krieges. Die Fotografie war noch ein Handwerk wie auch die chemische Seite der Fotografie ein Geheimnis des Fotografen blieb.

Der Fotograf lichtete seinen Gegenstand ab, indem er ihn in Szene setzte und anschließend in der Nachbearbeitung nach allen Regeln seiner Kunst so gestaltete, bis es gefiel. Dass im modernen Denglisch „gefakt" wurde, war jedem klar. Das heutige Geschrei hätte vor 150 Jahren keiner verstanden. Mit Arno Schmidt sei die Klage erhoben: „Wo ist die Zeit hin, da wir noch Kontinente verschoben?!"[62]

Wo ist die Zeit geblieben, da künstlerische Gestaltung noch etwas bewirkte? So ist das erste Bild das realistischere von beiden? Nichts wurde an der Szene zu einem bestimmten Zeitpunkt – z.B. für einen Fotografen – verändert. Der Kriegscharakter des Schauplatzes sollte aber erkennbar sein, sonst kann der Fotograf für seine Arbeit von seiner britischen Zeitung nicht entlohnt werden. Der „gestaltete" Ort ist also handwerklich geformt, wie man es als Bildreporter nun einmal gelernt hat. Auch wenn der Fotograf argumentierte, dass er die Kugeln genau so zurückgelegt habe, wie der Ort zuvor ausgesehen hatte, könnte man ihn der Täuschung überführen. Aber nur dann, wenn auch (unter anderen

[62] *Der Polizeiinspektor, dem ich zugeteilt war, nahm mich vorsichtshalber auf jede Fahrt mit; und es war wieder ein halbes Jahr um: die deutsche Polizei hat nämlich, unter anderen Aufgaben, auch die, die, termingemäß alle halben Jahre das ‚Vorhandensein' sämtlicher in ihrem Bezirke befindlichen TP's zu melden." „Trigonometrische Punkte" erklärte angeregt der Geologe: „die Grundmarkierungen unsres geographischen Wissens." Ich nickte ihm lobend zu, und fuhr träge fort (und kehrte die augenblickliche Landschaft einfach um; ist ja egal): „An einem windigen und kalten Herbstnachmittag kamen wir in Schwarmstedt an. Der Ortsvorsteher begleitete uns zum Zementstumpen und hob an zu klagen, wie das Ding so grausam mitten im Fahrweg stünde; erst voriges Frühjahr seien zwei Radbrüche an der Stelle erfolgt: ob man den S-stein denn nicht etwas zur Seite rücken könnte? – Der Polizeioffizier, alter Soldat und an rasche Entscheidungen gewöhnt, überlegte kurz, und nickte dann vorurteilsfrei mit der Schirmmütze: er hatte das ‚Vorhandensein' zu melden, nichts weiter. Ergo erschienen aus der altrunischen Dämmerung vier schweigsame Niedersachsen mit Spaten; sie gruben den TP Nr. 1577 aus, und versetzten ihn drei Meter nach rechts, an den Wegrand: noch heute wird termingemäß das Vorhandensein des Steines gemeldet. – Seitdem misstraue ich allen Theorien, wie der eben von Ihnen vorgetragene Wegnerschen! Der Geologe schrie auf, händeringend, rief Helmert an, Wilhelm Jordan (oder so ähnlich; ich kenne die geodätischen Gottheiten nicht). […] Die Damen lächelten erleichtert; Mollys Knie dankte mir kurz, wie einst im Mai… Ich hob versonnen das Samosglas…* (Arno Schmidt liest, *Sämtliche Tonbandaufnahmen*, 1952-1964, Zweitausendeins, CD 4 *Verschobene Kontinente*, 1992 Berlin).

Umständen) die Wahrheit des Zustandes der Straße bekannt wäre.[63] Wäre alles „in Ordnung“ im Sinne des wahrheitsliebenden Kritikers, wenn das Foto vor dem Aufräumen der Straße geschossen (sic![64]) worden wäre? Sind nicht Wahl der Kamera und die fotografische Nachbearbeitung im Labor etc. immer auch verändernde Eingriffe in die Realität und ihrer Darstellung, was überhaupt erst ermöglicht, von Wahrheit oder Täuschung zu reden? Die Wahrheit, im Sinne einer Reproduktion und bei der Eliminierung aller subjektiven, menschlichen Faktoren, ist nicht möglich. Es wäre eine Tautologie zu verlangen, der nackte, unbehandelte Kriegsschauplatz müsste sich selbst zeigen Dann ist die Beschaffenheit der Straße die Beschaffenheit der Straße. Das ist ohne Esprit. Es müsste sehr viel Unsinniges geschehen: Man müsste einen Kriegsschauplatztourismus organisieren für skeptische – und betuchte – Leser der Zeitung und die Zeitung selbst würde überflüssig. Das gilt auch für ein weiteres Beispiel aus dem Ersten Weltkrieg, der doch vermeintlich als geeigneter galt, die Wahrheit zu zeigen, weil es kaum zu vermeiden war, Tod und Verwüstung von Mensch und Natur eventuell auch Tod und Leiden, auch global und zusätzlich noch durch die Opfer der grassierenden Pandemie, der Spanischen Grippe und nicht zu vergessen der Erblindungen durch Gas *nicht* in den Fotografien sichtbar werden zu lassen. So wäre es doch ein Leichtes, ein umfassendes Bild des Krieges gewinnen zu können. Das Kriegsgeschehen war so schlimm wie im WW I, dass mehrfach eine Feuerpause vereinbart werden musste, um die Toten und Verwundeten wegzuschaffen. Besonders schlimm erging es den Verwundeten. Die britischen wurden von Florence Nightingale in einer privaten Initiative betreut. Später, im Ersten Weltkrieg setzte Henri Dunant das international agierende Rote Kreuz durch. So „passt“ es in die herrschende Ideologie – also in ihr falsches, fehlerhaftes, bewusstes Sein – der britischen Krone, auf die Empfindsamkeiten der Zivilbevölkerung Rücksicht zu nehmen und zu verbieten, Verwundete und Tote abzubilden. Die Rücksichtnahme erfasste nicht die eigene oder die andere Bevölkerung selbst, sondern die mediale Darstellung, so dass zur Not das Grauenvolle immer noch als maßlos übertrieben diffamiert werden konnte. Es ging um das *Bewusstsein* von Tod und Übeln, nicht um den wirklichen Tod und das wirkliche Leiden. Das ist Scheinheiligkeit. Die Regierungen wissen nicht, dass seit tausenden von Jahren kein Kriegsschrecken Menschen von der Beteiligung,

[63] Wer „fake“ schreit, darf die Wahrheit nicht unterschlagen. Wer die Wahrheit aussprechen kann, ohne dass eine Menschenhand sie gestaltet hat, wird mit Sicherheit lügen müssen. Man mag sich entscheiden: Die Wahrheit beinhaltet Menschenwerk, das gut oder schlecht sein kann; so mag es loben oder kritisieren. Dann gibt es noch die Möglichkeit, die Quelle für die behauptete Wahrheit anzugeben. Dann kann sogar um Kenntnis angereichert gestritten werden.

[64] Die (neuen) Fachbegriffe der Fotografie sind nicht neu: Sie sind militärischer Herkunft.

Zustimmung, Finanzierung – auch von einer psychologischen und psychiatrischen Stützung ihrer Seelenkräfte – abgehalten hat. Es gibt also offenkundig noch ganz andere Motive, außerhalb der staatlich verordneten Pflicht, Kriegsdienste zu leisten wie besonders Arbeitslosigkeit, welche Menschen ins Militär drängt. Und die ganz irrationale Einstellung ist nicht zu ignorieren: Der nächste Krieg wird ganz anders als der gerade geführte. Das ist die Mentalität, das ebenfalls – aber doch ganz anders – verfälschende also verfälschte, schließlich falsche Bewusstsein der Opfer. So über den nächsten Krieg zu denken, ist schon zutreffend, wenn die Ironie erkannt wird: Er wird in seinem Füllhorn mit Sicherheit noch bislang ungewohnte Schrecken bereithalten. Es besteht nur eine Chance, dass die Zukunft humaner wird: Dass die realen und potenziellen Opfer der Schlachten die Realität verändern und nicht sich an endlos-fruchtlosen Diskussionen delektieren, wie sie in den Medien aus den immer vorhandenen Gründen blühen.

Es scheint, wir votierten für „gefakte" Fotos, wenn nur die Hauptsache, die kriegskritische Wirkung sich einstellt. Das ist aber nicht der logische Schluss aus der Diskussion um diese Ereignisse und Bilder, sondern einfach ein gründliches Missverständnis: Es gibt keine objektive, natürliche oder vom Menschen unabhängige Kopie, Darstellung, Imitation, Widerspiegelung oder Mimesis.[65] Das liegt nicht darin begründet, dass Subjekte, Menschen, den Abbildungsprozess steuern – wie hier mittels Einfügung eines Fotoapparates zwischen der Szene auf der Halbinsel und dem dort präsenten und auch handelnden Menschen; auf ihre je eigentümliche Weise machen sich auch Tiere ein Bild ihrer Umwelt, sonst könnten sie sich nicht anpassen (anscheinend sehr gut gelingt es Bakterien und Viren) und auf oft überraschende Weise auch Pflanzen.

Es ist kein Geheimnis, wenn eine Kommunikation gelingt oder nicht. Entscheidend ist, dass die Wechselseitigkeit in einem Kommunikationsprozess gewährleistet ist. Zunächst etwas doch hoffentlich verständlich ausgedrückt, auf jeden Fall zumindest begrifflich klar formuliert, liegt jedem Abbildungsprozess ein Zwiefaches zugrunde: Das Subjekt, unser Fotograf, entfernt aus dem wahrgenommenen Bild Etliches (jede Menge Kanonenkugeln aus dem Graben) und fügt zugleich Mehrfaches hinzu, bis schließlich ein Eindruck entsteht, der ihm gefällt. Involviert sind Augenmotorik, Sakkaden, Überprüfungen-Vergleiche etc., die Gedächtnisinhalte wie „intensiver Beschuss" sich einstellen.[66] Die im zweiten Bild zuhauf sichtbaren Kanonenkugeln könnten noch viel Schreckli-

---

[65] Vgl. hierzu Erich Auerbach, *Mimesis*, Bern 1946.

[66] In der Rhetorik erzeugt eine Ellipse, eine sprachliche Auslassung, die eine bestimmte Bedeutung erzeugen soll. Jurij Lotman verwendet analog den russischen Ausdruck des „minus prijoms" für die Kinoästhetik (vgl. Trias-Afroditi Kolokiha, *Im Rahmen*, Bielefeld 2005, S. 49).

ches beim Betrachter auslösen, insofern dieser ein Gemetzel in einem „Kanonenregen" imaginieren kann, das schlimmere Wirkung zeigt als einige tote Soldaten.
Es wäre zu kurz gegriffen zu sagen, dass die Fotografie als Fotografie manipuliere im Sinne einer Verzerrung der abgebildeten Gegenstände. Der Aneignungsprozess von lebenden Systemen resultiert immer in ein subjektiv moduliertes Bild. Ein Primat kann ein Warnsignal ausstoßen wie „Vorsicht Schlange", auch wenn keine zu sehen ist und er nur ungestört, gefundene Bananen allein verzehren möchte. Der Affe „weiß", dass er gegen die herrschende Norm seiner Gruppe verstößt. Es muss sich um eine „sittliche" Norm handeln – ein schwieriges Gebiet der Ethik, das wir ungern Primaten überlassen wollen.
Zeuxis von Herakleia, 5. Jh. v.u.Z. wurde nachgesagt, Trauben so malen zu können, dass sie das „Auge von Vögeln"[67] so gründlich täuschen, dass diese die gemalten Trauben für „wirkliche" hielten und nach ihnen pickten. Nie haben Tiere in ihrem Gedächtnis Zweidimensionales für Wirkliches abgespeichert; aber die Geschichte von getäuschten Vögeln verweist auf die vermeintliche „Macht der Kunst", so in die Wirklichkeit eingreifen zu können, getreu auch nach dem italienischen Sprichwort: „se non è vero è ben trovato" – wenn es schon nicht wahr ist, so ist es doch gut ausgedacht!
Nur scheinbar konträr zu dem oben Gesagten sei angemerkt: In beiden Weltkriegen gab es von den Regierungen geprüfte (untauglich für den Kriegsdienst) und anerkannte Künstler, die als Schlachtenmaler bis in die vordersten Linien vordringen durften, um sich Skizzen für die in der Heimat dann zu vollendenden Bilder zu malen.
Die Regierungen hatten also begriffen, dass der Krieg selbst, die Schlachten oder auch nur der Dreck nicht dargestellt werden können. Also kann das Wesen des jeweiligen Krieges nur von den bewertenden, empfindsamen Menschen und dann insbesondere von den vorhandenen und willigen kulturell gebildeten Künstlern zu einem Gemälde gebracht werden, das nun seinerseits die Idee, das Verstehen des Künstlers und des bezahlenden Auftraggebers von seinem Objekt ausdrücken möchte. Es muss nun nur noch durch Zensurmaßnahmen (die Zensoren begleiteten den Künstler) darauf geachtet werden, dass von dem Nichtzeigbaren das Heroische, die großartige Kameradschaft, der an olympische oder trojanische Helden erinnernde Mensch der Bewunderung der Kunstverständigen präsentiert werde. So darf durchaus die Realität verkitscht werden. Welcher Auffassung von Realität ist der Kriegsbildreporter verpflichtet? Er will bzw. darf oder gar soll die Objekte zum Sprechen bringen. Der Weg kann aber nicht sagen, dass er freigeräumt und somit leer ist. Das weiß nur der Fotograf.

[67] In der Kunstgeschichte als Begriff des „trompe l'oeil", Augentäuschung bekannt.

Nichts an Bild A zeigt ein Kriegsgeschehen. Fenton entschied sich, den nach dem Beschuss mit Kugeln übersäten Weg nach seiner Säuberung von den Kugeln in seinen vorherigen Zustand zurückzuversetzen und das Bild an seine Agentur zu schicken, die es dem Genehmigungsverfahren zuführen würde (reißerisch und schlecht: „Erste Kriegsfotografie – erste Fotomanipulation“[68]). Fenton konnte sich darauf verlassen, dass das Foto allen Vorgaben genügen würde: Kein menschliches Leiden noch das Unsinnige und Wahnwitzige des Krieges versucht das Bild zu zeigen oder assoziativ und hervorzurufen wie etwa das schon erwähnte Gedicht von Tennyson, das nicht die „erwünschten Emotionen“ hätte auslösen können. So ist wie immer letztlich der Betrachter des Fotos, der ihm eine Bedeutung verleiht oder nicht. Dies kann allerdings u.U. schlimmer sein als durch die Zensur verhindert werden sollte. Das Bild einer Raucherlunge schreckt keinen Raucher ab. Dass nun eine Fotografie etwas darstellt, das mit dem Krieg zu tun hat, kann diskutiert werden. Dass die fotografierten Gegenstände Kanonenkugeln sind, weiß nur eine Generation, der sie bekannt sind. Diese Gegenstände zeigen aber nicht an, wer, warum, wo und mit welcher Wirkung sie verschossen wurden.

Der Krieg ist, physikalisch gesprochen, eine Destruktivkraft[69]. Er leistet nichts anderes als Arbeit, gelagert in einer Form, die in eine andere Form umzuwandeln ist. Abgeschossene, energieangereicherte, moderne Geschosse sind „verbesserte Varianten“ der Krimschen Kugeln, die das eingelagerte Nitrat zünden, was zur Zerstörung führt. Betrachtet man das im folgenden Foto gezeigte aufgehäufte Kriegsmaterial aus dem Museum in Ha Noi, wird vermutlich jeder Betrachter an dem deformierten Stahl ermessen können, was mit den Menschen und Material rein physikalisch geschieht:

[68] Unter https://historischdenken.hypotheses.org/3308; 22.7.2022.

[69] Merwin, William Stanley, *Unchopping a Tree*, 2014 San Antonio, Texas, USA. Das gut durchdachte Buch soll wohl illustrieren, welcher Unterschied in einem Baum steckt und wie einfach er gefällt werden kann. Andererseits wird gezeigt, dass unter dem physikalischen Aspekt der Energie dies ein gutes Beispiel für den Energieerhaltungssatz ist. Energie wird verwandelt (prä- und post-Fällen). Die Energie in einem Menschen wird immer nur verwandelt, sie kann nicht zeitlich rückverwandelt werden. Nichts kann einen Menschen wieder rückverwandeln.

Abbildung 4: Annihilation oder nur Destruktion menschlicher Arbeit; auch geächteter Waffen wie Clusterbomben; Vernichtung von Intelligenz: Museum Ha Noi, Relikte von Waffen aus Vietnam. Eigene Aufnahme.

Wir trennen Gewalt gegen Sachen, z.B. Kriegsgerät von der Gewalt gegen Menschen. Aber auch hier gilt, dass man für eine Kriegführung votiert und sie gleichzeitig gegen Menschen sanktionieren würde. Zu eng sind Waffen mit den Waffenträgern verbunden. Das gilt auch für die wirtschaftliche Kriegsführung: Im Altertum (Athen, Sparta) war es üblich die Olivenbäume des Gegners zu fällen, sodass die vernichteten Bäume über viele Jahre hinweg keinen ernähren konnten. Diese Kriegsführung wusste schon um den empfindlichen Zusammenhang von Hunger, Verarmung, Krankheit und Sieg oder den Niederlagen von megalomanen Kriegszügen (s. Alexander der Große). Napoleons Rückzug von Moskau folgte seinem Hinweg, der bereits durch schon ausgeplündertes Gebiet führte. Auf dem Rückweg konnte kaum ein Bauer angetroffen werden. Napoleons glorreiche Armee hungerte. Der Erste Weltkrieg wurde überwiegend auf französischem Boden ausgetragen. Die Verwüstungen sind heute noch zu sehen. So wurden noch zu gegenwärtiger Zeit über 120.000 Tote gefunden und bei Verdun beerdigt.

2.3 Der Erste Weltkrieg (1914-1919)

Als im Ersten Weltkrieg ersichtlich der europäische Krieg in dem (französischen) Stellungskrieg kaum noch Veränderungen schuf, wurde zuerst in Italien die Sturmtruppe der Arditi (die „Kühnen“) geschaffen: Sie wurden zur Front gefahren, trugen attraktive Uniformen, erhielten besseres Essen usw. und sollten dort die Front durchbrechen, wo die reguläre Armee versagt hatte. Nach dem Krieg schlossen sich viele von ihnen d'Annunzio an, der für kurze Zeit in Fiume einen kleinen politisch rechten Staat mit seinen Arditi führen konnte, was zuletzt auch deshalb nicht erfolgreich war, da die „Todgeweihten", die Arditi, ein hohes Maß an Freiheit genießen konnten und sich keiner Disziplin beugen wollten. Sich den Arditi anzuschließen, war begehrenswert. Sie blieben in der Tat auch nur kurz an der Front, weil besonders viele starben. Die deutsche Variante wurde von der Schutzstaffel (WW II) nach dem italienischen Modell gebildet.

Auch das Kriegsgeschehen ist nicht frei von Skurrilität: Die sog. Wunderwaffe der Arditi veränderte nicht wirklich das Kriegsgeschehen zugunsten von Italien im Unterschied zu den Anfangserfolgen des in England entwickelten Panzers (1915 aus Gründen der Geheimhaltung „Tank" genannt). Das Verhältnis der Herrscherhäuser zueinander blieb unbeeinträchtigt vom Krieg „herzlich": „Dein Freund Willy" (Brief vom 29. Juli 1914 an Zar Nikolaus), der antwortete mit „Dein Nicky, der Dich liebt".

Es ist je nach Historiker schwer zu sagen, welcher der beiden Weltkriege verlustreicher war. In unserem europäischen Gedächtnis werden die Bilder des Stellungs- und Gaskrieges heraufbeschworen (man denke an *Im Westen nichts Neues*, von Erich Maria Remarque; in ca. 50 Sprachen übersetzt). In Frankreich war die Nachkriegszeit turbulent (Manifestationen der Fremdenfeindlichkeit bes. gegen Araber, die aber als Soldaten auch in Europa ihr Leben lassen durften), Hass auf die Linken (der Commune de Paris;[70] exemplarisch der ohne Verfahren in Spanien erschossene Anarchist Francisco Ferrer) und auch in Deutschland, selbst in den Äußerungen Stresemanns („10-12 Mio. Deutsche lebten unter fremdem Joch!"[71]) wurde Revanchismus gepredigt, sodass der französische Außenminister Aristide Briand mache sich zusammen mit Frank B. Kellogg, seinem amerikanischen Kollegen aus dem State Department, Gedanken, eine neue Europapolitik zu entwickeln.[72] Der Vertrag existiert immer noch, wird allem Anschein nach von allen politischen Kräften einfach ignoriert. Er legt fest, Schiedsgerichtbarkeit bei allen Signatarstaaten zu beschließen. Das geschah. Bis 1939 unterschrieben 63 Staaten; auch die Sowjetunion gehörte zu einem der ersten Staaten (Litwinow-Protokoll vom 9. Februar 1929). Auch der Völkerbund schloss sich an. Vier südamerikanischen Staaten schlossen den ähnlichen Saavedra-Lamas-Vertrag.

---

[70] Vgl. zur Pariser Comune Dieter Redlich, *Die Pariser Commune: und der französisch-deutsche Krieg 1870/71*, 2020, Essen.

[71] Bernard Oudin, *Aristide Briand*, 2004, 2016, Paris, S. 706

[72] Ebd. Wikipedia: Briand-Kellogg-Pakt von 1927; https://de.wikipedia.org/w/index.php?title=Briand-Kellogg-Pakt&oldid= 222567478

Die Instrumente zur Schaffung einer Welt ohne Krieg liegen bereit. Sie werden *tot*geschwiegen.
Im Netz sind auch die USA mit einem gewichtigen Dokument vertreten: „Further Correspondence with Government of the United States Respecting the United States Proposal for the Renunciation of War. 1928, June 23."

2.4 Der Zweite Weltkrieg (1939-1945) und die deutsche Nachkriegszeit aus der literarischen Sicht von Arno Schmidt

> [Otje und Erzähler arbeiten an einer Kreissäge] *Ein Krach wie im Kriege? Oh ja! /: Sag ma Otje – hast Du, Deinerzeit, als Artillerist, nennenswert „nachgedacht"? (Mir fiel eben nur dieser „20. Juli" ein. Auch kam eben ein ganzer Haufen dünner-kürzerer Stücke; wir standen ergo dicht beieinander, und konnten brüllend quatschen.) „Na ja", erwiderte er unschlüssig; machte dilatorisch ein paar „Sst-Sst": aber wir hatten mal „nen Rechnungstruppführer dabei". „Na ja," erwiderte er unschlüssig; machte dilatorisch ein paar ‚Sst-Sst': „aber wir hatten mal ‚nen Rechentruppführer dabei, der dachte ständig. Der hat mir, dann in belgischer Kriegsgefangenschaft, folgendes erzählt': Sst-Sst! „Anfang April 45, im Rückzugsgebiet Oldenburg hörte er am Feldfernsprecher, ich glaub', Vechta hieß das Nest – dass das zur ‚Lazarettstadt' erklärt sei, und Freund und Feind ihre Verwundeten dort reichschafften. 1 Stunde später aber ruft auf einmal irgend'n ‚Oberst' – der Befehlshaber des betreffenden Frontabschnittz – durch: ‚Befehl! sofort 200 Schuss auf Vechta legen!'. Auf die Rückfrage hin, plus submissestem Bedenken, dass doch just Verwundete…? heißt es, ebenso einfach wie brutal: Halten Se'n Mund! In ‚ner Viertelstunde erwart' ich Vollzugsmeldung! -: Ende!' – Nu sag, Carlos: was hätt'st Du gemacht?". Und wandte sich tatsächlich zu mir, als wär er's selbst gewesen, dem die Anekdote passiert war […] (Und ‚kaptiose Frage war es natürlich; denn ‚Befehl war seinerzeit Befehl'. Und Verweigerung Verweigerung. / Und ich war seit eh & je 1 Feigling gewesen. Und das Alter soll zwar im allgemeinen ‚unfehlbarer' machen, oh leck; aber zusätzlich-mutiger wohl doch nicht. Entschloss ich mich also, nach der dritten Schwelle): „Tcha. Mir wär' sicher ‚schlecht geworden'." Und, da ein Blinder den verächtlichen Ausdruck auf Otje's Gesicht hätte wahrnehmen können, rasch & heftig hinzugesetzt: „Sag bloß, Du wärst hochgeschnellt; und hättest heroisch gerufen: ‚Nie. Sie unsittliche Obristenhaftigkeit!'. - Oder vielmehr Dein denkender Rechner': bring Du lieber die paar letzten Schwellen ran; dann machen wir ‚ne kleine Pause.":? – „'ne Pause!!" kreischte ich […] -, Pause – / Erst als ich mich dabei ertappte, wie ich*

ihm, (der ganz merkwürdig leis' heute zu sprechen schien!) angestrengt auf die Lippen schaute, wurde mir bewusst, wie auch mir die Ohren klangen, präziser wimmerten, (wenn nicht gar gellten). Und buchstäblich weh taten [...]. „Nee; der hat folgendes gemacht: 1 Minute lang mit sich gerungen. ‚A la 'heroisch ablehnen'?: wird er erschossen. ‚Schlecht werden'?: dann machts der nächste Stellvertreter. Neenee. keine Lösung! / Also über die Karte gebeugt -, Zeit gewinnen' klar – dann Koordinaten abgegriffen; den Geschützführern draußen ‚Seite & Höhe' gegeben. Und dann, als die ‚200 Schuss wie befohlen' raus waren, hat er ‚Vollzug' gemeldet." – *Witzlos; ich zuckte auch gleich abfällig die breiten Hängeschultern. Aber Otje ergänzte: „Freilich hatte er sich, wie er mir nach der Kapitulation, vor Brüssel, anvertraute, ‚vermessen'. Den Planzeiger versehentlich an eine leere Straßengabel, 500 Meter vor dem Städtchen, gelegt. Kann ja dem Besten unter uns passieren, wie?". Nicht schlecht. „Eichmann würde sagen: ‚Kein Wunder, dass wir'n Krieg verloren haben'. – Kuck mal da drüben!*[73]

Schmidts Text liest sich wie eine Illustration der Luhmannschen Theorie der Kommunikation. Luhmanns berühmter Satz *Nur die Kommunikation kann kommunizieren*[74] scheint recht eingängig das von Schmidt erzählte kommunikative Geschehen zu belegen, mitberücksichtigt die Äußerungen auf der Textebene der beiden Freunde an der Kreissäge als auch auf der von Oberst und Rechnungsführer während des Krieges gehaltenen Kommunikation im Befehlston. Deutlich wird auch der zunehmend regressive Charakter der Kommunikation, die in letzter Instanz die beiden Kriegsentlassenen, die Organe der Kommunikation, so beschädigt, dass sie verstummen müssen. Die Kreissäge, die oberflächlich betrachtet als materieller Auslöser des Verstummens dem Leser vorgestellt wird – erlangt nun eine zweite, tiefere Bedeutung allein schon durch den Hinweis auf die Geräuschkulisse im Kriege. Die Säge ist Konstituens einer beginnenden Nicht-Kommunikation wie sie offensichtlich als menschenschädigend dargestellt wird. An einer Stelle auf den Punkt gebracht: Wie soll man denn noch leben können, hätte man die Regeln des Krieges befolgt und auf eine Lazarettstadt feuern lassen? So wird Luhmanns Kerngedanke der Autopoiesis, der Selbstschöpfung bzw. Selbstgenerierung der Kommunikation verständlich, allerdings führt diese Selbstschaffung zur Selbstzerstörung, letztlich müsste sie zum Tode führen. So ist Münchs Kritik zu beachten, dass es mit Luhmann nicht so einfach ist, auf die verfängliche, im Zitat gestellte „kaptiose" Frage eine Antwort zu geben:

[73] Arno Schmidt, *Kühe in Halbtrauer*, 1985 Liestal, Band 8, S. 18 f.
[74] Niklas Luhmann, *Aufsätze und Reden. Was ist Kommunikation*? 2007 Stgt., S. 95

Ein schweres Manko der systemischen Integrationstheorie, aber auch der ökonomischen, politischen und kommunikativen Theorien ist ihre Blindheit für Solidarität und Gruppenzugehörigkeit als wesentliche Elemente der Sozialintegration auch in modernen Gesellschaften.[75]

Hier werden Wertvorstellungen thematisiert, welche die Überwindung der Gesellschaftsspaltungen und Individualisierungen predigten und in der Tradition der bürgerlichen Gesellschaftsformation an Rousseau, Saint-Simon und Comte anzutreffen sind. Eine recht typische Antwort Luhmanns ist in der kleinen Schrift „Vertrauen" zu finden, wo es heißt, dass Vertrauen letztlich „unbegründbar"[76] und funktional auf „Selbstsicherheit"[77] aus sei. Vertrauen ist aber täglicher Gewinn in sozialen Beziehungen, Vertrauen wird auch überprüfbar in erlernten Fähigkeiten von Menschen. Selbst ein Kriegsgeschehen setzt Vertrauen in den Sinn der militärischen Befehle. Hier heißt dies „Gehorsam". Es ist kein Befehlshaber denkbar, der nicht Gehorsam erwartet, wenn er von seinem sprichwörtlichen Hügel aus einen besseren Überblick über das Gesamtgeschehen hat als einzelne Soldaten im Kampfgeschehen.
Es gab einen Deutsch- und Geschichtslehrer an einem deutschen Gymnasium, der gerne seinen Schülern von seinem Widerstand gegen das Naziregime berichtete. Er habe, so seine Rede, immer, wenn bei einer Versammlung das „Heil Hitler" gebrüllt werden musste, „Dreiliter" gebrüllt. Das sind nach Arno Schmidt lediglich Geräusche, ohne sichere Bedeutung. Auch Bahnschwellen zersägen erzeugt Geräusche und wenn man dies lang genug tut, dann scheint der Krach unhörbar zu werden. Widerstand leisten heißt nicht, Geräusche zu produzieren, sondern zu artikulieren. Der Krieg wurde auch verloren, weil es keine Kommunikation gab und die gab es nicht, weil Befehle erteilt werden und kein Räsonieren stattfindet, sondern von den höheren Militärchargen ausführendes Handeln erwartet wird. Der de facto auch existierende Signalcharakter der Sprache ist keine Basis für Widerstand. Das gilt auch für die kommunikative Verbreitung der Widerstandsreden: Bekannt gemacht wird der sog. Widerstand *nach* dem Krieg, *nach* der Kapitulation, in einem *Gefangenenlager*, in einem *neutralen* Land. Das ist, wie der Sprecher schon ahnend äußert: „witzlos".

---

[75] Richard Münch, *Elemente einer Theorie der Integration moderner Gesellschaften. Eine Bestandsaufnahme*, in: Wilhelm Heitmeyer, Hrsg., *Was hält die Gesellschaft zusammen?* 1997, Ffm., S. 95.
[76] Niklas Luhmann, *Vertrauen*, 5. Aufl. UTB München, S. 31, Fn. 77, ebd. S. 102 ff.
[77] Ebd. S. 192

2.5 Der Zweite Weltkrieg (1939-1945) im Pazifik

Ich gab meinem Hauptcharakter den Namen ‚Gen' in der Hoffnung, dass er eine Wurzel und Quelle der Kraft für eine neue Generation der Menschheit sein kann – einer Generation, die die verbrannte Erde von Hiroshima barfuß betreten, die Erde unter den nackten Füßen spüren kann und die Kraft hat, ‚Nein' zu sagen zu nuklearen Waffen. Ich selbst versuche, mit Gens Stärke zu leben – das ist mein Ideal und ich werde dieses in meiner Arbeit weiter fortführen.[78]

Ich nannte meinen Helden ‚Gen' in der Hoffnung, dieses Zeichen möge eines Tages für das ‚gen' in ‚Ningen' stehen, das japanische Wort für ‚Mensch."
Man könnte einwenden, dass Nakazawa, indem er die Schuld an der Bombardierung allein dem militaristischen Nationalismus seiner Landsleute und nicht der Realpolitik des westlichen Rassismus oder den Machtkämpfen des Kalten Krieges gibt, sein Werk für amerikanische und britische Leser ein bisschen zu ergötzlich macht. Letztlich ist „Barfuß" ein sehr optimistisches Werk.[79]

Besonders bemerkenswert ist die Inbrunst, mit der er (Nakazawa) von der Notwendigkeit spricht, den Menschen in aller Welt das Grauen und die Ungerechtigkeit des Krieges begreiflich zu machen. [...] Nakazawa über seinen Vater: Er war Künstler und total exzentrisch. [...] Während des Krieges konnte man wegen solch subversiver Werke verhaftet werden. Mein Vater und seine Freunde waren Teil einer Art Antikriegsbewegung und die ganze Truppe wurde von der Polizei verhaftet. [...] Offenbar ist er (im Gefängnis) gefoltert worden. [...] Daran, dass wir nicht genug zu essen haben usw., ist bestimmt die Monarchie schuld, genau wie mein Vater gesagt hat. Ich war gerade auf dem Weg in die Kanzaki-Grundschule. Wenn ich nur einen Moment früher durch das Schultor getreten wäre, säße ich jetzt nicht hier. Ich war der größte Rüpel an meiner Schule. Ständig geriet ich in Schlägereien. Ich war Anführer meiner eigenen kleinen Gang. Wir stöberten in den Ruinen herum und sammelten Altmetall, um uns damit auf dem Schwarzmarkt ein bisschen Taschengeld zu verdienen. [...] Und natürlich wurde er (der Schwarzmarkt) von Yakuza betrieben.[80]

1966 ist dann meine Mutter gestorben. [...] Ich bin nach Hiroshima gefahren. Ich war meiner Mutter unendlich dankbar, wer weiß, was ohne sie aus mir geworden wäre. [...] Ich ging ins Krematorium, um ihre Asche abzuholen. Wenn

[78] Keiji Nakazawa, *Barfuss durch Hiroshima*, 1987 Bd. 1, *Kinder des Krieges*, S. 5.
[79] Ebd., Vorwort Spiegelmann, Bd. 1, S. 9.
[80] Interview Gleason mit Nakazawa, Bd. 2, S. 245 ff.; 248-252; *Der Tag danach.*

man eingeäschert wird, bleiben immer ein paar Knochen übrig – der Schädel, die Wirbelsäule, Arm- und Beinknochen. Doch in der Asche meiner Mutter waren keine Knochen. Nichts. Da beschloss ich, von nun an über die Bombe und den Krieg zu schreiben und klarzustellen, wer wirklich die Schuld an allem trug. Im Buch Kuroi Ame ni Utarete) fragt (seine Hauptfigur) die Amerikaner: ‚Wie kommt ihr dazu von Gerechtigkeit zu sprechen, wo ihr doch in Hiroshima, in Nagasaki und bei der Bombardierung von Tokyo Hunderttausende von Unschuldigen massakriert habt? Nennt ihr das etwa Gerechtigkeit?' [...] Von Amerikanern kommt meist reflexartig die Gegenfrage: Und was ist mit Pearl Harbour?[81]

Wer erlebt hat, was Nakazawa erleben musste, ist nicht berechtigt, beckmesserisch mit seinen Äußerungen umzugehen. Natürlich „hinkt" der Vergleich der US-amerikanischen Nuklearbombenabwürfe auf Hiroshima und Nagasaki mit dem japanischen Überfall auf Pearl Harbour. Es mag sein, dass der Überfall auf den Sender Gleiwitz („Der Führer braucht einen Kriegsgrund") von verkleideten SS-Männern am 31. August 1939 vergleichbar wäre mit dem japanischen Überfall auf Pearl Harbour am 7. Dezember 1941. Es gäbe einige Gemeinsamkeiten und die wichtigste, dass beide Vorfälle in der Propaganda den Kriegseintritt Deutschlands bzw. der USA für die Öffentlichkeit legitimieren sollten. In einem solchen Streit könnten Fakten helfen, aber es geht nicht allein um geschichtliche Wahrheiten. So könnten eventuell kognitiv geleitete Entscheidungshilfen nützlich sein, was wiederum Shakespeare anlocken dürfte:

Zweifelhaft noch stand es, / Wie ein erschöpftes Schwimmerpaar, sich packend, / Die Kunst erdrückt / [...] Fortuna, lächelnd diesem schnöden Kampf, / Schien eines Meutrers Hure. Doch umsonst! / Der tapfre Macbeth – er verdient den Namen – Fortunen höhnend / [...] Schlug sich durch, / Bis er vom Nacken bis zum Kinn ihn durchhieb / Und seinen Kopf auf unsre Zinnen steckte.[82]

Der geborene Mensch kann schwimmen, mehr schlecht als recht: Er kann lernen zu schwimmen, so dass er diese *Kunst*, nämlich im Wasser zu überleben, beherrscht. Was die beiden Schwimmer tun, ist dies, angesichts gleicher Kraftverhältnisse, die Kunst der Überlebensfähigkeit selbst zu attackieren, indem ein jeder versucht den anderen unter Wasser zu drücken, um das Atmen des anderen zu verhindern. „Normalerweise" ist das Kriegsglück mal der einen und mal

[81] Interview Gleason mit Nakazawa, Bd. 3, S. 264 ff.
[82] *Macbeth*, Akt I, Szene II.

der anderen Seite zugetan. So würde sich auch „normgerecht“ Fortuna verhalten, die um Ausgeglichenheit bemüht ist. Wer „obenauf“ ist, wird bald den Platz mit dem Gegner tauschen müssen, der zu dem Moment „unten“ ist. Die beiden Heere befinden sich in einer Pattsituation. Fortuna hält das Rad an, bevorteilt hiermit das Heer des aufrührerischen Macdonwald, obwohl „an sich“, ginge es mit rechten Dingen zu und der stärkere würde gewinnen, Macbeth, der für seinen legal herrschenden König Duncan kämpft, obsiegen müsste. Um dennoch zu gewinnen, tut Macbeth das, was der erfolgreiche Schwimmer tut, er verletzt das System. Macbeth missachtet die Etikette, ermordet Macdonwald wie einen Hund und steckt den abgeschlagenen Kopf auf die Zinnen der königlichen Burg Duncans.

Um den vorherigen Pfad wieder aufzunehmen:

Die Bomben von Hiroshima und Nagasaki sind keine Waffen.

Die Wirkung der beiden Bomben ist das schlagartige Entfernen des Sauerstoffs. Nicht genug mit der Zerstörung dieser Wirkung der Bomben: Es entsteht in diesem Luftentfernungssog eine ungeheure Druckwelle, welche die leichtgebauten Gebäude einstürzen ließ. Diese nun, sobald in diesen Vakuumkreis Luft wieder hineinfloss, einen ungeheuren Brand auslöste. Auch damit ist noch nicht genug Schaden im System, das auf der Erde für das menschliche Leben sich als seine Natur ausgebreitet hatte, entstanden. Die Bomben zerstören in Teilen oder vollständig das Genom der künftigen Menschen, letztlich ohne Unterschied von Freund und Feind.[83]

Kriege wurden bislang ausschließlich nach kulturellen Regel geführt. Ein Nuklearkrieg folgt keinen kulturellen Kriterien. Seine Regeln sind ausschließlich physikalischer Natur. Deshalb ist die Atombombe keine Waffe. Die Subjekte schwinden vor einer nicht mehr möglichen Verantwortung.[84] Wer könnte in welcher Kultur damit leben, hunderttausend Tote verursacht zu haben? Die *Enola Gay* war der Name des Flugzeuges, das die Hiroshimabombe abgeworfen

---

[83] Es gab noch weitere Bedrohungen der Menschheit durch nukleare Bomben und Unfälle mit Atommeilern: In der Nähe der Thule Air Base sind nicht alle Teile von Bomben eines abgestürzten Flugzeugs gefunden worden. Es gab auch das unter dem Namen „Nuklearunglück von Palomares vom 17. Januar 1966“ bekannte Unglück: Von den vier Wasserstoffbomben fielen drei aufs Festland, zwei Bomben explodierten und verseuchten Ackerland, die dritte wurde aufwändig aus dem Atlantik geborgen.

[84] Anzumerken und zu beherzigen sei auch die *Zäsur*, welche den juristischen Aspekt bei Verstößen gegen internationale Vereinbarungen betrifft: „Verbrechen gegen das Völkerrecht werden von Menschen und nicht von abstrakten Wesen begangen und nur durch Bestrafung jener Einzelpersonen, die solche Verbrechen begehen, kann den Bestimmungen des Völkerrechts Geltung verschafft werden“ (*Das Urteil von Nürnberg, Grundlage eines neuen Völkerrechts*, 1946 München, S. 63), in: Hans Heinz Holz, *Der verlorene Frieden*, in: Topos Heft 15, 2000 Napoli, S. 64.

hatte. Neben dem Schriftzug gab es auch das dazugehörige Bild einer jungen Frau mit Sexappeal. Es gab Streit, wer zum fliegenden oder „nur“ auf dem Boden als wartendes Personal gehörte. Japanische Opfer besuchten den Enola Gay Club und bedankten sich, dass die Piloten die Bombe abgeworfen hatten.
Mit der Entwicklung der Nuklearwaffen ist eine Zäsur vollzogen worden: Die Grenze zwischen Freund und Feind ist aufgehoben.

2.6 Indochina-Krieg (1946-1954)

Abbildung 5:

Ein Grab in Dien-Binh-Phu. Man sieht am Grabstein: Wie blutige Tränen aus dem frisch gestrichenen roten Hintergrund des Sterns, dem Symbol der vietnamesischen Streitkräfte. Eigene Aufnahme.

Hier im wichtigen französischen Lager im Dreieck von China, Laos und Vietnam fand die entscheidende Schlacht gegen die französische Kolonialherrschaft statt (Kämpfe vom 13. März bis 7. Mai 1954). Die französischen Generäle zeigten stolz amerikanischen Besuchern, wie großartig ihre Festung gesichert sei: Zwei Landepisten, ein ausgeklügeltes System von kleineren, einander schützenden Forts, Panzer, Geschütze, Hubschrauber: All dies sollte Ausfälle ermöglichen und Bedrohliches aus dem Dschungelgebiet beseitigen können. Es kam alles ganz anders. Das Tal ist heute wieder wunderschön. Die Erde ist nicht mit Dioxin verseucht wie wenig später, als die US-Armee die Regie der Kriegführung gegen den „Kommunismus“ in ihre Hand nahm. Es gibt nur die übliche chemische Bodenverseuchung und Tote und Kriegsmaterial, deren Überreste noch nicht geborgen sind.

Der Indochina-Krieg war in diesem Krieg von 1946 bis 1954 ein Krieg der französischen Republik mit der Vietminh-Befreiungsarmee[85] vom kolonialen Joch. 1946 war Frankreich noch nicht in der Lage, französische Soldaten als Besatzungsmacht nach Vietnam zu schicken und vereinbarte mit japanischen Kriegsgefangenen die Aufrechterhaltung der französischen kolonialen Ordnung. Die japanischen Kräfte wurden von vietnamesischen Soldaten entwaffnet.[86] In Ha Noi gibt es ein Museum, in dem auch die französischen Kulturgüter wie die Guillotine ausgestellt sind; in der Nähe des Museums stand einst auch eine kleinere Kopie der Freiheitsstatue. Wiederum nicht allzu entfernt steht der Nachbau des Pariser Palais Garnier. Die Nennung dieser „Kulturobjekte" ist kein Zynismus: Es sollte die Überlegenheit der französischen Kultur der Bevölkerung von Vietnam vor Augen geführt werden, worunter auch die Gleichheit im Tode durch die Guillotine verstanden werden sollte.
In der ersten Phase der Konsolidierung der französischen Kolonialherrschaft, die 1858 begonnen hatte als Besetzung Cochinchinas, wurde mit Bedacht im Drei-Länder-Eck von China, Vietnam und Laos eine moderne Festung gebaut mit sog. „Stützpunkten" (unterirdisch angelegte „points d'appui"), die sich gegenseitig vor Angriffen schützen konnten. Sie trugen Namen, die dem klugen Sigmund Freud schon Vieles über das französische Militär hätte verraten können: Gabrielle, Anne-Marie, Béatrice, Dominique, Eliane u.v.m. und in der Mitte Épervier (der Sperber)! Amerikanische Generäle, die eingeladen wurden, das kriegstechnische Wunderwerk zu bestaunen, waren in der Tat beeindruckt. Unglücklicherweise hatte das mit allem modernen Kriegsgerät vollgestopfte Tal einen Fehler: Gelänge es, von den umgebenden Hügeln aus mit Kanonen, auf die Stützunkte zu schießen, gäbe es kein Entkommen. Das sei unmöglich, so die französischen Generäle. General Giap, von Ho Chi Minh mit allen Vollmachten ausgestattet, machte es möglich.[87] Der endgültige Friedensvertrag und das Ende der Kolonialherrschaft wurden auf der Indochina-Konferenz 1954 beschlossen.

---

[85] Die Vietminh-Armee wurde schon während des Zweiten Weltkrieges gegründet: Gen. Vo Nguyen Giap, *People's War People's Army, The Viet Cong Insurrection – Manual for Underdeveloped Countries*, 1961 Honolulu *The General Headquarters in the Spring of Brilliant Victories* (Memoirs), 2010, Ha Noi, S. 114.

[86] Cecil B. Currey, *Victory at any Cost – The Genius of Viet Nam's Gen.* Vo Nguyen Giap, 1997, 2005 University of Nebraska, S. 102 f.

[87] Giap, Vo Nguyen, *People's War People's Army*. Pellisier, Pierre, Diên Biên Phu 20 novembre 1953 – 7 mai 1954, 2004, 2014 Paris; vgl. das *Testament* des Präsidenten Ho Chi Minh, 1989, 2008, in dem er wichtige, für das Leben der Bevölkerung einfache und dringend erforderliche Ergänzungen zu seinem ersten Testament von 1969 machte. Vgl. auch Jashua Leinsdorf (Übers.) von Ho Chi Minh, *The Case against French Colonization*, 1924 NJ; Intention sei es, das Urteil der Weltgeschichte zu gewinnen, S. 1.

2.7 Vietnam-Krieg (1955-1975)

Schon früh hatte die französische Regierung bei der amerikanischen um militärische Hilfe für ihren Krieg in Vietnam nachgesucht. Bis zum Ende bestand die französische Armee zu großen Teilen aus deutschen Wehrmachtssoldaten, algerischen Kämpfern und anderen Teilen von meist afrikanischen Kolonialgebieten sowie schließlich aus rekrutierten Vietnamesen, die als Verräter der vietnamesischen Sache auch die höchsten Sterbeziffern aufwiesen.
Der Krieg um Indochina endete also mit einem deutlichen Sieg der Vietminh über die Franzosen. Das perfekte Timing, die Neuigkeiten über die Kapitulation in Dien Bien Phu, in die Friedensverhandlungen zu lancieren, beschleunigte das Verfahren der Friedensregelungen.
Nun übernahm das amerikanische Militär das Erbe des kollabierten Kolonialismus und, es dürfte kaum Widerspruch geben: Dieser Krieg endete in einer Pattsituation, was uns schon in ganz anderen Kombinationen von Shakespeare bis zum Stellungskrieg in Flandern bekannt ist und zu dieser Lösung Maßnahmen einer ganz anderen Dimension ergriffen werden, in diesem Fall von der amerikanischen Regierung:
Wer schon einmal Vietnam besucht hat, sollte aufmerksam auf die Menschen achten, die offensichtlich die schlimmsten genetischen Zerstörungen erdulden müssen. Die US-amerikanische Regierung wollte das Eindringen des Vietcong über den sog. Ho-Chi-Minh-Pfad vom kommunistischen Norden in den Südteil des Landes (geteilt entlang des 17. Breitengrads) verhindern. Eine Marionettenregierung wurde im Südteil eingesetzt und auch immer wieder der Nordteil schweren Bombardements ausgesetzt. Vital für die amerikanischen Interessen war die Zerstörung des verzweigten Wegesystems, des Ho Chi Minh Pfades in der Grenzregion von Vietnam zu Kambodscha/Campuchea durch dichtes Dschungelgebiet. Um die Wirkung der Bombardierungen zu ermessen, wurde eine Entlaubungschemikalie entwickelt und mit Flugzeugen versprüht. Die Chemikalie hieß Tetrachlordibenzodioxin, die als Dioxin bekannt wurde oder nach den Farbmarkierungen der angelieferten Fässer: Agent Orange, agent blue, green, white, pink, purple. Die chemische Abkürzung des hochgiftigen Stoffes („agent") ist TCDD. Die Chemikalie entlaubt nicht nur, sondern dringt in den Boden ein und vergiftet das Wasser. Damit nicht genug: Dieses Dioxin verändert nachhaltig und nicht vorhersehbar das Genom der Naturstoffe: Pflanze, Tier und Mensch. Bis heute werden solche Kinder geboren.
Amerikanische Soldaten, die solche Fässer hantierten und die Tanks befüllten, infizierten sich ebenfalls. Auch ihre Kinder wiesen Deformationen auf. Die Soldaten schlossen sich zusammen und verklagten die Hersteller. Sie erhielten vor

ihrer Justiz Recht und man einigte sich auf eine Pauschalentschädigungssumme: Im ersten Jahr erhielten die amerikanischen Familien USD 180 Millionen und für weitere 10 Jahre USD 197 Millionen bei ca. 52.000 Anspruchsberechtigten. Vietnamesische Familien erhielten – nichts. Die Begründung: Dioxin sei kein militärisches Kampfmittel.
Man verzweifelt und hat die Bilder der Kinder im Kopf. Die US-amerikanische Rechtsprechung weist eine Eigentümlichkeit auf, die erklärt, wieso überhaupt ein Vergleich geschlossen werden musste. Die Dioxin-Produzenten hatten ein gewichtiges – aristotelisches! – Mittel in der Hand. Wenn man nicht beweisen kann, dass jeder Kontakt eines beliebigen Menschen mit der Chemikalie mit absoluter Notwendigkeit zur genetisch bedingten Deformation führt, ist es eine Frage des „goodwill“ von Richter, beklagter Firma und leidender Familie, wie nach Ausloten aller Präzedenzfälle etc. der verursachte Schaden kompensiert werden könne. Wahrscheinlichkeiten sind keine Notwendigkeiten. Aber jeder, der z.B. in den USA auf Verdacht von DUI-angehalten (Driving Under Influence: of drugs) wird, wird verurteilt, obwohl nicht im obigen Sinne mit Notwendigkeit bewiesen werden kann, dass diese Person einen Unfall verursachen wird.
Dieser Krieg mit Chemikalien wurde schon 1915 mit Chlorgas auf den Schlachtfeldern Frankreichs geführt. Die Wirkung war abhängig davon, ob der Wind in die Richtung der feindlichen Truppen blies. Manchmal drehte sich der Wind. Der Gaskrieg forderte 100.000 Tote und vermutlich 1,2 Mio. Verletzte.

2.8 Vietnam: Erziehungskrieg (1979)

Dieser merkwürdige Krieg, der vom 17. Februar bis 16. März 1979 stattfand, wurde von der chinesischen Regierung als „Erziehungskrieg“ bezeichnet, da es wohl darum ging, dass Vietnam das mörderische Pol Pot Regime[88] von Kambodscha/Campuchea vertrieben und damit eine chinesische Einflusssphäre beeinträchtigt hatte. Keiner weiß so recht, welche Hintergründe eine Rolle spielten, dass sich die Chinesen unbedrängt wieder zurückziehen konnten. Zurückblieben insgesamt ca. 50.000 Tote. Erst 2001 schien der Konflikt bis auf z.B. die Spratley-Inseln beigelegt. Vor dieser Entwicklung um diese Inseln hatte schon Ho Ch Minh während des US-amerikanisch-vietnamesischen Krieges gewarnt.

[88] David P. Chandler, *Brother Number One – Pol Pot*, 2000 Thailand, Burma, Indochina; S. 133 ff. Kapitel “War with Vietnam”, S. 133-135.

Es ist schon sehr merkwürdig, welche politischen und militärischen Interessen im Hintergrund ablaufen, während es im Vordergrund oft um die Existenz von Staaten geht. So soll die SU den Vietnamesen ihre neuesten Panzer versprochen haben. Diese mussten auf ihrem Wege nach Vietnam durch China transportiert werden. Hier wurden sie, so die Legende, gegen ältere Modelle ausgetauscht.
Wer trauert um die Toten des chinesisch-vietnamesischen Krieges? Wer hat die Grenzüberschreitungprovokationen gezählt? Es sollen 3.535 vietnamesische und nur 2.158 chinesische gewesen sein – Primzahlen sind es nicht, aber sie haben schon etwas Magisch-Unterhaltsames an sich! Unanfechtbar.

3 Logisch-Historisches II: Benjamin, *Angelus Novus*

Es gibt ein Bild von Klee, das Angelus Novus heißt. Ein Engel ist darauf dargestellt, der aussieht, als wäre er im Begriff, sich von etwas zu entfernen, worauf er starrt. Seine Augen sind aufgerissen, sein Mund steht offen und seine Flügel sind ausgespannt. Der Engel der Geschichte muss so aussehen. Er hat das Antlitz der Vergangenheit zugewendet. Wo eine Kette von Begebenheiten vor uns erscheint, da sieht er eine einzige Katastrophe, die unablässig Trümmer auf Trümmer häuft und sie ihm vor die Füße schleudert. Er möchte wohl verweilen, die Toten wecken und das Zerschlagene zusammenfügen. Aber ein Sturm weht vom Paradiese her, der sich in seinen Flügeln verfangen hat und so stark ist, dass der Engel sie nicht schließen kann. Dieser Sturm treibt ihn unaufhaltsam in die Zukunft, der er den Rücken kehrt, während der Trümmerhaufen vor ihm zum Himmel wächst. Das, was wir den Fortschritt nennen, ist dieser Sturm.[89]

Mit Recht hat man gesagt, dass alle großen Werke der Literatur eine Gattung gründen oder sie auflösen, mit einem Wort, Sonderfälle sind.[90]

Jedes Werk muss heute einmalig wie ein Engel sein, wie jener Angelus Novus, dessen Bild Benjamin 1920 in der Darstellung von Paul Klee kaufte und den er mehr als einmal als Emblem seiner Arbeit betrachtete. Diese These lässt sich theologisch bzw. angelologisch untermauern und zwar sowohl in jüdischer als auch in christlicher Deutung. Die scholastische Theologie des Mittelalters be-

[89] Walter Benjamin, 1892-1940; Zitat aus *Bucklicht Männlein und Engel der Geschichte*, 1990 Werkbund-Archiv, S. 16.
[90] Benjamin, *Zum Bilde Prousts*, in: G.S. II.1, S. 310.

hauptete, jeder Engel sei nicht nur ein Individuum, sondern eine ganze Spezies, die sich in ihm erschöpfe. Wenn auch infolge aristotelischer Kategorienbildung lediglich in einer nüchternen und spröden Weise, so war dadurch doch ein wunderschöner Gedanke der Bibel ausgesprochen: Das „neue Lied", das in der Bibel als das einzig würdige erscheint, zum Ruhme Jahwes zu erklingen, setzt nach dem hebräischen Talmud wiederum einen „neuen Engel" voraus, der dazu geschaffen wäre, ein „neues Lied" zu singen und in diesem Gesang zu vergehen. Das formulierte Benjamin in seinem Essay über Karl Kraus.[91]

Es gibt in diesem Verständnis der Benjaminschen Geschichtsauffassung in dem kontinuierlichen, geschichtlichen Fluss Zäsuren und es ist den Menschen möglich, eine neue Zeit zu beginnen, was abgekürzte hieße, einen „Neuen Engel" zu erschaffen. Wird der „Neue Engel" so verstanden, sind wir keinem „Alten Engel" mehr ausgeliefert, der all das wahrgenommen hat, was die Kriege der Menschheit, bis zu ihrer Alles-Zerstörung von Freund und Feind zu Wege gebracht haben und müssen nun, in der neuen Zeit – so der appellative Charakter des Bildes vom biblischen Engel – gerechte Gesellschaften gründen, in denen die Gerechten dominieren, die nicht zulassen sollen, dass Ungerechtigkeiten den Lauf der Welt dominieren.

3.1 Entwicklungen der Sprache

Vor ca. achttausend Jahren in Mesopotamien kam das Bedürfnis auf, gewisse Dinge und Sachverhalte „auf externen Platten" zu speichern, da die zeitgenössischen Staaten, oft Palastkulturen, komplexe Interessen verfolgten, die einen die damalige Welt umspannenden Handel erzeugten und umgekehrt: Transporte auf Seerouten erschlossen Märkte. Es entstand das für die Menschheitsgeschichte typische System der wechselseitigen Entwicklung: Neue Bedürfnisse erzeugten neue Techniken zu ihrer Befriedigung und umgekehrt. Die Schriftsprache ließ sich weiter entwickeln als für die Registraturen der Staatsgeschäfte erforderlich war: die hieratische („heilige") Schrift (wenig später in Ägypten), Literatur (sumerisch: *Gilgamesch-Epos*) und religiöse Hymnen etc. Die Schriftsprache ist lebendig und entwickelt sich: Dichtung, gesungene Texte, gereimte Gebete etc. Es entstanden feststehende Redensarten, vermutlich unter anderem auch *rhyming couplets*, denen Harmoniekonzepte zugrunde liegen oder gegen

[91] José Maria Valverde, *Walter Benjamin – „ein Held unserer Zeit"*, in: Scheurmann (Hrg.), Für Walter Benjamin, 1992 Ffm., S. 14 f.; Walter Benjamin, *Über Literatur*, 1969, 1970 Ffm., Karl Kraus, S. 104 ff.

solche verstoßen wird. So mag es sein, dass der Ausdruck ‚Krieg und Frieden' zu einer feststehenden Redensart *geprägt* wurde und „Krieg" nicht ohne Grund an erster Stelle ausgesprochen wurde, was ihm vermutlich die bedeutsamere Position, eine *das Verstehen des ganzen Ausdrucks leitende Funktion,* verlieh.
„Sprachgefühl" ist eine ernst zu nehmende Kategorie der verbalen, der geäußerten Sprache und vermutlich dafür entscheidend, dass kollektive Überzeugungen und Weltbilder eine lange Lebensspanne besitzen. Man möge es an sich selbst überprüfen, welcher Effekt in der Vertauschung des Ausgangsausdrucks erzielt wird: „Frieden und Krieg" versus „Krieg und Frieden". Es ist zu vermuten, dass dieser Ausdruck nicht „so glatt über die Zunge geht" wie die vertauschte Positionierung. In der englischen Sprache existiert der Ausdruck *Thunder and Lightning.* Ist der entsprechend deutsche Ausdruck „Blitz und Donner" eine schlechte Übersetzung oder wissenschaftlich korrekter, da Menschen den Donner als „späteres" Phänomen erfahren, obwohl doch beides in der Natur zugleich ausgelöst wird, ihre Wellen sich jedoch unterschiedlich schnell ausbreiten. Oder handelt es sich um unterschiedliche Weltbilder und gibt es nicht ganz andere Gegenstände, die eine solche Beachtung eher verdienten? Es sei festgehalten, dass Unterschwelliges, latent Vorhandenes, in der Kommunikation bedeutungstragend sein kann. Beim Ausdruck „Blitz und Donner" ist nicht mehr nachprüfbar, was diese Prägung ursprünglich-sprachgeschichtlich geleitet haben mag. So heißt das Pendant in der englischen Sprache „Thunder and Lightning". Es wäre zu vermuten, dass in einem solchen Fall auch die Semantik des Ausdrucks schwankt, die in Verfolgung eines Wohlklangs mühsam versucht, sich einer eindeutigen Bedeutung zu nähern. Die Sprache steigt aus einem Fixierbad wie das Positiv aus dem Negativ in seine entwickelte Form. So ist das Prozessierende Ursache für verlässliche Bedeutungen.
Welche Prägung im Wechselbad mit ungezählten, womöglich noch ganz anderen Faktoren des zuvor entwickelten Weltbilds erfreulich stimmiger für das Sprachgefühl sind, muss offen bleiben. Es mag auch ganz schlicht wie probierendes kindliches Artikulieren, also ein ästhetisch-agonaler, mit Freude versehener spielerischer Dirigent die Entscheidungen treffen und Wohlklang als ein erzeugtes, sich in der Sprechpraxis einstellendes Gefühl die entscheidende Rolle der Sprachgestaltung spielen. Selbst im letzteren Fall wird es Gründe geben, welcher Ausdrucksvariante der Vorzug gegeben wird und welcher nicht.
Lässt man die vielen Bücher zum Thema Krieg Revue passieren und merkt, dass Krieg in Wahrheit der dominante Bedeutungsträger des als Widerspruch sich kleidenden Begriffs ist, kommt man nicht umhin anzunehmen, dass Frieden der Teil des Widerspruchs ist, der den Krieg vorbereitet. So gerät der feste Ausdruck Krieg und Frieden zu einem Antagonym, dessen Antonymie diese fatale, intime Nähe der beiden Begriffe suggeriert. Es ist das sprachlich-logische Un-

heil entstanden, das wie das Widerspruchspaar Tag und Nacht umgreifend den (24 Std.) Tag in seiner Dominanz hervorhebt. So ist das Wort „Krieg“ in Analogie zum Wort „Tag“ mächtiger, denn es gehört den beiden logischen Sphären der Art *und* der Gattung an.

Es ist ein bisschen schwierig, „die“ Sprache so darzustellen, dass Leser nicht gelangweilt und stattdessen stimuliert werden von dem, was sie selbst täglich praktizieren, nämlich so zu kommunizieren wie sie es für richtig halten und sei es, dass sie Freude daran haben, mit und in der Sprache zu spielen, lautliche Schönklänge ausprobieren oder Neologismen erfinden, die geeigneter sind etwas auszudrücken, als irgendein Sprachmuster, das schon fast zu abgenutzt erscheint. Kleist hat Recht mit seinem Aufsatz *Über die allmähliche Verfertigung der Gedanken beim Reden* (1805/06). Jede Artikulation nach außen hat auch einen rückwirkenden Effekt. Diese Lust an solchen Entwicklungen, die zu Entdeckungen der Macht der Rede führen, die auch noch die ablehnende wie gutheißende Reaktion einbezieht, muss dennoch sich vergewissern können, kein Missverständnis auszulösen. Das von Hegel benutzte Sprichwort hatte vor über 150 Jahren noch die klare Bedeutung eines Gemischs aus Mäusekot und „natürlichem Insektizid“ besessen, was aber schon zur nicht mehr aktiven Sprachkompetenz gehört:

Es geht alles durcheinander / Wie Mäusedreck und Koriander.[92]

Es soll also ordentlich zugehen, hier in der Philosophie, und, um das Denkgebäude auf ein sicheres Fundament zu stellen, soll nicht eine Küche, wo man Mäusedreck und Koriander antreffen könnte, bemüht werden, sondern etwas Klassisches (immer alt, immer griechisch): Die wundersame Vorstellung von dem Schiff *Argo*, das auf seinen Fahrten (für die Argonauten) alle Schäden, die das Schiff erlitt, selbstständig reparieren konnte. Am Ende seiner Fahrt gab es keine originalen Schiffsteile mehr. War es dann noch die *Argo,* da der denkende Verstand vermeint, doch die Dialektik von Teil und Ganzem zu beherrschen? Auf keinen Fall: Beginn und Ende seines Zustands waren doch radikal, geradezu kontradiktorisch anders. Aber doch: Gerade diese Fähigkeit der Auto-Reparatur machte doch das Wesentliche des Schiffes aus.[93] Dies Letztere als eine Antwort auf die philosophische Frage nach dem Wesen der Realität ist die be-

[92] Hegel zitiert (Fn. 6: Goethe, *Ein Fassnachtsspiel* von Pater Brey), in: *Wie der gemeine Menschenverstand die Philosophie nehme, – dargestellt an den Werken des Herrn Krug*; im Kritischen Journal der Philosophie, Bd. I, Stück 1, 1802, in: *Werke in 20 Bänden, Bd, 2, Jenaer Schriften 1801-1807,* Theorie Werkausgabe, 1970, Ffm., S. 201. Koriander, auch Wanzenkraut genannt, ist auch ein Heilkraut. Dies will man nicht unbedingt in Küchen zusammen mit Mäusedreck finden. Beides sollte sauber getrennt werden.

eindruckend fruchtbare Erkenntnis, um die sich schon Heraklit (535-475) verdient gemacht hatte, alles Fixierte aufzulösen, alle Definitionen nur als Transsistorisches zu begreifen. Dieses fundamental-dialektische Denken impliziert eine ganz andere Form des Verstandes, das der Bequemlichkeit des Denkens, sich Listen von Definitionen anzueignen und zu meinen, man besäße nun einen wissenschaftlichen Ausdruck, in dem der wissenschaftliche Geist herrsche. Definitionen sind aber keine Fetische. Es betrifft auch nicht nur diese kognitive Weise der ganz anderen Bildung als der bislang praktizierten. Unter Bildung wird global i.d.R. nur verstanden, eine Summe von Kenntnissen zu akkumulieren. Kenntnisse sind aber jene gegeißelten definitorisch unrealistisch gemachten Gegenstände für das menschliche Gedächtnis. Die Welt zu verändern, verlangt auch, über Fähigkeiten zu verfügen, die Komplexität der natürlichen und gesellschaftlichen Verschränkungen in ihren je besonderen Entwicklungen zu verstehen: Wie wirken sich Armut, Entbehrungen, technologische Entwicklungen etc. auf die Subjekte der Geschichte aus? Man wird zu Zynismen gedrängt, den wahren Zustand der Welt als desperat grauenhaft konfliktbeladen zu erkennen und dies als eine Beruhigung zu empfinden, dass es einen „totalen" Krieg nur in der Propaganda gegeben hat. Allem Anschein nach hatte der Generalfeldmarschall Fürst Illarionowitsch Kutusow-Smolenski in dem napoleonischen Kriegsplan einen Faktor als entscheidend für Sieg oder Niederlage erkannt, den er dann auch konsequent verfolgte: Die Negation der schon erwähnten aus römischer Zeit stammenden Überzeugung, dass der Krieg den Krieg ernähre. So gab Kutusow Moskau frei, ließ es anzünden und entzog so dem Gegner die Rast mit Verpflegungs- und Heizungsmöglichkeit. In der Kürze der Logik ausgedrückt beherrschte er die Kategorie der Negation: Welche kriegsnotwendige Maßnahme würde entscheidend zur Niederlage Napoleons führen? Was musste diesem Napoleon versagt werden? Worüber durfte der geniale Stratege Napoleon *nicht* verfügen? Damit wird allerdings noch kein Krieg gewonnen, dass *nicht* Schlachten geführt und damit auch nicht der Krieg gewonnen werden konnte.

[93] Die Argonautensage beschreibt das berühmte Unternehmen, das Goldene Vlies zu rauben. Die Sage wird schon von Homer (ca. fl. 850 v.u.Z.) als bekannt vorausgesetzt. Einer der Argonauten stattete das Schiff mithilfe der Göttin Athena mit wundersamen Fähigkeiten aus: Es konnte sich selbst reparieren, insgesamt sogar erneuern, auch sprechen und vor Gefahren warnen (Wikipedia s.v. Argonautensage 25.2.2023).

3.2 Logik: Gegen die Monokausalität

Die komplexe Herangehensweise statt der monokausalen ermöglicht ein Verstehen der Wirklichkeit:

> *Wenn ein Apfel vom Baum fällt, ist dies ein wichtiges Ereignis für den Baum, da nun ebenfalls eine Methode der Verbreitung vom Baum entwickelt wurde. Es wäre „töricht", nur über eine Methode der Verbreitung zu setzen, wie auf einen zufällig daherkommenden Menschen, der den Apfel isst und nach einiger Zeit die Kerne fallen lässt.*
> *Wenn der Apfel reif geworden ist und fällt, warum fällt er? Weil er von der Erde angezogen wird? Weil sein Stängel dürr geworden ist? Weil sein Fleisch von der Sonne getrocknet ist? Weil er zu schwer geworden ist? Weil der Wind ihn schüttelt? Oder weil der unten stehende Knabe ihn essen möchte?*
> *Nichts davon ist die Ursache, sondern alles zusammen, nur das Zusammentreffen der Bedingungen, unter denen sich in der lebenden Welt jedes organische, elementare Ereignis vollzieht.*
>
> *Wer da sagt, Napoleon sei nach Moskau gezogen, weil er dazu Lust gehabt habe, und sei zugrunde gegangen, weil Alexander ihn habe zugrunde richten wollen, der hat genau eben so recht und unrecht wie derjenige, welcher behauptet, einen Millionen Zentner schweren Berg, der unterminiert wurde und zusammenstürzte, sei deswegen gefallen, weil der letzte Arbeiter unter ihm zum letzten Mal mit der Hacke zugeschlagen habe. Bei historischen Ereignissen sind die so genannten großen Männer nur die Etiketten, die dem Ereignis den Namen geben; sie stehen aber, ebenso wie die Etiketten, mit dem Ereignis kaum in irgendeinem inneren Zusammenhang.*[94]

Wir sind gewohnt, mit dem Benennen oder Kennzeichnen von Gegenständen auch ihre Bedeutung erschließen zu können. Digitalis ist eine Pflanze, die als giftig gilt. Dieses Gift (Digoxin) wurde in der Therapie von Herzerkrankungen eingesetzt. Wenn wir unseren Verstand entlasten wollen, lieben wir es, Gegenstände mechanistisch aufzufassen: Digitalis ist giftig, also meiden wir die Pflanze und instruieren unsere Kinder, dass Gefahr drohe. In unserem Bemühen, die (vermeintliche) Sicherheit von Kenntnissen in Definitionen zu erwerben, verfahren wir in der Regel unsachgemäß und fehlerhaft:
Digitalis „macht gesund" bei Herzkrankheiten: Wir nehmen es so hin, was einer mechanischen Weltauffassung entspricht. Mit dieser zweiten Namensge-

[94] Tolstoi, *Krieg und Frieden*, S. 797.

bung der Pflanze entgeht uns aber (laut den Dialektikern Hegel und Marx) das Entscheidende: Vermutlich haben sich unsere Herzkrankheiten und die diesen angepassten Heilmittel geändert. Und diesen entscheidenden, verständnis-bringenden und -erweiternden Schritt nennt Hegel die Reflexion. Die Pflanze verdient offensichtlich, hin und her gewendet zu werden, um ihre Eigenschaften bestimmen zu lassen. So scheint die Mandel ursprünglich nur in der einen Variante bitter zu sein, dass ihr Verzehr unserem Organismus den Tod bringen kann, womit sie uns auf eine Ebene mit gierigen Käfern stellt: Beide sollen abgeschreckt werden. Im Laufe der Evolution passte sich die Mandel aber dergestalt auch menschlichen Verzehrvorlieben an, dass ihr Konsum häufiger geschieht, wenn sie süß, also angenehm war; denn Früchte verzehren, heißt den Pflanzen „Beine" zu geben, sodass sie sich ausbreiten können. – Diese Strategie kommt uns bekannt vor: So breitet sich auch Covid 19 aus.

Der Ausdruck „Krieg und Frieden" vereinigt so Manches schon oben Gesagte auf sich. Gewohnt, in dem künstlichen, von Menschen geschaffenen System der Algebra sich gedanklich zu bewegen, gelingt es, den Ausdruck x = a+b mit dem doch ganz anders aussehenden x = b+a gleichzusetzen. Die Bedeutung kann festgelegt werden, weil Identisch-Selbiges denselben Wert hat. Dies unterscheidet sich von Ausdrücken der lebendigen, sprachlichen Kommunikation.

Wäre der Ausdruck Krieg und Frieden bedeutungsidentisch mit Frieden und Krieg, dann würde man sich fragen, weshalb um die Positionen im Ausdruck gerungen wird, wenn den Beteiligten nicht klar ist, dass es hier um mehr geht: Wer oder Was zuerst genannt wird, ist wichtiger als die oder der Zweitgenannte.

Wenn über den Ausdruck Krieg und Frieden reflektiert wird, könnte die folgende Gedankenkette entstehen: Frieden ist der Nicht-Krieg, damit besäße der Frieden eine von der weiterhin bestehenden Existenz des Krieges abhängige Bedeutung. Wenn Revoluzzer rufen „Nieder mit der Monarchie!" können die Monarchen ruhig schlafen, da ohne sie das bezeichnete Gemeinwesen offenkundig noch nicht einmal gedacht, geschweige denn ausgesprochen werden kann.

Das Primäre gilt in vielen Kulturen als das Bedeutungsvollere. Das zweite ist von sekundärer Wichtigkeit, also abhängig vom Primären.

Hier ist der Krieg nicht nur eine Destruktionskraft mit dem strategischen Ziel einer Hegemonie, zu deren Erlangung durchaus der Tod von Menschen gehört. Der Krieg ist zugleich auch die übermächtige Kraft, die über alle Mittel des Tötens und über alle Mittel des Zerstörens der einen (z.B. französischen) wie der anderen (1812 der russischen) Destruktivkraft gebietet. Diese drei Momente sauber zerlegt, umfassen drei Möglichkeiten: Krieg (wie der konventionelle Krieg); des Weiteren: Krieg als Aktivierung der Summe aller technischen

oder auch natürlichen Mittel zu brandschatzen, vernichten, töten, aber auch zu retten, wenn der eigenen Verwendung dienlich und Krieg als eine soziale Organisation, deren (strategische) Zielsetzung und Lenkung (Taktik) wie schon vor fast 200 Jahren Clausewitz[95] richtig erkannte. Wird ein Krieg verloren, „so drängt sich [...] in die Betrachtung [...] der politische Zweck des Krieges".[96]
Im Krieg gegen Russland sollen, so der offenkundige Plan Napoleons, die russischen Defensiv- und Offensivkräfte vernichtet werden. In Analogie zu einer klugen Überwindung eines mühevollen, langatmigen Feldzuges, erfindet Kutusow die Attrition (Zermürbung) als taktische Variante – im Unterschied zu den Taktiken, die Napoleon liegen und u.a. groß gemacht haben: den Schlachten mit anschließendem Friedensdiktat. So ist das abgebrannte Moskau ungeeignet zum Ausharren der Soldaten in der Kälte, es gibt das problematische Heranschaffen der Verpflegung durch Störung der langen Nachschubwege, die Nadelstiche der kämpfenden Freischärler etc. All diese taktischen Varianten sollen dem einen Ziel dienen: der Selbstzerstörung des napoleonischen Feldzuges.
Kutusow entscheidet sich für eine Verteidigung, bei der die Nicht-Annahme von kriegsentscheidenden Schlachten (einem „minus prijom"[97]), diese *Verweigerung* kriegsentscheidend ist, die zu einer Nicht-Gestaltung des Krieges selbst führt. So wird das *Tertium*, das Dritte, hervorgerufen, das die herrschenden (napoleonischen) Normen ersetzt durch ein siegreiches Nicht-Handeln und Auswirken der natürlichen Mängelerscheinungen des Feldzuges; der Eindruck bleibt von Kutusow als einem „Logik-Künstler der Negation", ähnlich der dialektischen Normverletzung wie sie auf theoretisch-theatralische Weise Shakespeare mit seinem Macbeth der Welt schon gezeigt hatte.[98]
Die Behandlung des Topos „Sprach-Logik" ist auch zu verstehen als das notwendig vorsichtige Herantasten an das Hauptthema Krieg und Frieden, ausgehend von der militanten Überzeugung des Sozialistenführers Jaurès: aus Erwägungen, den Jaurèsschen Spruch ernst zu nehmen und einen entscheidenden Sieg über den Krieg – in diesem Fall allerdings nur den französisch-russischen – zu erringen, konnte Kutusows Militärstrategie mit kriegerischen Mitteln den napoleonischen Kriegszug besiegen. Vermutlich könnten diese Ereignisse, wie

[95] Carl von Clausewitz, *Vom Kriege*, 1990 Augsburg.

[96] Ebd. S. 25.

[97] Jurij Michailowitsch Lotman, *Die Innenwelt des Denkens*, (2000) dt. 2010, 3. Aufl. 2012 Frankfurt/M.: S. 65: Die sog. „Minus-Rhetorik": Erwartetes, aber nicht Gesetztes, hat dennoch Bedeutung und wirkt auf das Denken und Sprechen und letztlich auf das Verstehen von Sachverhalten und Planung aus.

[98] Eine m.E. treffende und gewitzte Illustration dieses sprachlogischen Phänomens ist die Situation eines Affen, der aus einer Flasche eine Nuss holen will, die Nuss umschließt und sich somit selbst fängt, da er die Nuss nicht loslassen will und keinen Ausweg weiß.

sie in Russland abliefen, als Aktivitäten verstanden werden, die einem bürgerlichen Bewusstsein entsprächen: Sie verteidigen ihr Land, sie wählen, wie sie den Gegner bekämpfen oder als Bürger gleichstellen. Aber „der Krieg dem Kriege" avanciert damit lediglich zu einem „Kampf dem napoleonischen Krieg gegen Russland" und nicht zu einem strategischen Ziel der Abschaffung von Krieg überhaupt.

Dennoch verwundert es, wie sich Jaurès seinen Krieg zur Abschaffung des Krieges überhaupt gedacht hatte. Warum sind hierzu keine Antworten zu finden? Es gibt vermutlich keine schönen, klaren und eingängigen Antworten, wie mit militärischen Mitteln der Krieg abgeschafft werden könnte. Kutsusows taktische Entscheidungen stellen eine Bereicherung von kriegsverhindernden Maßnahmen dar, obwohl er in keiner Weise Jaurès zustimmen würde. So scheint es, dass aufgeklärte Menschen wie Kutusow handeln können, wie es ihnen von Historikern oder Philosophen nicht zugetraut worden wäre. Das wäre ein beruhigendes Ergebnis, da mit dem Krieg zu leben, ein sehr verwerfliches Leben in der Menschheitsgeschichte ist.

Wer einen Napoleon ehrt oder schmäht und sein Aufwachsen, sein Entwickeln von bestimmten Eigenschaften etc. abtrennt, beraubt sich eines tieferen Verständnisses dessen, was historisch geschieht. So kann auch ein Studium der Geschichtswissenschaften dazu beitragen, dass ihr Studium dazu beitragen kann, dass Menschen nicht zu Opfern der Verhältnisse, sondern zu ihren Verursachern – tant bien que mal (so gut oder schlecht sie nun sein mögen) werden.

Wer oder was war das Kind, das 1769 in Ajaccio geboren wurde? Natürlich: ein Bündel ungerichteter Emotionen und beginnender Verstandestätigkeit – so wie fast alle Kinder, wenn sie nicht unterernährt sind oder an einer schweren Krankheit leiden. Wer oder was war das Kind zehn Jahre später? Und 20 Jahre später? Nach jedem Fragezeichen gibt es eine positive Antwort im Stile von „er war das und das, mit diesen Vorlieben und jenem Abscheu". Und jedes Mal gab es Einschnitte in seiner Biographie, die bedeutsame Veränderungen aufwies, da sie zu den „Reichen und Mächtigen" des korsischen Kleinadels gehörte. Der Großvater war Politiker und Sekretär von Pascal Paoli, Revolutionär und Freiheitskämpfer. Seine Umgebung negierte Vieles und favorisierte Politisch-Militärisches. Dieser Grund, so bezeichnete Hegel die Herkunft, ist selbst eine der Reflexionsbestimmungen. Herkunft und Aufwachsen sind schon deutliche „Gründe"; diese sind aber keine notwendigen, denn die Herkunft ist nur eine der vielen Reflexionsbestimmungen, die ihrerseits das Geflecht der Vieles negierenden Bestimmungen ausmachen. Hegel schreibt, dass Seine (das Wesen) Reflexion darin besteht, sich als das, was es an sich ist, als Negatives zu setzen und zu bestimmen. Das klingt klug und wird wohl auch interessante Ergebnisse bringen, erfordert aber etwas Muße zum Überdenken. Gehen wir in einen

Dialog mit Hegel, so scheint er fast ein Plädoyer für den französisch-russischen Krieg und den überragenden Strategen Kutusow zu halten.

> *Das besondere Interesse der Leidenschaft ist also unzertrennlich von der Betätigung des Allgemeinen; denn es ist aus dem Besonderen und Bestimmten und aus dessen Negation, dass das Allgemeine resultiert. Es ist das Besondere, das sich aneinander abkämpft und wovon ein Teil zugrunde gerichtet wird. Nicht die allgemeine Idee ist es, welche sich in Gegensatz und Kampf, welche sich in Gefahr begibt; sie hält sich unangegriffen und unbeschädigt im Hintergrund. Das ist die List der Vernunft zu nennen, dass sie die Leidenschaften für sich wirken lässt, wobei das, durch was sie sich in Existenz setzt, einbüßt und Schaden leidet.*[99]

Reflexion ist zu verstehen als Negation und dies „als Moment des Wahren".[100] Ob sich beim jungen Napoleon der künftige Stratege zeigen würde, ließe sein An-Sich-Sein erblicken, das eben durch keinen Prozess des Selbstbewusstseins und damit keiner Negation überantwortet worden wäre. Einer Definition, in hegelscher Terminologie, einem An-Sich-Sein ausgeliefert zu sein, wäre gleichsam das Urteil auszusprechen, dass Napoleon und zwar die ganze Person von der Geburt bis zum Tod nach einem Muster fabriziert worden wäre.

> *Reflexionsphilosophie nennt Hegel die Philosophie des Verstandes, die die Dinge in ihrer Trennung, Gegensätzlichkeit betrachtet und, sich nur allmählich am Detail der Erfahrung emporarbeitend, jene Erkenntnis wesentlicher Gesetze gewinnt, auf deren Standpunkt sich die Identitätsphilosophie (von Denken und Sein) bereits befindet. Streng genommen sind außer den spekulativen Philosophien von Hegel und Schelling alle anderen Philosophien Reflexionsphilosophien.*[101]

Bei Menschen ist es vielleicht nur komplexer, weil wir, um unsere Ziele zu erreichen, über eine ungeheure Vielzahl von Büchern, Studienorten Gedankenaustauschmöglichkeiten etc. verfügen. Wir sähen es ganz gerne, wenn wir die Eltern von Napoleon befragen könnten, ob sich sein militärisches Genie nicht schon im Windelalter gezeigt habe. Das ist natürlich Unsinn. Andererseits: Wäre Napoleon in einer Umgebung aufgewachsen, da solche Strategen wie Alexander der Große eben nicht ihre positiv bewertete Berühmtheit ob ihrer

---

[99] Hegel, *Werke*, Bd. 12, S. 49, 1970 Ffm.
[100] Werner, Jürgen, *Darstellung als Kritik – Hegels Frage nach dem Anfang der Wissenschaft*, 1986 Bonn, S. 197 unter Bezug auf Hegels PhdG, Werke Bd. 2, S. 25.
[101] Biedermann, Georg, *Hegel*, 1981 Köln, S. 53.

Kriegszüge erworben hätten und wie ganz besonders üble Henker geächtet und behandelt worden wären, dann wäre die Wahrscheinlichkeit, dass Kriegführung zu einem angesehenen Handwerk geworden wäre, auch für einen jungen oder älteren Napoleon sehr unwahrscheinlich.
In der Hegelschen Geschichtsphilosophie wird zentral der Begriff des Staates thematisiert. Wie oben erwähnt, scheint ein schlichtes Verständnis so beschaffen zu sein, dass in Kriegen die Leidenschaften die Motoren der Kämpfe sind. Jedoch unbeschadet dieser Kämpfe und ihrer Resultate, bahnt sich das Gesetz der Geschichte seinen eigenen Weg – so stand oben geschrieben, dass sich selbst im rückständigen Russland bürgerliche Tugend und Verhalten manifestieren, als ob der bürgerliche Geist vom französischen infiziert wurde. Dies würde die „List der Vernunft" genannt:

> *Einerseits mündet der hegelsche Staat in das „Weltmeer der Geschichte", andererseits mündet die Weltgeschichte in den Staat, dessen Theorie die Rechtsphilosophie darstellt. Weltgeschichte ist für Hegel vor allem die Geschichte des Staates und zwar nicht eines bestimmten Staates, sondern des Begriffs des modernen Staates und der besonderen Formen seiner Verwirklichung. Auf der anderen Seite bedeutet dies, dass es zum Wesen Staates gehört, geschichtlich zu sein, d.h. dass die Geschichte der Boden ist, auf dem der Begriff des Staates Sinn erhält.*
> *Aber die Geschichtsphilosophie steht nicht nur* am Ende *der Philosophie des Rechts, sie steht auch* zwischen *der Abhandlung über den objektiven Geist (Rechtsphilosophie) und der über den absoluten Geist (Kunst, Religion und Philosophie). Der Prozess der Weltgeschichte übernimmt dieser Stellung im System gemäß die Rolle, das Endliche, das geschichtliche Staatsleben, mit dem Unendlichen der Kunstanschauung, der religiösen Vorstellung und des philosophischen Begriffs zu vermitteln.*[102]

[102] O.D. Brauer, *Dialektik der Zeit, Untersuchungen zu Hegels Metaphysik der Weltgeschichte*, problemata 92, 1982 Stuttgart, S. 19 f.

3.3 Giambattista Vico, Die Geschichtswissenschaft (*Die neue Wissenschaft über die gemeinschaftliche Natur der Völker)*

Abbildung 6: Erich Auerbach wählte Joachim Patini(e)rs Bild ‚Überquerung des Styx' (1515-1524) zur Illustration seiner Übersetzung von Vicos Werk (1744, 1924, 2000 Berlin), das dem Genre der Weltlandschaft zugerechnet wird: Links vom Betrachter ist das Paradies, rechts die Hölle mit dem Hund Zerberus. Es ist eine künstliche Landschaft, die (deshalb) auf eine ideale Weise den Aufenthaltsort des Menschen – aller Menschen christlicher Provenienz – illustrieren soll.

> *So schafft diese Neue Wissenschaft, oder die Metaphysik, mit dem Licht der göttlichen Vorsehung die gemeinsame Natur der Völker betrachtend, durch Entdeckung solcher Ursprünge der göttlichen und menschlichen Dinge bei den Heidenvölkern, ein System des natürlichen Rechts der Menschen, das mit völliger Gleichheit und Beständigkeit fortschreitet [...]. Sie lebten unter göttlicher Herrschaft und alles sei ihnen befohlen durch Orakel, welche die ältesten Dinge der Profangeschichte sind [...] endlich das Zeitalter der Menschen, in denen es volksfreie Republiken und später Monarchien gab, die beide humane Regierungsformen sind.*[103]

[103] Giambattista Vico, *Die neue Wissenschaft über die gemeinschaftliche Natur der Völker*, 1744, übers. von Erich Auerbach, (1924) 2000 Berlin, New York; S. 64).

Man sieht, wie schwer es fällt, Geschichtswissenschaften zu schreiben: Verlangt wird, dass die menschliche Geschichte ihren Anfang hat. Womit dieser Anfang anheben soll, ist rein spekulativ und lässt nur erkennen, dass die Wissenschaften existieren, seitdem es Menschen gibt, die denken, womit vermutlich begriffliches Denken gemeint ist:

> *Von der Methode […] zu sprechen, die sie (sc. Geschichtswissenschaft; Re.) anwenden soll. […] Und zwar mussten wir mit unseren Forschungen beginnen von der Zeit an, wo sie (die Menschen) begannen menschlich zu denken; und da es bei ihrer ungeheuren Wildheit und zügellosen bestialischen Freiheit kein anderes Mittel gab, jene zu zähmen und diese einzuschränken, als den schreckeneinflößenden Gedanken an irgendwelche Gottheit – die Furcht vor einer solchen ist […] das einzige wirksame Mittel eine verwilderte Freiheit einzudämmen […].*[104]

Vico tat den wichtigen Schritt, einen Kerngedanken des Humanum hervorzuheben, dass dieser sich nur historisch-genetisch erschließen könne und als solcher, die Eigenschaft nicht nur autopoetisch, sondern auch auto-reflexiv zur Entfaltung (und Entdeckung) gebracht werden kann. Wie für Staaten der Verlauf ihrer Grenzen wesentlich und bestimmend ist, die Grenze selbst sowohl von zwei Staaten konstituiert wird, diese also nicht naturaliter; sondern idealiter existiert: Die Grenze kann von einem Fluss gebildet werden, was aber nichts anderes bedeutet, als dass eine – gedachte – Linie (und dann auch noch in der Mitte des Flusses) die Grenze „ist". Entsprechend verleiht nur die Geschichte, was „menschlich" und was „unmenschlich" zu gelten habe. Dieses methodische Abgrenzen des Menschlichen von anderen „nur so ähnlich wie Europäer aussehenden" Lebewesen ist als „grenzenlose rassistische Dummheit" kaum zu bekämpfen (auch in diesem Fall muss man akzeptieren, dass Dummheit wie Intelligenz und auch Hilfsbereitschaft wie Verteufelung Accessoires sind, die Menschen im Laufe ihrer Geschichte erworben haben und von denen einige auch immer noch nicht aufgegeben worden sind).[105]

Das von Vico gesuchte Humane ist einer Zäsur zwischen Menschenaffen und dem homo sapiens sapiens zu verdanken und diesen Grund (im Hegelschen Sinne einer bewegenden Ursache für jedwede weitere Entwicklung) gilt es festzuhalten. Ohne die genetische Denkanstrengung ist die Grundlage des modernen, selbst durch digitalisierte Mechanik beeinflussten Denkens und Arbeitens

[104] Ebd., Vico. S. 131, I, 4. Abtlg.

[105] Seit Aristoteles wird unter Logik insbesondere seine Leistung zur Syllogistik gewürdigt. Diese abstrahiert von möglichen Inhalten. Sie sind eher von mathematischer Natur.

nicht zu verstehen. Selbst ihre Reduktion auf ein Kausalitätsdenken, so ungenügend es im Vergleich zum systemischen, dialektischen, widerspruchsvollen Denken ist, kann für bestimmte Aufgaben noch seine Existenz begründen, auch wenn es oft nur den Zweck erfüllt für Menschen,

> *die das Wahre über die Dinge nicht kennen* (und; Re.) *sorgen, sich an das Gewisse zu halten; damit, wenn sie dem Verstand nicht genugtun können durch die Wissenschaft, zumindest der Wille sich stütze auf das Bewusstsein.*[106]

3.3.1 Zum Krieg Russland-Ukraine I

Es macht nicht viel Sinn, eine „humanere" Auffassung vom Krieg zu propagieren, die zum Beispiel eventuell mit der Position von Kutusow identifiziert würde. In allen Versuchen, ein Regelwerk zu entwerfen, das zumindest einen Angriffskrieg verhindern sollte, ist das prinzipielle Problem nicht gelöst, nämlich dafür zu sorgen, dass überhaupt kein Krieg ein legales Mittel eines Gemeinwesens und gleichermaßen von aneinander *durch Grenzen verbundene Staaten* in Zukunft möglich sein sollte. Hierzu sind unter den Stichwörtern Briand-Kellogg-Pakt sowie Amphiktyonie Wichtiges wieder in Erinnerung gerufen. Verteidigungskriege scheinen a priori gerecht und legitim zu sein. Dennoch sind auf diese Weise noch keine Waffen, noch ihre Produktion geächtet und zum Verschwinden gebracht. Zudem sind die Kriegsziele – und auch nicht die scheinbar nebensächlichen, aber für den Zustand der ganzen Welt in Zukunft bedeutsamen Ziele – noch keineswegs so behandelt, wie sie es verdienen müssten: Napoleons (hier in seinem sechsten Koalitionskrieg) verfolgt nicht mehr erkennbar eine Durchsetzung von Menschheitsidealen, wie sie in der Französischen Revolution propagiert wurden. Napoleon war das Joch, von dem fast ganz Europa sich sehnlichst zu befreien trachtete. Auch die Interessen der Koalitionäre in all diesen Koalitionskriegen ließen nicht erkennen, welche strategischen Kriegsziele sie selbst verfolgten, um daraus in der Negation auf die Ziele von Napoleon zu schließen. Napoleon hatte es gut verstanden, auch im Russlandfeldzug, nicht allzu viel *französisches* Blut zu vergießen. Die Liste der Unterstützer seines Feldzugs, die auch Truppenkontingente, wenn besiegt, schicken mussten, ist lang und ihre Verluste grauenhaft hoch, selbst wenn ihre militärische Unterstützung geringen Umfangs war. Das Ende der Ära Napoleons wurde endgültig auf den Feldern Flanderns herbeigeführt – natürlich in einer Schlacht, der so berühmten bei Waterloo am 18. Juni 1815.

---

[106] Ebd., Vico. S. 78.

Im britisch-amerikanischen Krieg (dem Zweiten Unabhängigkeitskrieg) wurde auch 1812 gestorben und neben dem großen Sterben in Russland von 1812 bis 14 wurde auch in Spanien 1807-1814 für Napoleon gestorben bis Spanien endgültig unabhängig wurde (Signal des *levantamiento del dos de mayo* zur Unabhängigkeit). Was Napoleons Feldzug in Russland betrifft, so erinnert nichts an eine mögliche „Mission", die Freiheitsrechte der Französischen Revolution einzuführen. Das war ursprünglich das Motiv der *levée en masse*, die gefährlichen Monarchien zu bekämpfen und geknechtete Völker zu befreien. Selbst die Abschaffung der Leibeigenschaft – geschehen in Russland 1861 – war nicht Napoleons Kriegsziel gewesen, noch indirekt bewirkt worden. Sind Sprachen Kulturelemente, so war das Französische als Verkehrssprache (*lingua franca*) der Adelsschichten in weiten Teilen Europas üblich; auch die Adaptation der französischen Kultur für die herrschenden Schichten wurde in diese Nationen integriert. Doch die Verhältnisse waren für das russische „gemeine Volk" so beschaffen, dass es ein zu vernichtendes, primitiv-kulturloses Wesen war im Vergleich zu den Soldaten des Interventionsheeres. Dennoch: Es gab Ausnahmen, humanitäre Gesten und Mitgefühl mit frierenden und hungernden Soldaten des Napoleonischen Heeres, die äußerst bedeutsam sind. So erscheint im Roman wie heute ein Film projiziert auf eine Leinwand das Zusammentreffen von Fremden und Russen. Für den regulären Soldaten musste diese über dem Kriegsgeschehen und auf Wolken glänzende Einheit der Kultur, also bei den herrschenden Eliten auf beiden Seiten, als etwas Weltfremdes gelten (gleiches gilt auch für die im Krieg auf Napoleons Seite kämpfenden deutschsprachigen Militärs) und darunter, auf dem Boden des Kriegstheaters, befanden sich das Frieren, Hungern, Gefangenwerden mit späterem Erschießen, das Erkranken, die Plage von Insekten und Läusen – all diese Übel bei den einfachen Soldaten. Die Bilder sind apokalyptisch. Die von Goya gezeichneten Bilder der *Deastres de la guerra* (1810-1814) blicken den Betrachter wie mit den irren Augen von Wahnsinnigen an. Die Herren kannten einander, die Plebs wusste nur, dass ihre Welt den Bodensatz bildete, dessen Elemente untereinander keine Verständigung ermöglichte. Das muss beruhigend für die adeligen Generäle gewesen sein. Tolstois Roman zu lesen, verlangt dem Leser aber ganz anderes ab.

Das Motto ist kein Ausdruck der Resignation: „Kein Schrecken und kein Lernprozess vermag Kriege zu verhindern."

Die Flut der Gebete und der beschwörenden Verdammung des Kriegs ist unermesslich. Ihre Wirkung ist umgekehrt proportional zur riesigen Menge der gutgemeinten Kriegsächtungen, also „nichtig". Es mangelt keineswegs an friedensverherrlichenden und kriegsverdammenden Äußerungen.

Die Schrecken des Krieges sind immer schon bekannt gewesen.[107] Es scheint auch keinen Unterschied zu machen, welcher Art die Mordwaffen sind, ob Schwert, Kanone, Bombe, Giftgas, nukleare Strahlung oder was die Zukunft noch so bringen mag. Es ist auch bekannt, dass die in Schrift und Bild gezeigten Warnungen – um dieses Problem von Leid, Schädigung, Zerstörung und Verlust kleinrahmig zu illustrieren, wie die an Individuen gerichteten Vorhaltungen der Selbstschädigung und der Schädigung von Mitmenschen (Alkohol, Rauchen, Drogen etc.) alle, allesamt nichts bewirken und schon gar nicht Einsichten und Verhaltensänderungen stimulieren. Der Verdacht liegt nahe, dass etwa Raucher auf die schreckenerregenden Bilder schwarzer Lungenflügel eben nicht mit Schrecken reagieren, der eine Verhaltensänderung bewirken könnte, sondern primär Maßnahmen ergriffen werden, die als Schutz vor einer Verhaltensänderung fungieren sollen. Entsprechend sind die Kriegsgräuel bekannt, aber deswegen bei weitem nicht zum Verschwinden gebracht. Das eine scheint mit dem anderen nichts zu tun zu haben. Eine solche so genannte Aufklärung klärt nicht auf mit dem Ziel, den Sachverhalt des Krieges zu beseitigen. Also scheint es nur die Option zu geben, angesichts der Tatsachen zu resignieren, womit der Krieg eine viel mächtigere und umfassendere Seuche ist und der Krieg als Subjekt der Welt unbehindert seine Herrschaft immer wieder aufs Neue auferlegen kann. Der Krieg machte immer schon aus den Menschen das, was ihm gefiel und was er der herrschenden Klasse versprach. Er war immer schon das von Menschen geschaffene schrecklichste Instrument, sich selbst und alle Betroffenen zu formieren und zu destruieren, ohne Unterschied zu machen zwischen Tätern und Opfern. Dies jedoch – s.o. – ist keine Einsicht, die, so unangenehm sie auch sein mag, eine Untätigkeit legitimieren darf, da wir in Wahrheit jener Affe sind, der die Kriegsnuss nicht loslassen will.[108] Jeder Untätige schadet sich selbst, da er/sie auch zu diesem Gattungswesen gehören.

---

[107] Nietzsche, Friedrich, *Zur Genealogie der Moral, Eine Streitschrift.* Zweite Abhandlung *„Schuld", „Schlechtes Gewissen" und Verwandtes*: (1887 Sils-Maria) Vierbändige Studienausgabe, Frankfurt, Hamburg, Hrg. H.H. Holz, S. 57-58; s. auch Bamberger, *Heinrich von Kleist* (op. cit.) Kap. XIII, S. 469: Überschrift „nur was nicht aufhört weh zu thun, bleibt im Gedächtnis"; Kleists Nachruhm und die Aktualität eines Moralisten in postheroischer Zeit. Die Fähigkeit, nicht nur zu erkennen, wann etwas ein Fehler ist, über Kritik und Selbstkritik zu verfügen, dies alles auch für menschlich zu halten, sollte zum *Weltwissen der Siebenjährigen* gehören – so der Buchtitel von Donata Elschenbroich, 2001 München, S. 28 (*Weltwissen: ein Panorama nach 150 Gesprächen*, S. 28-32).

[108] Pardon, ein sehr schiefer Vergleich, an den man sich eher erinnern wird als an die genetisch zerstörten vietnamesischen Kinder.

3.3.2 Der Krieg und seine Heilsversprechen

Nietzsche, den es 1870 gedrängt hatte, sich als Freiwilliger für den französisch-deutschen Krieg zu melden, gab den plötzlich entdeckten Grund an, wie sehr kulturlos und perfide doch der Franzose sei und es nun darauf ankäme, ihn mit dem deutschen Wesen und preußischen Waffen zur Vernunft zu bringen. Diese „Begründung" ist offensichtlich keine, denn solche Schmähungen werden nicht über Nacht erfunden, wenn der Krieg erklärt ist. Aber, bei aller Kritik, so hat Nietzsche auch hierzu sehr Kluges, Wichtiges und Richtiges der Nachwelt hinterlassen:

> *Ein Tier heranzüchten, das versprechen darf – ist das nicht gerade jene paradoxe Aufgabe selbst, welche sich die Natur in Hinsicht auf den Menschen gestellt hat? Ist es nicht das eigentliche Problem vom Menschen? […] Dass dies Problem bis zu einem hohen Grad gelöst ist, muss dem umso erstaunlicher erscheinen, der die entgegenwirkende Kraft, die der Vergesslichkeit, vollauf zu würdigen weiß. Vergesslichkeit ist keine bloße* vis inertiae *(Trägheitskraft; Re.), wie die Oberflächlichen glauben, sie ist vielmehr ein aktives, im strengsten Sinne positives Hemmungsvermögen, dem es zuzuschreiben ist, dass, was nur von uns erlebt, erfahren, in uns hineingenommen wird, uns im Zustande der Verdauung (man dürfte ihn „Einverseelung" nennen) ebenso wenig ins Bewusstsein tritt, als der ganze tausendfältige Prozess, mit dem sich unsre leibliche Ernährung, die so genannte „Einverleibung" abspielt. Die Türen und Fenster des Bewusstseins zeitweilig schließen; von dem Lärm und Kampf, mit dem unsre Unterwelt von dienstbaren Organen für- und gegeneinander arbeitet, unbehelligt bleiben; ein wenig Stille, ein wenig* tabula rasa *(Leerfegen; Re.) des Bewusstseins, damit wieder Platz wird für Neues, vor allem für die vornehmeren Funktionen und Funktionäre, für Regieren, Voraussehn, Vorausbestimmen (denn unser Organismus ist oligarchisch eingerichtet) – das ist der Nutzen der, wie gesagt, aktiven Vergesslichkeit, einer Türwärterin gleichsam, einer Aufrechterhalterin der seelischen Ordnung, der Ruhe, der Etikette; womit sofort abzusehn ist, inwiefern es kein Glück, keine Heiterkeit, keine Hoffnung, keinen Stolz, keine Gegenwart geben könnte ohne Vergesslichkeit […]*
> *Wie macht man dem Menschen-Tiere ein Gedächtnis? Wie prägt man diesem teils stumpfen, teils faseligen Augenblicks-Verstande, dieser leibhaften Vergesslichkeit etwas so ein, dass es gegenwärtig bleibt? […] Dieses uralte Problem ist, wie man denken kann, nicht gerade mit zarten Antworten und Mitteln gelöst worden; vielleicht ist sogar nichts fruchtbarer und unheimlicher an der ganzen Vorgeschichte des Menschen, als seine Mnemotechnik.*

Man brennt etwas ein, damit es im Gedächtnis bleibt: nur was nicht aufhört, wehzutun, bleibt im Gedächtnis.
– das ist ein Hauptsatz aus der allerältesten (leider auch allerlängsten) Psychologie auf Erden. [...] Es ging niemals ohne Blut, Martern, Opfer ab, wenn der Mensch es nötig hielt, sich ein Gedächtnis zu machen; die schauerlichsten Opfer und Pfänder (wohin die Erstlingsopfer gehören), die widerlichsten Verstümmelungen [...] – alles das hat in jenem Instinkte seinen Ursprung, welcher im Schmerz das mächtigste Hilfsmittel der Mnemonik erriet.[109]

Dieser „Hauptsatz" ist ungeheuerlich. Er ist das Ende einer jeden Aufklärung und Pädagogik angesichts des katastrophalen Versagens über Jahrtausende hinweg mit all den von Menschen verschuldeten Übeln, die aus der „menschlichen Natur" eliminiert gehören. Nietzsche propagiert dieses Ende der, stümperhaften, halbherzigen und nicht gewollten Versuche, diese Gebirge des Elends zu beseitigen. Allerdings bedenkt er nicht, dass seine Propaganda einseitig destruktiv ist und damit entgeht ihm die mögliche Entscheidungsfähigkeit zwischen Üblem und Angenehmem. Kleist[110] hält die Ambivalenz aufrecht: Im Sinne der Äbtissin und den Vertretern des katholischen Glaubens ist der durch die Musik „erzwungene Sinneswandel" ein angenehmes Ereignis, weil es ein Kampfmittel gegen Feinde ist; für die revoluzzernden Bilderstürmer, die mit diesem Mittel besiegt werden, natürlich nicht. Sie verlieren auch ihre menschlichen Stimmen. Der Krieg ist eine staatliche Institution. Ob nun gerade Frieden oder Krieg herrscht, entbindet uns nicht davon, verstehen zu müssen, mit welchen anderen Institutionen der Krieg seine Wesensverwandtschaft hat oder zumindest über die Jahrtausende eingegangen ist. Das Christentum hat mit vermutlich allen Religionen gemein, dass ihren Gläubigen ethische Normen vermittelt werden, die ihnen eine Orientierung in ihrem Leben geben sollen. Jede Religion hat ihre Besonderheiten, die Anders- oder Nicht-Gläubigen schwerfallen zu verstehen. Es ist nicht ironisch gemeint zu sagen, dass diese beiden Bereiche der sozialen Realität, die staatlichen und geistlichen Institutionen von den Mitteln leben, welche die gläubigen Bürger und Bauern verdienen. Nikolaus von Kues

---

[109] Nietzsche, Friedrich, *Zur Genealogie der Moral, Eine Streitschrift*. Zweite Abhandlung *„Schuld", „Schlechtes Gewissen" und Verwandtes*: (1887 Sils-Maria) Vierbändige Studienausgabe, Frankfurt, Hamburg, Hrg. H.H. Holz, S. 57-58; s. auch Bamberger, *Heinrich von Kleist* (op. cit.) Kap. XIII, S. 469: Überschrift „nur was nicht aufhört weh zu thun, bleibt im Gedächtnis"; Kleists Nachruhm und die Aktualität eines Moralisten in postheroischer Zeit. Die Fähigkeit, nicht nur zu erkennen, wann etwas ein Fehler ist, über Kritik und Selbstkritik zu verfügen, dies alles auch für menschlich zu halten, sollte zum *Weltwissen der Siebenjährigen* gehören – so der Buchtitel von Donata Elschenbroich, 2001 München, S. 28 (*Weltwissen: ein Panorama nach 150 Gesprächen*, S. 28-32).

[110] *Die heilige Cäcilie oder die Gewalt der Musik; verfasst 1,* op. cit., S. 255-268, von 1810.

verfasste im Jahre 1453 eine Schrift unter dem Titel *De Pace Fidei* (*Über den Frieden des Glaubens*).[111] Diese Schrift wurde verfasst unter dem Eindruck der türkischen Eroberung von Konstantinopel/Byzanz am 29. Mai 1453. Aufgabe wäre es, so Erasmus, auf der Grundlage seiner Toleranzschrift, dass sich die derzeit wichtigen Religionsführer zusammensetzen sollten, um einen Katalog der „Essentials" von Gemeinsamkeiten zu verfassen, den ihnen ihre Vernunft diktieren würde. Der Verlust von Ost-Rom war nicht nur eine *Glaubensangelegenheit*, in welche sich an dieser Stelle keine der beteiligten Glaubenslehren einmischen sollten. Entsprechendes gilt auch für die Schrift von Stefan Zweig, *Castellio gegen Calvin oder Ein Gewissen gegen die Gewalt*.[112] Die Bürger von Genf wussten, wer Calvin war und baten ihn zweimal, doch die Stadt zu regieren. Dass dies ein Desaster wurde für Gegner Calvins und viele Bürger, kam nicht überraschend.
Nach alldem bislang hier ausgeführten Positionen und Aspekten um den Topos Krieg und Frieden darf man hoffen, dass Gegner des Krieges sich aus bestimmten Gründen vorzugsweise auf der Grundlage christlicher Denominationen finden sollten. Dies aus dem einfachen Grund, dass es gute Gründe gibt, in der christliche Bibel dominant das Liebesgebot anzutreffen: Nach dem Abschnitt über „Freiheit und Knechtschaft": Gal. 5, 1-12 findet sich:

> *Die Liebe als Frucht des Geistes: (5, 13-26): Ihr seid zur Freiheit berufen, Brüder. Nur nehmt die Freiheit nicht zum Vorwand für das Fleisch, sondern dient einander in Liebe! Denn das ganze Gesetz ist in dem einen Wort zusammengefasst: Du sollst deinen Nächsten lieben wie dich selbst.*

Liebe und Krieg scheinen mir Anathema zu sein. Seelsorge (Betreuung von Soldaten) ist aber gleichzeitig eine Hilfe im Kriegsgeschehen wie in der Vor- und Nachbereitung von Kriegen.
Marx kritisierte die Religion als „Opium des Volkes"[113], da er davon ausging, dass – nehmen wir allein das 5. Gebot „Du sollst nicht töten" – dieses Gebot noch keinen einzigen Mord verhindert hat, dass im Gegenteil die Kriege in der Geschichte uneingeschränkt (ein Synonym von „hemmungslos") stattfanden und dies viel zu oft auch mit Unterstützung der Kirchen (s.o). Der Vatikan ist ein Staat und übt Herrschaft aus als ein weltliches Oberhaupt des Kirchenstaates, der im europäischen Reigen der Macht immer eine wichtige Rolle gespielt

---

[111] I.d.R. übersetzt als *Vom Frieden zwischen den Religionen* – ist nur ein ganz kleiner Unterschied! In Kurt Flaschs Werk *Nikolaus von Kues in seiner Zeit – Ein Essay*, 2004 Stgt. ist das entsprechende Kapitel mit *Türkenkrieg und Ewiger Frieden* übertitelt.
[112] Stefan Zweig, Castellio *gegen Calvin oder Ein Gewissen gegen die Gewalt*, 1983, 1988 Ffm.
[113] *Zur Kritik der Hegelschen Rechtsphilosophie* von 1843/44, Einleitung.

hatte. Macht wuchs den Päpsten allein schon in Form von geschenktem Grundbesitz beständig zu.

Aus materialistisch-atheistischer Sicht könnte behauptet werden, dass (z.B.) die griechischen Götter es so treiben wie die Menschen es tun. Man vernimmt jedoch nicht: „Wie die Menschen es tun, so tun es die Götter." Hier besteht ein Unterschied. Es handelt sich nicht um ein Wortspiel. Die Anthropomorphisierung (Vermenschlichung) belässt die Wesensunterschiede von Gott und Mensch (die erste Variante). In der zweiten Varianten ist etwas radikal Anderes ausgedrückt: Euhemeros von Messene entwarf eine Utopie, die auf der fiktiven Insel Panachaia spielt. Dort habe es eine Inschrift gegeben, die besagte, dass die Götter einst Könige waren, die nach ihrem Tod als Götter verehrt wurden.[114]

Der Euhemerismus ist Atheismus, Götter werden nicht als Wesen mit menschlichen Eigenschaften vorgestellt, sondern Menschen werden übernatürliche Eigenschaften angedichtet.

In Vietnam hat es einen Euhemerismus gegeben, der es Schwerverbrechern ermöglichte, sogar in einem fremden Dorf nach ihrem Tod gottähnliche Verehrung zu genießen. Wer dermaßen von Übel war, musste Eigenschaften besitzen, wie sie nur Götter haben könnten.

Der Mensch hat sich so entwickelt, dass er sich selbst zu einem Objekt machen kann, das dann nach seinen Vorstellungen als das schöpferische Subjekt sich selbst konstruieren kann: Es ist eine Rekonstruktion des Bildes, das der Mensch von sich und für sich entwirft und herstellt. Es fehlt nur noch herauszufinden, wie der Mensch aus sich einen gerechten machte, der den Frieden in einer amphiktyonie-ähnlichen Umwelt zu leben sich wünscht und daraufhin arbeitet.

[114] Euhemeros von Messene, 311-298, im Dienst des Königs Kassandros; Texte in seiner *Heiligen Aufzeichnung* (*hiera anagraphe*), in: Ennius, *Fragmente*, Hrg. Schönberger, 2009 Stuttgart, S. 92-101.

4 Resultate

4.1 Menschen, die im Kriege töten

Kriege werden nach kulturellen Regeln geführt. Das heißt nicht, dass um eines Macbethschen Vorteils willen auch alle Kriegsregeln missachtet werden. So täuscht das Wort „Blitzkrieg“ darüber hinweg, dass sein Geheimnis „Zeitersparnis“/„Überraschungseffekt“ sei und eine Partei bevorteilte: In Wahrheit offenbart diese Taktik eine Schwäche. Die Arditi blieben nur kurze Zeit an der Front, sonst hätte es überhaupt keine Überlebenden gegeben. Bei den japanischen (unausgebildeten) Kamikaze-Piloten war die Sterberate vergleichbar desaströs von den verschleuderten Arbeitseinsätzen zur Herstellung der Flugzeuge, Ausbildung der Piloten und materiellen Ressourcen ganz zu schweigen. Dies betrifft auch den Überfall und damit die Abwesenheit einer Kriegserklärung. Fast könnte man meinen, dass sich hinter solchen Maßnahmen eine Angst verbirgt, den Krieg zu verlieren und deswegen auch alles unternommen wird, um viel auf dem Altar des Kriegsgottes Mars zu opfern.
Dass der Mensch, seitdem er denken kann, seine doppelte Natur versteht und gestaltet, zeigt sich an dem Phänomen der Mitleidenschaft (das Wort erhält jetzt eine zusätzliche Dimension, im Sinne von sich wundern, für wen oder was dieser Pilot sein Leben im Kamikaze-Angriff opfert – für einen Gott-Kaiser?).

> *Da ist es [...] Da ist es wieder! sagte sich Pierre und unwillkürlich lief ihm ein kalter Schauder den Rücken entlang. In dem veränderten Gesicht des Korporals, in dem Ton seiner Stimme, in dem aufregenden, betäubenden Rasseln der Trommeln erkannte Pierre jene geheimnisvolle, mitleidslose Macht, die die Menschen zwang, gegen ihren eigenen Willen ihresgleichen zu morden, jene Macht, deren Wirkung er bei der Hinrichtung wahrgenommen hatte. Ein Versuch, dieser Macht auszuweichen, ihr zu entrinnen, sich mit Bitten oder Vorstellungen an die Menschen zu wenden, die dieser Macht als Werkzeuge dienten, war nutzlos. Das wusste Pierre jetzt. Es war nichts anderes möglich, als zu warten und zu dulden.*[115]

Im russisch-ukrainischen Krieg sind noch andere Nationen eingebunden und haben sich einbinden lassen durch Waffenlieferungen, durch logistische Transporthilfe, durch Organisation der Waffenbestellungen und ihrer Transporte, um andere Menschen zu töten. Deutschlands Beteiligung ist immens. Wenn Jan Philipp Reemtsma schrieb: „Der Vorgang des Ertaubens nach dem Urknall

[115] Tolstoi, *Krieg und Frieden*, S. 1321.

– Nationalismus und Nachkrieg als Textmerkmale bei Arno Schmidt“[116], setzt er zunächst die Ereignisse des faschistischen Überfalls „mit seinen Millionen Kriegstoten in Europa“ in Beziehung zum 30jährigen Krieg, der in der Barock-Literatur „hundert Jahre Melancholie, Tod und Vanitas“[117] hervorgerufen hatte. Dies nun bezogen auf den Zweiten Weltkrieg hätte in Deutschland noch viel umfangreichere und tiefere Folgen haben müssen. „Die ganze Geschichte ‚Kühe in Halbtrauer‘ ist ein Cluster von Motiven des Rückzugs und der Abnahme“.[118] Es ist ein Hineinträumen in den Zerfall, die Stille. Nicht mehr aufgefunden. Niemand mehr sehen. Vertrocknen („Halt son Ideal, nich?“ ebd.). Reden wir also nicht von unseren Nachbarn in unserer kleinen Amphiktyonie, den Russen und Ukrainern, reden wir von uns: Das können wir zumal wir gewarnt sind, nicht zuzulassen, dass wir betäubt werden, sondern im Gegenteil, wir scheinen geradezu den Rausch zu benötigen:

> *Ich bin der festen Überzeugung, dass deutsche Soldaten dort, wo im Zweiten Weltkrieg die Hitler-Soldateska gewütet hat, den Konflikt anheizen und nicht deeskalieren würden. Wenn sich die Deutschen erst einmal militärisch einmischen, wird es völlig andere Reaktionen geben. All diese Einsätze und die Debatten darum werden von der Bundesregierung als Türöffner benutzt. Das vereinigte Deutschland soll in seinen außenpolitischen Optionen voll handlungsfähig gemacht werden. Ich wäre froh, wenn die, die das wollen, sich wenigstens nicht andauernd hinter der Humanität verstecken würden, um eben diese Position durchzusetzen.*
>
> *Deutschland hat eine historisch bedingte Sonderrolle, ob einem das gefällt oder nicht. Unter dem Deckmantel supranationaler Organisationen wie Nato, WEU, EU findet derzeit der Rückfall in das 19. Jahrhundert statt. Was ich im Moment sehe, sind massive Bestrebungen in Deutschland für größeren militärischen Handlungsspielraum und gleichzeitig objektive Tendenzen einer europäischen Desintegration. Beides zusammen könnte dieses große Deutschland in der Mitte wieder dahin führen, eine eigene, hochriskante Rolle zu spielen.*[119]

---

[116] Jan Philipp Reemtsma, *Der Vorgang des Ertauben nach dem Urknall*, 1995 Zürich/1998 München, S. 123-62.

[117] Beide ebd, S. 123.

[118] Ebd. S. 146.

[119] Joschka Fischer, An der humanitären Nase in den Krieg geführt, ein unfreiwilliges Vorwort; es besteht aus Kernsätzen, die J. Fischer mit seinem Parteifreund Daniel Cohn-Bendit zum Einsatz deutscher Truppen im ehemaligen Jugoslawien gesprochen hat (Taz, 30.12.1994); in: Jürgen Elsässer, *Nie wieder Krieg ohne uns – Das Kosovo und die deutsche Geopolitik, konkret*, 1999 Hbg., S. 7 f.

Die berühmte nicht block-gebundene Olof-Palme-Kommission enthält in ihrem Katalog die auch hier besprochenen Kriterien, dass Kriege geächtet werden sollten, da sie auch nicht geeignete Instrumente sind, die aufgelisteten Weltprobleme zu lösen.
COMMON SECURITY – A Programme for Disarmament
The Report of the Independent Commission on Disarmament and Secuity Issues under the Chairmanship of Olof Palme (Intrduction by The Rt Hon. Dr David Owen MP, 1982 London, Sidney). Members of the Commission: Arbatov, UdSSR / Bahr, FRG / Brundtland, Norwegen / Cyrankewicz, Polen / Daillet, (suspended in 1982) / Frankreich / Ford, Kanada / Garcia-Robles, Mexiko / Mori, Japan / Muthamma, Indien / Obasanjo, Nigerien / Owen, Großbritannien / Ramphal, Guyana / Salim, Tansania / Soedjatmoko, Indonesien / Joop den Uyl, Niederlande / Vance, USA. Beschreibung/Begründung: Die Kommission ist der Überzeugung, dass es keinen Krieg gibt, der mit Atomwaffen geführt würde.

4.2 Menschen, die im Kriege nicht töten

Bertha von Suttner verdient es natürlich erwähnt zu werden, sie, die in Bewunderung für Florence Nightingale (Krim Krieg) als erste das Rote Kreuz für die im Krieg Verwundeten zu gründen half und auch einen kämpferischen Slogan „Die Waffen nieder!“ proklamierte. Jaurès verdient m.E. die Ehre, den Systemcharakter dessen, was zu bekämpfen verdient, erkannt zu haben. Bertha von Suttner beschreitet mit ihrem Ruf einen anderen Weg: Der Slogan ist eine Aufforderung zur Kapitulation, was für alle, die ihr folgen, tödlich enden kann:

> *Das Staunenswerteste ist – will mich bedünken – dass Menschen einander in solche Lage bringen, - dass Menschen, die so etwas gesehen, nicht kniend hinsinken und den leidenschaftlichen Eid schwören, gegen den Krieg zu kriegen: dass sie nicht – wenn sie Fürsten sind – das Schwert von sich schleudern oder – wenn sie keine Macht besitzen – nicht fortan ihr ganzes Wirken in Wort und Schrift, in denken, Lehren und Handeln dem einen Ziele widmen: Die Waffen nieder!*[120]

Es mag naiv klingen, sich ernsthaft an die „Fürsten“ zu wenden, die doch Urheber der Kriege sind, die aber angesichts der Schrecken des Krieges sich besinnen und den Kapitulationsruf „Die Waffen nieder“ erschallen lassen sollen.
Dennoch gibt es etwas einzuwenden im Sinne von Bertha Suttner: Wer weiß, dass bei Tageslicht ein Schlachtfeld den kämpfenden Parteien gehört, nachts es in der

[120] Bertha von Suttner, *Die Waffen nieder*, 1889 Dresden, 1989 Hamburg, Charleston, S. 204.

Dunkelheit höchstens Leichenfledderer auf dieses Feld sich wagten und wenn irgendwo ein Unvorsichtiger um Hilfe rief, dieser ermordet und beraubt wurde? Wenn über Nacht die Leichenstarre einsetzte, wurden von denen, die das Feld aufzuräumen hatten, am folgenden Tag auch Lebende begraben. Welche Lösung dieser Leiden verdiente noch das Epitheton „human"? Es ist zu vermuten, dass es keine Lösung gibt. Und das aus gutem Grunde.
Das Folgende liest sich „fast" als eine Friedenserklärung von General Kutusow: Nachdem Smolensk brannte, als die Freischärler unter Dawydow ständig den französischen Rückzug auf ihre Weise begleiteten und als Kutusow die letzte Schlacht bei Borodino für Russland entschied, *krümmte sich Kutusow auf dem Sattel zusammen, beugte den Kopf herunter und sein einziges Auge leuchtete in einem milden, anscheinend etwas spöttischen Glanz:*

> *Ich will euch etwas sagen, Brüder. Ich weiß, ihr habt es jetzt schwer; aber was ist zu machen! Habt nur Geduld; es dauert ja nicht mehr lange. Wenn wir unsere Gäste werden hinausbegleitet haben, dann können wir uns erholen. Der Zar wird euch eure Dienste nicht vergessen. Ihr habt es schwer; aber ihr seid doch wenigstens in der Heimat; diese jedoch […] seht, wie weit es mit ihnen gekommen ist! sagte er, auf die Gefangenen weisend. Sie sind elender als die elendsten Bettler! Solange sie stark und mächtig waren, haben wir alle Kraft daran gesetzt, um sie zu besiegen; aber jetzt können wir mit ihnen Mitleid haben und sie schonen. Nicht wahr, Kinder?*[121]

4.3 Resultat der Ära Napoleons des Großen

Der Eindruck drängt sich auf, dass das europäische Theater (in Anlehnung an das „Kriegstheater", „theatre of war", das Schlachtfeld) im 19. Jh. in der Person Napoleon Bonapartes die kriegerischen Auseinandersetzungen nicht mehr begreift als Rangeleien von Nationen. Die Französische Revolution hat – in der Rezeption der Monarchien einen Nationen überwindenden Geist zugunsten eines imperialen verdrängt.

> *Als wollten sie einen Vorversuch machen und sich auf die bevorstehende Bewegung vorbereiten, strebten die Westmächte zu wiederholten Malen in den Jahren 1805, 1806, 1807, 1809 nach Osten, mit immer stärkerer Wucht und wachsender Masse. Im Jahre 1811 fließt die Menschengruppe, die sich in Frankreich gebildet hat, mit den mitteleuropäischen Völkern zu einer einzigen, gewaltigen Gruppe zusammen. Gleichzeitig mit der Vergrößerung dieser Menschengruppe entwickelt sich die Kraft des an der Spitze dieser Bewegung stehen-*

[121] Tolstoi, *Krieg und Frieden*, S. 1416.

den Mannes, alles zu verantworten. In der zehnjährigen Vorbereitungszeit, die der großen Bewegung vorangeht, kommt dieser Mann mit allen gekrönten Häuptern Europas zusammen.

Polemisch könnte gesagt werden, dass die gedemütigten Herren der Welt dem sinnlosen Ideal von Ruhm und Größe kein vernünftiges Ideal gegenüberstellen.

Wetteifernd suchen sie, ihm [Napoleon] ihre Nichtigkeit zu zeigen. Der König von Preußen schickt seine Gemahlin hin, damit sie die Gnade des großen Mannes erschmeichle; der Kaiser von Österreich erachtet es als eine besondere Huld, dass dieser Mensch die Kaisertochter in sein Ehebett nimmt; der Papst, der Hüter des Heiligtums der Völker, wirkt dienstbereit mit seiner Religion zur Erhöhung des großen Mannes mit […] Und nicht nur er ist groß, sondern groß sind auch seine Vorfahren, seine Brüder, seine Stiefsöhne und Schwäger. Es geschieht alles, um ihn der letzten Verstandeskraft zu berauben und ihn zu seiner furchtbaren Rolle vorzubereiten. Und da er selbst bereit ist, sind auch seine Streitkräfte bereit.[122]

Nehmen wir Jaurès mit seiner im Prinzip richtigen Erklärung des Krieges an „den Krieg" ernst, so kann dies nur in einem humanistischen Geiste geschehen. Dann müssten die „neuen Waffen zur Bekämpfung des Krieges" befragt und ihre Tauglichkeit geprüft werden. Wie sind jedoch die universitären Disziplinen, die sich den Antworten auf die Fragen widmen, beschaffen? Einen „Krieg dem Kriege" vorbereiten, erfordert, eine Musterung der vorhandenen Kräfte vorzunehmen, soll endlich der „Ewige Frieden" eingerichtet werden können.
Wenn ethische Studien erstellt werden sollen, dies aber lediglich im Aufspüren von Ethiken in den klassischen Philosophien betrieben wird, schließen sich die universitären Antworten auf Probleme unserer Gegenwart aus. Das Studium der Klassiker ist eine Weise, seinen Lebensunterhalt zu verdienen, von der zumindest keine Seite behaupten kann, sie richte irgendeinen Schaden an.
Zu den oben genannten „Kräften" müssten humanistische Reflexionen und Handlungen gerechnet werden, mit denen sich auf seine unnachahmliche und stimulierende Weise der Literatur-Nobelpreisträger von 2003, John Maxwell Coetzee, auseinandergesetzt hat. Es führt m.E. kein Weg an ihm vorbei. Allerdings „lehrt" er weniger, als dass er seine Leser „selbst entdecken" lässt, wie er für eine solche humane Aufgabe gewonnen werden kann. In seinem Vortrag *The Humanities in Africa* (*Die Geisteswissenschaften in Afrika* von 2001) lässt er seine von einer südafrikanischen Universität geehrte Protagonistin, Sister Bri-

[122] Beide Zitate: Tolstoi, S. 1475.

gitte Costello (Blanche), die Verwaltungsleiterin eines Krankenhauses (Marianhill) ist, zu einem Vortrag von ihrer Schwester, Elisabeth Costello (Autorin, in Australien lebend) begleitet wird, diesem akademischen Kollegium aus Anlass der gleichzeitigen Ehrung der Graduierten sagen:

> *Timeo Danaos et Dona ferentes*[123] *Die Gaben, die die Männer aus dem Osten mitbrachten, bestanden nicht nur in Grammatiken der griechischen Sprache, sondern auch in Texten von Autoren der griechischen Antike. Die linguistische Kompetenz, die auf das griechische Neue Testament angewendet werden sollte, konnte nur vervollkommnet werden, indem man sich in diese verführerischen vorchristlichen Texte vertiefte. Im Handumdrehen war, wie man leicht erwarten konnte, das Studium jener Texte, die man später die Klassiker nennen sollte, zu einem Selbstzweck geworden.*
> *Die Botschaft, die ich Ihnen bringe, lautet, dass Sie Ihren Weg vor langer Zeit verloren haben, vielleicht schon vor fünfhundert Jahren. Die Handvoll Männer, von denen die Bewegung ihre ihren Ausgang nahm, deren trauriges Ende Sie, so fürchte ich, verkörpern – jene Männer waren zumindest am Anfang von der Absicht beseelt, das Wahre Wort zu finden, das sie damals – wie ich heute – als das erlösende Wort verstanden […]*
> *In unserer Zeit geben wir uns eher verzweifelt mit der Übereinkunft zufrieden, dass das Studium der Klassiker an sich eine Lebensweise anbieten mag, oder, wenn nicht eine Lebensweise, zumindest eine Weise, seinen Lebensunterhalt zu verdienen, von der, wenn man schon nicht beweisen kann, dass sie irgendetwas Gutes bewirkt, zumindest keine Seite behaupten kann, sie richte irgendeinen Schaden an.*[124]

Mitten in den ausgetauschten Argumenten über Genese und Entwicklungsgeschichte der studia humana (oder humanitatis) lässt Coetzee so diskret wie nur irgend möglich die Bemerkung fallen, dass in dem kulturellen Schwung, den

---

[123] Übers.: *Ich fürchte die Danaer und ihre Geschenke.* Der Trojanische Krieg: Die Griechen griffen die in Kleinasien liegende Stadt Troja an (Raub der Helena als Grund bzw. als Auslöser). Die Trojaner bezeichneten die Griechen als Danaer. Diese versuchten den Sieg über Troja mit einer List zu bewirken. Sie bestiegen ihre Schiffe, nachdem sie zuvor das „Trojanische Pferd“ als „Abschiedsgeschenk“ zurückließen. In seinem Inneren waren aber griechische Helden verborgen, die bei Gelegenheit, wenn das Pferd in die Stadt gebracht würde, das zu niedrige Stadttor abgerissen würden, herauskommen und dem Kriegsgeschehen die Wende bringen sollten.

[124] Coetzee, *The Humanities in Africa*, S. 32 f.; engl. und dt. *Die Geisteswissenschaften in Afrika*, 2001 München (Siemens-Stiftung).

Hellenismus zu propagieren und weltweit zu verankern, dass all dies betrieben würde von den „jungen Männern aus Oxford und Cambridge und St. Cyr".[125] Nun sind die beiden Universitätsstädte weltberühmt als Schulen des britischen Geistes, der auch in Südafrika nicht untätig war – auf seine Weise. Aber St. Cyr oder Saint-Cyr, Guer in Coetquidan, s.w.o. ist später auch als Ausbildungsinstitution für die französische Kolonialarmee von zentraler Bedeutung als Militärschmiede der französischen Elite. Die Geisteswissenschaften stehen immer im Lichtkegel interessierter Institutionen und Ideologien. Was Schwester Blanche äußert, ist keine Perspektive für die Menschheit, die Elend, Krankheit, Diskriminierung und dies Ganze in Kriegen bündelt, noch vorhat zu beseitigen. Was ihre Schwester, die Schriftstellerin betrifft, so wird sie gesteuert von einer Resignation, dass sie Geschichten verkaufen muss, um zu überleben. Coetzee gibt keine Antwort, da wir Leser sind, in der Regel ziemlich gebildet, wenn wir uns linguistischen oder kulturellen Phänomenen widmen und dies reizvoll finden. Coetzee zeigt auf die Schwarze Wolke, die von den Saint-Cyrs oder Sandhursts (GB; Motto: Serve to Lead, Diene um zu führen) oder West Points (United States Military Academy, USA; Motto: Duty, Honor, Country, Pflicht, Ehre, Vaterland) dieser Welt zu uns herüberdrohen. Es scheint, dass Coetzee wohlüberlegt einen seelischen Zustand von Autor, Literaturwissenschaftler und Leser erfasst mit den Worten:

Seele mit dem Hunger einer Seele.[126]

Was diesen Hunger heute zu stillen vermag, ist keine leichte und auch keine schwierige Aufgabe. Entertainment, Witz und Leichtigkeit dürfen als Aspekte von Literatur nicht fehlen. Vertrautheit mit dem Grund in den Interessantes eingebettet wird, kann Hunger stillen. „Helden", wie Joseph der Kunsthandwerker, erliegen keinem Wahn. Seine Arbeit geschieht unter einem Motto, das Blanche aufgegriffen hat als Motto ihres beschützenden Zusammenlebens.
Solche Kommunen sind mit Sicherheit von großer Bedeutung für Südafrika. Auch in Deutschland gibt es Elend, nicht nur materielles. Dieser Joseph hat sich Jesus als lebendigen Menschen in Agonie[127] zum Vorbild gewählt. Diese Wahl darf nicht als wahnhaft diskriminiert werden. Sie bietet vermutlich Trost, aber keine Perspektive, der Agonie zu entkommen. So war und so ist aus einer bestimmten Perspektive für eine bestimmte Zeit die südafrikanische Realität.[128]

[125] *The Humanities*, S. 78.
[126] *The Humanities*, S. 46.
[127] Ebd. S. 68.
[128] Ebd. S. 32.

Coetzee unternimmt es, am Beispiel von Erasmus von Rotterdams Werk *Das Lob der Torheit*, die anvisierte „Denunziation des Wahnsinns" zu konkretisieren. Es fällt Coetzee nicht leicht, da Erasmus zaudert und eventuell gar kokettiert mit der Annahme einer Rolle eines Hofnarren, um sich nicht festzulegen im Streit der Reformatoren (Luther, Calvin, Hus et al.), was ja nicht unbedingt mit dem psychiatrischen Konstrukt des Wahnsinns zu erfassen ist.[129] Die einfachste und m.E. überzeugendste Lesart wäre die, dass Erasmus sich angesichts der immer höher schlagenden Wellen der kirchlichen Dispute und des Drucks, wie er besonders von Luther ausgeübt wurde, um ihn, Erasmus, im Streit auf seine Seite zu ziehen, Zwang auf seine Gelehrtenfreiheit ausgeübt wird, was er im Grunde seines Wesens hasst. Partei ergreifen ist Anathema. Sein Ideal ist der stille Gelehrte. Aber diese Bescheidenheit oder Nicht-Involviertheit in die Realität hat ihren Preis:

> *Kaum kann je ein Friede so ungerecht sein, dass er nicht besser wäre als selbst der gerechteste Krieg.*
> *Erwäge vorher einzeln (sic!), was ein Krieg wohl fordert oder einbringt und du magst erkennen, wieweit der Gewinn ginge. Der Papst in Rom hat die höchste Autorität. Aber wenn die Völker, wenn die Herrscher in gottlose Kriegstumulte geraten und das jahrelang, wo ist dann die Autorität des Papstes, wo die Christo nächstfolgende Herrschaft? Hier wäre sie gewiss an den Tag zu legen, würden die Päpste nicht selbst von ähnlichen Leidenschaften (sic!) beherrscht. Ruft der Papst zum Krieg, wird pariert. Ruft derselbe zum Frieden (sic!), warum wird nicht ebenso Folge geleistet?*
> *Echter Friede besteht nicht aus Verschwägerungen noch Bündnissen, aus welchen wir häufig Kriege entstehen sehen. Beseitigt werden müssen die Quellen selbst, aus denen das Übel da sprudelt, verkehrte Begierden erzeugen diesen Tumult.*[130]

Erasmus bedient das einfache Muster des Gelehrten: Abstrakt bleiben, keine genauen Begriffe verwenden, „Ross und Reiter" nicht nennen, vage und vieldeutig sein. Er will keinesfalls von Leidenschaften und Begierden abhängig sein, keine Parteilichkeit, kein Herz! Die Wissenschaft bleibt einfach und abstrakt, wenn sie ohne Bezug zur materiellen Realität der komplexen Ursachen mit ihren variierenden Wirkungen gedacht wird. Es ist erschreckend, wie ähnlich

---

[129] Stefan Zweig, *Triumph und Tragik des Erasmus von Rotterdam*, 2016 Köln; Johan Huizinga, *Erasmus und Luther*, 2016 München, Regensburg, Würzburg, Kevelaer et al.; Erasmus von Rotterdam, *Das Lob der Torheit*, 1985 Dresden; Erasmus von Rotterdam, *Die Klage des Friedens*, (1984) 1985 München;
[130] Erasmus, ebd. S. 80.

dieser Gelehrte dem von Coetzee gezeichneten fünfhundert Jahre später lebenden Kollegium der Geisteswissenschaftlichen Fakultät (*studia humanitatis*) ist. Erasmus von Rotterdam wollte seine geistige Unabhängigkeit gewahrt wissen und auch nicht Martin Luther Verbindliches zusagen, so dass immer ein Fluchtweg offenbleibt, auf dem er sich zurückziehen könnte, sollte er gezwungen sein, für irgendeine Äußerung verantwortlich gemacht zu werden.[131] Die Kontroversen zwischen den weltlichen und geistlichen Obrigkeiten scheinen eine Parteinahme zu verlangen, besonders, da die Bauernhaufen, wie schon von Erasmus zutreffend dargestellt, nicht nur in Kriegszeiten die wahren Leidtragenden sind. Der kämpferische Reformator Luther schlug sich auf die Seite der Autoritäten und hieb auf die Bauern ein. Luthers Handlungen und Äußerungen wurden von Erasmus nicht gegeißelt. Über die südafrikanischen Professoren wurde gesagt, dass sie nach ihrem Rückzug aus der Realität in die sicheren akademischen Gefilde keinen Schaden anrichteten. Erasmus hatte gezeigt, dass die Institution der Wissenschaften ein idealer Ort ist, ohne eine Parteilichkeit neutral zu bleiben. Die Universität ist ein Hort, also ein Garten, in dem es sich angenehm einrichten lässt, wenn die ihn umgebenden Mauern hoch genug sind, um Eindringlinge abzuschrecken. Erasmus hat diese gesellschaftliche Position der Wissenschaften präpariert. Wie müssen die Rahmenbedingungen einer derartigen Existenz beschaffen sein, also wie muss das Außerhalb des paradiesischen Gartens beschaffen sein und ist eine Wechselwirkung zwischen den beiden Hemisphären der Welt anzunehmen?

4.4 Pädagogik und Krieg

Tolstoi förderte die Bauernbefreiung, das Ende der Leibeigenschaft und wusste als Großgrundbesitzer, dass sich besonders in Kriegszeiten die sozialen Unterschiede verschärfen und am härtesten die Bauern betroffen sind. So war er auch bemüht, (an die vierzig) Schulen für die Kinder (auch erwachsene Analphabeten konnten teilnehmen) einzurichten. Damit nicht genug: Es stellte sich bald heraus, dass die herrschende Pädagogik unzureichend war zur Heranbildung von Menschen, die bislang erzogen worden waren, wie Leibeigene zu leben, dies Leben zu akzeptieren und zu denken. Ihr Leben fand unter der Knute statt. Zu diesem Zweck, Progressives von anderen Systemen zu lernen, bereiste er mit Unterbrechungen fast zwei Jahre lang Europa, um das europäische

[131] Vgl. Luthers Kampfschriften: *Eine treue Vermahnung zu allen Christen, sich zu hüten vor Aufruhr und Empörung* von 1522 sowie *Wider den räuberischen und mörderischen Rotten der Bauern* von 1525.

Schulwesen näher kennen zu lernen. Er war meist nicht begeistert von dem, was er sah. Es mussten neue Konzepte entwickelt werden. Diese neuen Ideen inspirierten Pädagogen der zu seiner Zeit fortschrittlichen Reformpädagogik und machten sich in Europa und besonders in den USA als Free-School-Bewegung (man denke an John Dewey) einen Namen.[132]
Probleme der Reformpädagogik manifestieren sich, allgemein gesprochen, in einer Lösung des Widerspruchs von „Zwang" versus „Freiheit", wobei letztere den Vorrang haben muss, da eine Verankerung von Gelerntem nur eine Aktivität in Freiheit sein und nur vom Subjekt ausgehen kann. Dieses bewertet, was festgehalten werden soll. Es muss möglichst markant sein oder so konditioniert werden, dass ein Automatismus erzeugt wird, was eine andere Variante des Bedeutsamen ist und es muss ebenfalls ein aktives (meist bewusstes) Speichern erfolgen. Es sei allen Reformpädagogen und ihren Einrichtungen (vom Hauslehrer der adeligen Familie bis zur Lernrealität von Grundschulschülern) unterstellt, dass kein Zwang ausgeübt wird, was, wann und in welcher Folge pädagogisches Tun stattfinden soll. Die Schüler in Tolstois Schulen fanden offenbar alles als relevant für sie und so kamen sie noch nicht einmal zu spät zur Schule. Die Schulzeit erstreckte sich über fast den ganzen hellen Tag. Nichts ist über ca. 200 Jahre und mehrere Klimazonen und Sprachbarrieren hinweg beständig. Dass Tolstois Schüler gerne auch äußerst lange Zeiten in der Schule verbrachten, beweist nicht, dass es außerhalb der Schule für sie nur ein unerträgliches Leben gab. Auch gibt es keine Qualifikation der Lehrkräfte, dass sie so genial ausgebildet gewesen wären, in jeder Lage den Unterricht dergestalt zu betreuen, dass alles in Freiheit geschah und die Schüler mit Begeisterung die Dialektik der sozialen Beziehung erfuhren, dass sie nämlich selbst andere bereichern und zugleich von anderen bereichert werden. Es gibt frühe Begabungen, die eine aufwändige Pflege beanspruchen (Musik, Sport, Mathematik). Das wirft das Problem auf, dass in der Schulzeit auch ein bestimmtes Wissen um ein *Weltbild* erworben werden sollte, eine Norm, die die Schulkinder *nicht* selbst gesetzt haben werden. Dies nun führt zu dem weitaus gravierenderen Problem, dass es auch gute Gründe geben kann, die Schule überhaupt zu meiden. Werden diese beiden Probleme nicht einer Lösung zugeführt, dann kann ehrlicherweise nicht von einer Freiheit des Handelns der Schüler die Rede sein. Angenommen ein Kind im Grundschulalter hat sich eine Pianistin, einen Pianisten zum Vorbild

---

[132] Tolstoj, Leo N., *Pädagogische Schriften*, dt. Hrg. R. Löwenfeld, 2 Bände, 1911 Jena (Hrg. Th. Rutt, 1960 Paderborn); Froese, Leonhard, *Russische und sowjetische Pädagogik*, 2. Aufl. 1963 Heidelberg; Tolstoj, Leo N., *Die Schule von Jasnaja Poljana*, 2. Aufl. 1980 Köln, Düsseldorf; Oberländer, Erwin, *Tolstoj und die revolutionäre Bewegung*, 1965 München, Salzburg; Dewey, John, *The Later Works*, 1925-1953, Volume 3: *Essays, Reviews, Miscellany, and „Impressions of Soviet Russia"* 1927-1928, 1984 Carbondale, USA.

gemacht, stellt an sich selbst auch derart hohe Anforderungen (ein hohes Maß von Übungsstunden) und ist gewillt, auch jede freie Minute zum Üben zu verwenden, so könnte dieses Kind kaum einen befriedigenden Schulabschluss erlangen, dass eine künftige, auch befriedigende Arbeitssituation erreicht werden könnte. Auch einem ehrgeizigen Sportler erginge es ähnlich: Mit einer Verletzung könnte seine Karriere beendet sein und die berufliche Zukunft beeinträchtigt werden. Ob es sich um Kinder oder Erwachsene handelt, das Erreichen eines in Freiheit formulierten Ziel geht stets auch mit Begrenzungen einher. Die Grenzen stoßen an die gesellschaftlichen Realitäten, Vorbereitungen auf ein Berufsleben treffen zu müssen, um nicht in Zukunft von karitativen Zuwendungen abhängig zu sein.

Es ist ein Irrtum zu glauben, wer Gewalt anwende, sei auch Militarist und wer sich nicht wehre, sei Pazifist. Sich nicht wehren, kann vom Aggressor als Ermunterung verstanden werden, so weiterzumachen wie bisher. Und Handlungsautomatismen trainieren, kann nicht nur angemessen sein im Kriege, sondern auch bei privaten Machtkonstellationen. Diese Art der Lernprozesse, die vonnöten sein können in Situationen, da reflexhaft reagiert werden muss, ist ambivalent: geeignet oder ungeeignet für eine aggressive wie eine pazifizierende Handlung. Beide Formen von Handlungen müssen gelernt werden, da sonst die Gefahr dieser Reflexhandlungen passieren können: „Ich und jedermann weiß es auch / Was Schulkinder lernen / ist, dass solche Kinder, die Böses erfahren haben / dies mit Bösem vergelten werden.“[133] Sicher ist, dass es keine „instinktgesteuerte“ Handlung gibt, (unbekannte) Menschen zu töten. Das muss erst gelernt werden. Die Thematik Macht und Gewalt verfolgt uns als eine politische (man denke an Jaurès), ideologische (auch von Suttner), sozialpsychologische (Piaget und Reemtsma und Luhmann) etc., dass auch hier – so hat es den Anschein – die jeweils einfachste Handlung die härteste und oft unmenschliche ist, wohingegen das Denken – man mag zu Hegel stehen, wie man möchte – die vielfältigen Reflexionsanstrengungen verlangt. Es ist ein Zerren ohne gewissen Ausgang auch im täglichen Geschäft. Wieviel einfacher doch die große Drohung mit starken Beschützern ist: Wenn Herkules mein Freund ist, fühle ich mich geborgen, denn er hat schließlich unbesiegbare Monster erschlagen.

[133] I and the public know / What all schoolchildren learn, / Those to whom evil is done / Do evil in return. (Übers., Re.; W.H. Auden, „September 1, 1939“)

4.5 Dexiosis: Verbindung von staatlicher und geistlicher Macht

Woran schon vor der Existenz des Seleukidenreichs gearbeitet wurde und bis heute noch wird, ist das Konstrukt des Staates: Ein weltlicher Herrscher wendet sich auf Augenhöhe dem Halbgott Herakles zu (an seinem typischen Attribut, dem Fell des von Herakles besiegten unverwundbaren Nemeischen Löwen und ebenfalls an seiner Keule zu erkennen). Es ist eine Begrüßungsszene: *Dexiosis*, die rechten Hände der beiden Gleichgroßen – Herakles und Antiochus II. (261-246 v.u.Z.) – umschließen einander. Wer würde es wagen, sich einem solchen Machtbündnis zu widersetzen? Diese „Freundschaft" ist geschmiedet zu beidseitigem Vorteil, zur Absicherung der weltlichen und der geistlichen Macht. Diese Machtfülle wird proportional zu den Kräften benötigt, die die Macht des Staates bedrohen, von außen oder von innen.

Abbildung 8: Herakles und Antiochus II. (261-246), Kommagene.

Allianzen sind die einfachsten und deshalb ältesten und vornehmlichen Mittel der Machtausübung. Angereichert werden die Mittel um solche der Strategie und Taktik. Die schon proto-wissenschaftlich betriebene Entwicklung von Kriegsmaschinen fand zuerst in China statt: Kompass und Schießpulver (11. Jhs.) sowie Streitwagen (Bronzezeit in den asiatischen Steppenkulturen). In der

frühen Neuzeit versuchten Künstler (vgl. Leonardo da Vincis Brief an den Herzog Ludovico il Moro von 1482) Techniken der Natur zu imitieren und ihren Herrschern anzudienen; bekannt sind Leonardos Flugmaschinen, die aber nicht fliegen konnten oder Belagerungsmaschinen, die sich kaum bewegen ließen. Leonardo kannte und entwickelte auch keine Studien der Verwirbelung und des dynamischen Auftriebs. So mussten die Piloten das tun, was u.a. auch Vögel taten: mit den Flügeln die Luft schlagen, was ohne Auftrieb abstürzen lässt. In der Renaissance gab es kaum einen Künstler, der sich nicht sein Brot mit der Planung von Verteidigungsanlagen und Militärgerät verdienen musste. Die wissenschaftlich betriebene Kriegstechnik musste warten auf die Fortschritte in der Mathematik (Descartes, Leibniz), bevor Staaten mit einem wissenschaftlich-militärisch gebildeten Kader, Gegner effizienter bekriegen konnten.
Die Frage von Krieg und Frieden blieb weitgehend eine politische Frage der Herrschaft. Also ersann man sich Herrschaftstechniken (vgl. Machiavellis Ausführungen zum Herrschen). Die abstrakte sinnliche Erfahrung, die „Regungen des Seelenlebens“ sollen hinreichend das Kriegsgeschehen erklären und begründen. Dass dies alles Unsinn ist und dass man solchen Unsinn auch heute noch hören kann, belegt nur das Bedürfnis, mit den einfachsten, allen Menschen vertrauten Beschreibungen das Weltgeschehen zu erklären und womöglich zu gestalten. Tieferliegende soziale, ökonomische, historische oder andere Motive erfordern differenziertere Weltbilder, mit denen man dann ein Verstehen von komplexeren Realitäten anstoßen würde. Und dazu gehört auch eine entsprechende Sprache.
Interlinguistik wird die Wissenschaft genannt, die sich damit beschäftigt, wie fehlerhafte Sprache Missverstehen entstehen lässt. So mag es einsichtig sein, dass es im Ersten Weltkrieg zu einem Moment der Kriegführung gehörte, den Gegner auf möglichst üble Weise zu diffamieren. So wurde der Erbfeind der Deutschen, also der Franzose schlechthin, zum Kannibalen, denn er ernährte sich von Menschenleichen. Das lateinische Wort „cadaver“ bedeutete in der römischen Sprache „Tierleiche“ und drang so auch in die französische Sprache ein (cadavre). Im Deutschen wandelte sich die Bedeutung allerdings zur „(Menschen-)Leiche“, so dass die deutsche Bevölkerung genau seit 1914 darüber aufgeklärt wurde, wie es in Wahrheit um die perversen Nachbarn bestellt war. Man musste auch eventuell nur z.B. Senegalesen in französischer Uniform abbilden, um diese Entdeckung noch glaubhafter werden zu lassen.[134] Nach

[134] Wie auch im 20. Jh. mit der irreführenden Sprache des Schein-Widerspruchs von „Zivilisation und Barbarei“ umgegangen wurde und noch wird, verdeutlicht Coetzee's Werk, *Waiting for the Barbarians*, NY 1980, pointiert charakterisiert von Nadine Gordimer: *„J.M. Coetzee's vision goes to the nerve-centre of Being. What he finds there is more than most people will ever know about themselves. And he conveys it with a brilliant writer's mastery of tension*

dem Zweiten Weltkrieg und besonders im Vietnamkrieg wurden die gefallenen US-amerikanischen Soldaten in „bodybags" zurück in die USA geflogen. Das Wort setzte sich bei jugendlichen Touristen durch in der Bedeutung von Rucksack. Solche Möglichkeiten, mit der eigenen oder fremden Sprache auf erhellende Weise besonders in sensiblen Krisenzeiten, also Kriegszeiten, umzugehen, erstaunt nicht. Wichtig ist dabei das Einüben von Diffamierungen, denen kaum widersprochen werden dürfte, denn die Logik erfordert ja geradezu einzusehen, dass der Feind schon sehr böse sein muss, da er uns ja bekämpft – die Deutschen sind eben *keine* Kannibalen. Das ist die Logik des quid-pro-quo in seiner soziologischen und spieltheoretischen Variante: Demnach ist es ein mögliches (versehentliches oder absichtliches) Vertauschen wie bei Ursache und Wirkung. Schon bei mittelalterlichen Hexenprozessen wurde entsprechend operiert: Die Tatsache, dass Frau X eine Hexe ist, ist daran zu erkennen, dass sie durch das Feuer stirbt. Wäre sie keine Hexe, würde die Prüfung anders ausfallen. Stirbt ein Verdächtiger, ist er schuldig gewesen, stirbt er oder sie nicht, dann hat Gottes Hand interveniert. Nicht nur in der kämpferischen Reformationszeit kritisierten in Wort und Tat die Bauernhaufen, dass Bischöfe, Prälaten etc. sehr reich waren, wofür sich eigentlich Christen schämen müssten. Die Antwort lautete: im Gegenteil. Ihre christliche Überzeugung verlangt von ihnen, Mildtätigkeit und Caritas zu üben. Wie könnten sie dieser Pflicht nachkommen, wenn sie nicht entsprechend vermögend wären? Eine interessante Frage!

Die „falschen Freunde" sind gefährliche Gegner. Hinter ihnen lauern jedoch noch gefährlichere Drahtzieher: Es sind Kräfte, Personengruppen, die an der Spaltung des sozialen Körpers der Gemeinschaften Interesse haben als Vorbedingung dafür, partikulare Machtentfaltungen durchzusetzen. Eine der immer noch wirksamen Strategien ist die völkische, die unter der behaupteten Gleichheit der Gesellschaftsmitglieder ungleiche Rechte der Geschlechter oder des Grund- und Bodenbesitzers oder der Religionsauffassung etc. praktizieren, um gleichsam „durch die Hintertür", indirekt, die Herrschaftsausübung einer vermeintlich wertvolleren, höherrangigen Gruppe zu legitimieren.

4.6 Philosophie (Hegel)

Der philosophische Geist ist klug und vor allem apodiktisch. Letzteres ist nichts anderes, als etwas als wahr zu behaupten. In den USA, besonders in Manhattan, haben die Wolkenkratzer keine 13. Etage. Auch das Empire State Building

---

and elegance" (Umschlag 1).

mit seinen 102 Etagen hat keine 13. Das könnte nur bedeuten, dass die vernunftbegabten, aufgeklärten Bewohner dieser Häuser auch so pragmatisch eingestellt sind, dass sie sich auch extrem widersprüchlichen Meinungen, Gepflogenheiten, Usancen etc. anschmiegen können.
Damit verlagert man schon das Problem aus dem logischen in den sprachlichen und sozialen, letztlich auch u.U. in den psychologischen Bereich. Es ist wieder die Sprache, die mit ihrer Häufung der Möglichkeitsformen verrät, dass Fiktives Realität werden könnte und *deshalb* Fiktives tatsächlich wirksam werden kann. Das Fiktive wird aber nicht *deshalb* zur Realität, sondern ganz im Gegenteil, Fiktives kann als Fiktives, eben weil es nicht real ist, zur Realität werden oder in sie eingreifen. In unserer Zeit mit den in der Anzahl nie geahnten vielfachen individuellen Meinungen und den vielen Medien gibt es kaum noch etwas, das als wahr akzeptiert oder zumindest als möglich respektiert wird – getreu dem italienischen Sprichwort: „Se non è vero“ – wenn es schon nicht wahr ist – „è ben trovato“ – so ist es doch gut ausgedacht. Wenn etwas nicht spontan einsichtig und bekannt und auch im Lese- oder Gesprächspartner keine Antwort findet, muss es noch erklärt werden. Wenn aber etwas erklärt werden soll, ist die Skepsis schon im Vorhinein berechtigt. Es geht nicht an, dass es jemanden geben soll (am besten noch einen Pädagogen bzw. im schlimmsten Fall), der einem etwas erklären soll – diese fortschrittlich-kritische Erkenntnis hatte schon Hegel geliefert. In der kleinen Schrift *Wer denkt abstrakt?* von 1807 heißt es:

> *Denken? Abstrakt? – Sauve qui peut! Rette sich, wer kann! So höre ich schon einen vom Feinde erkauften Verräter ausrufen, der diesen Aufsatz dafür ausschreit, dass hier von Metaphysik die Rede sein werde, denn Metaphysik ist das Wort, wie abstrakt und beinahe auch Denken, vor dem jeder mehr oder minder wie vor einem mit der Pest Behafteten davonläuft.*
> *Es ist aber nicht so bös gemeint, dass, was denken und was abstrakt sei, hier erklärt werden sollte. Der schönen Welt ist nichts so unerträglich als das Erklären. Mir selbst ist es schrecklich genug, wenn einer zu erklären anfängt, denn zur Not verstehe ich alles selbst. Hier zeigte sich die Erklärung des Denkens und des Abstrakten ohnehin schon als völlig überflüssig; denn gerade nur, weil die schöne Welt schon weiß, was das Abstrakte ist, flieht sie davor. Wie man das nicht begehrt, was man nicht kennt, so kann man es auch nicht hassen.*
> *Auch wird es nicht darauf angelegt, hinterlistigerweise die schöne Welt mit dem Denken oder dem Abstrakten versöhnen zu wollen; etwa dass unter dem Scheine einer leichten Konversation das Denken und das Abstrakte eingeschwärzt werden sollte, so dass es unbekannterweise und ohne eben einen Abscheu erweckt zu haben, sich in die Gesellschaft eingeschlichen (hätte) und gar von der Gesell-*

schaft selbst unmerklich hereingezogen oder, wie die Schwaben sich ausdrücken, hereinge-zäunselt worden wäre und nun der Autor dieser Verwicklung diesen sonst fremden Gast, nämlich das Abstrakte, aufdeckte, den die ganze Gesellschaft unter einem anderen Titel als einen guten Bekannten behandelt und anerkannt hätte. Solche Erkennungsszenen, wodurch die Welt wider Willen belehrt werden soll, haben den nicht zu entschuldigenden Fehler an sich, dass sie zugleich beschämen und der Machinist sich einen kleinen Ruhm erkünsteln wollte, so dass jene Beschämung und diese Eitelkeit die Wirkung aufheben, denn sie stoßen eine um diesen Preis erkaufte Belehrung vielmehr wieder hinweg.[135]

Hegel jongliert mit Zuschreibungen von bestimmten Personen als Sinnbilder der Aneignung von geistigen Prozessen. Die Frage „Wer denkt abstrakt?" soll beantwortet werden, was denn auch Hegel tut, indem er behauptet, dass in Wahrheit ein jeder, auch, und gerade der, der wenig Bildung durchgemacht hatte, abstrakt denkt. Dazu sind die zu rechnen, welche ihre Schulbildung schon hinter sich haben und glauben, sie wüssten nun alles, was es in dem Kanon gegeben hatte. Diese sind immun gegen weitere Zumutungen, sich ausgerechnet solch trockenen Bereichen wie der Logik zu widmen. Wichtiger, so meint Hegel, wäre es, würde der Schüler an seinem eigenen Sprachverhalten merken, dass er „abstraktes Denken" sehr wohl kenne und mit ihm sogar täglich Umgang habe.

„Metaphysik" klingt Nicht-Philosophen wie ein Wort einer Geheimwissenschaft. Dass mit diesem Bereich des Denkens und Erkennens das sei, so die schlichte Erklärung (sic!), was nicht-materieller Art sein soll, also Geistiges, wie etwa die Bedeutung eines Wortes, wäre leicht einzusehen – vielleicht „zu leicht", weil man dann andere Intentionen vermutet. Somit verfügen Schüler wie Gelehrte sehr wohl um den abstrakten Anfang des Geistigen. Allein diejenigen, die meinen, schon ausreichend gebildet zu sein und damit auch keine Erklärungen brauchen, sind selbstgenügsame und in Wahrheit schlichte Geister.

Das „Bewusstsein", so Hegel in der Vorrede zur Phänomenologie des Geistes, „hat diese zwei Momente, des Wissens und der dem Wissen negativen Gegenständlichkeiten"[136] (d.h. sie sind nicht das Bewusstsein; Re.). Hegel spricht von einer Tätigkeit des Geistes, wenn das Bewusstsein sich diese Gegenstände aneignet. Dann kann auch davon gesprochen werden, wie diese Aneignung geschieht und welche Resultate sie hat: Es kann von wahr und falsch die Rede sein: „Das Wahre und Falsche gehört zu den bestimmten Gedanken. Die bewe-

[135] G.W.F. Hegel, *Werke in 20 Bänden, Band 2, Jenaer Schriften 1801-1807*, S. 575 f.
[136] Ebd. S. 32 f.

gungslos für eigne Wesen gelten, deren eines drüben, das andre hüben ohne Gemeinschaft mit dem andern isoliert und fest steht. […] Noch gibt es ein Falsches, so wenig es ein Böses gibt."[137] Dieses alte und etwas ungewohnte Vokabular Hegels verweist auf ganz handfeste Lösungen für unseren Aneignungsprozess, die uns äußerlichen Gegenstände (der äußeren Natur, der astronomischen Objekte, der Meinungen anderer Subjekte etc.) zu unsrigen Gegenständen zu machen (wie wir z.B. mit einer zunächst anderen, fremden Meinung umgehen). Wenden wir uns dem Satz zu, dass es kein Böses gäbe. Der Kontext ist allerdings der, dass es kein Böses gibt, wenn es außerhalb eines Aneignungsprozesses durch den Menschen verortet wird. Genau dies ist der Fall der fehlerhaften (Menschen machen die Fehler) Abstraktion des Bösen (oder der verwunschenen 13. Etage und ganz selbstverständlich der unglückbringenden Zahl 13, besonders in Kombination mit einem Freitag; es sind Menschen aus dem Rheinland bekannt, die exakt zu Beginn der Karnevalszeit fröhlich werden). Will man das Wahre, das Ungeschminkte, reine, nicht durch schmuddelige Hände verunreinigte Wahre, dann wäre das Wahre eine „ungeprägte Münze", was nichts anderes als ein Widerspruch in sich sein kann: Eine Münze ist ein Gegenstand, der sich, salopp ausgedrückt, auf dem Markt bewegen kann. Ist dieser silberne Gegenstand geprägt, ist er zu einer Münze geworden, d.h., sie nimmt jetzt Teil am (geistigen) Verkehr der Menschen, da sie eine Bedeutung hat, die ihre materiellen Eigenschaften überschreitet.

Hegel hat noch einen ironischen Trost parat für diejenigen, die lieber das reine Böse in seiner Abstraktion erhalten und wirksam sein lassen wollen: Hegel empfiehlt, sich in diesem Fall das Böse als einen Teufel vorzustellen, dann erhält das Böse Züge einer Person (evtl. auch mit Ziegenfuß) und verliert die Reinheit der Abstraktion des „Bösen". Papst Ratzinger hatte den Teufel in Person schon auf der Erde wandeln sehen. Dem würde Hegel nun Recht geben, da das Abstrakte das Böse humanisiert und zumindest eingekleidet worden ist, einen Ziegenfuß hat oder nicht etc., auf jeden Fall erkennbar geworden ist und sich nicht etwa außerhalb eines menschlichen Zugriffs irgendwo umtreibt – immerhin wissen wir dann zumindest, dass er der Schwerkraft gehorcht.

Hegels Phänomenologie thematisiert die wechselseitige Durchdringung des Bewusstseins mit dem ihm Anderen. Was geschieht also im Aneignungsprozess, wenn das Bewusstsein mit dem Anderen, das ganz abstrakt nur die eine Eigenschaft besitzt, „nicht Bewusstsein zu sein", sich auf irgendeine Weise beschäftigt? Phänomenologie des Geistes heißt, dass die Erscheinungsweise für den Geist thematisiert wird, die, da das Geistige das dem Menschen Eigentümliche ist, eine Erscheinungsweise des Geistes selbst sein muss. Dies bedeutet z.B. his-

[137] Ebd.

torisch, dass das Geistige das Primäre sein soll, von dem bei der Betrachtung der Welt immer auszugehen ist. Es ist das Äußerliche wie die Welt, die sich aufgrund ihrer ideellen Beschaffenheit dem Bewusstsein anbietet, weil es dies kann!

Es gibt mindestens noch zwei Anmerkungen zu den Anmerkungen, was doch verheißungsvoll klingt. Selbst wenn wir Hegel folgen und ihm also Recht gegeben, dass der Anfang der Wissenschaft mit dem abstrakten Begriff gemacht wird und gemacht werden muss, ist noch überhaupt nicht klar, wie Abstraktes mit Konkretem zusammenhängt. Es kann ja nicht falsch sein darauf zu achten, wie sich Kleinkinder die Welt aneignen. In dem nicht willkürlich aber als typisch herausgegriffenen Beispiel der Reaktion eines Kleinkindes auf seine Mutter, die dies eine Mal nicht grüne, sondern rote Socken trägt, dürfte sich ergeben, dass in der Regel das Kleinkind nicht schreit, weil seine Mutter sich ihm nur geringfügig anders zeigt. Es mag aber auch sein, dass Ärger beim Kind ausgelöst wird. Beide Varianten unterstellen, dass das Kind nicht nur rein abstrakt denkt – also im Gedächtnis „Mutter" wie eine Chiffre abspeichert und dies auf eine Weise tut, wie Verbindung herzustellen mit einem Komplex von Farben, Gerüchen etc. So scheint es von der Hegelschen Logik aus betrachtet immer ein Fall von abstrakt-und-konkret zu sein, wie Weltgewinnung geschieht. Das Abstrakte ist ohne das Konkrete für das Kind nicht zu gewinnen. Beides muss es sich aneignen und herausfiltern aus dem Gemenge der Gegenstände der Erfahrung. Geistiges ist im materiellen Phänomen. Das Sein ist gleich zu Anfang materielles und geistiges Sein. Hinzukäme das Zweite: Das Kind hat noch mehr zu tun als zu differenzieren, es muss auch die systemischen Strukturen bauen: Die Mutter in einem anderen Kontext wird vermutlich nicht selbstverständlich vom Kind hingenommen. Dasselbe wird sich vermutlich gegenüber Kriegsereignissen ergeben haben: Amerikanische Soldaten haben Süßigkeiten verteilt, was als Abstraktum im Gedächtnis vieler eroberter Deutsche gespeichert wurde. Auch die Care-Pakete nach Kriegsende werden ihre hohe Akzeptanz erlangt haben bei den besiegten deutschen Soldaten. Es ist zu bedenken, wie lange es in der deutschen Bevölkerung gedauert hat, bis aufgrund der Kriege in anderen Ländern auch die Einstellung zur US-Armee revidiert wurde.

4.7 Wozu soll der Krieg nützlich sein?

Es gibt einen zu dieser Frage schon passenden Buchtitel und einigen Inhalt, der sich recht gut unter den Titel subsumieren lässt: Chris Hedges ist der Autor von *War is a Force that gives us Meaning.*[138]
Einerseits bezieht sich der Autor auf griechische Göttergeschichten, nach denen die Göttin der Liebe, Aphrodite, die, vermittelt durch Hephaistos, dem göttlichen Waffenschmied, eine Liaison mit dem Kriegsgott Ares hatte (die Ähnlichkeit zur mesopotamischen Göttin Inanna, zuständig für Liebe und Tod ist offensichtlich). Zwei Seiten zuvor wird dargestellt wie im schon kriegsbedrohten Jugoslawien pornographisches Filmmaterial und damit einhergehend die sexuelle Ausbeutung von Frauen stattfand wie auch schon die ersten Bilder von verstümmelten und umgebrachten Muslimen und Kroaten über den Äther ins Land kamen.[139] Es existiere, so die Auffassung des Autors, eine eigene Kultur des Krieges. An ihr teilzunehmen ergäbe ein u.U. ehrenhaftes Motiv.[140] Der Autor glaubt daran, dass Gewalt immer im Menschen präsent ist, gleichsam eine Daseinsberechtigung hat und ihr Ausleben legitim sei.
Summa summarum meint der Autor ernsthaft, dass es gute Kriege gegeben habe, die es auch verlohnt hätten, in ihnen zu kämpfen; zu diesen Kriegen seien zu rechnen die Atombomben-Einsätze über Hiroshima und Nagasaki, mit der nicht begründenden Argumentation, sie entsprächen unserer industriellen Zeit, in der dann auch industrielles Ermorden angesagt sei.
Phostoxin wird genannt als ein tödlich wirkendes Pflanzengift, das Suizid erleichtere. Damit soll der Zusammenhang von Todessehnsucht und -erfüllung im Krieg hergestellt werden. Nekrophilie ist der Wunsch einiger Menschen, den der Staat mit seinem Kriegsangebot befriedigen kann.[141]
Das klingt bizarr und es ist kaum zu glauben, was dieser Autor zur Lektüre anpreist. Hard Core Pornographie mag einem Bedürfnis entsprechen. Es kann aber fast überall auf der Welt konsumiert werden. Wäre es abhängig von Krieg, wäre es nicht geeignet, um Geschäfte zu machen. Auch eine allgemeine Verrohung findet statt, ohne dass dafür ein Staat Hilfestellung geben muss. Allerdings ist besonders ein sozialer Faktor von immenser Bedeutung: Arbeitslosigkeit. In den Jahren 1845 und 1849 sorgten Arbeitslosigkeit und Hungersnot

[138] Chris Hedges, *War is a Force that gives us Meaning*, 2002 New York.
[139] Vgl. ebd. S. 98.
[140] Vgl. ebd. S. 3.
[141] Dies ist auch historisch gemeint: Gerd Dieckvoß, *Wie kam der Krieg in die Welt? Ein archäologisch-mythologischer Streifzug*, 2002 konkret-Verlag Hamburg. Es gab viele Anlässe und Gründe für Kriege, auch solche um den Brautpreis, S. 27.

(Kartoffelfäule) dafür, dass die Insel ca. 12 % ihrer Bevölkerung (ca. 1-1,2Mio. Tote) verlor: Verhungern, Auswanderung und – was selbst heute in Irland noch nicht so gerne erzählt wird – Anwerbung für die britische Armee.

4.8 Wozu soll der Frieden nützlich sein?

Ist der Krieg das Reich der Notwendigkeit, so scheint der Frieden das Reich der Freiheit zu sein. Jaurès hat sich ausführlich mit Hegel und Marx beschäftigt und hierzu u.a. auch eine kleine Schrift verfasst:[142]

> *Als erstes setzt er (Hegel, Re.) die Freiheit des Willens als eine abstrakte und unbestimmte Freiheit. Der menschliche Wille ist fähig, sich von allen Banden und Bindungen zu lösen. Was immer man ihm vorschlägt, er kann stets alles verwerfen und ablehnen, so dass der Wille bei völliger Wunschlosigkeit rein und unverfälscht besteht. Die Willenskraft ist demnach eine unendliche, denn, jeglicher Bestimmung, als auch jeglicher Negation enthoben, kennt sie keine Grenzen. Aber die Absolutheit dieses so völlig bestimmungslosen Willens ist hohl und leer. Es gibt in ihm nichts Festes, nichts Positives und da er nichts anderes ist als Negation der Determination, ist diese Unendlichkeit des Willens schließlich eine negative. Das Absolute dieses hohlen, abstrakten Willens ist die Brutstätte radikaler politischer und religiöser Anschauungen.*[143]

Wie wichtig diese scheinbar lediglich methodisch-dialektischen Ausführungen sind, zeigt das Vorwort, das von Lucian Goldmann verfasst wurde:

> *Jaurès ging sehr häufig von der Überlegung aus, der Unterschied zwischen seiner Position und derjenigen marxistischer Denker liege darin, dass die letzteren sich prinzipiell an der Wirklichkeit, an den Tatsachen, ausrichteten, während der moralische Sozialismus der Wirklichkeit ein Idealbild entgegensetzte, was sein sollte, dem was ist. Demgegenüber hätte man bei präziser Formulierung sagen müssen, der moralische Sozialismus stelle zwar der Realität tatsächlich ein Ideal und den Tatsachen die Werte entgegen, das dialektische Denken aber betone dagegen die ‚Untrennbarkeit' von Tatsachen und Werten, sobald es sich um*

---

[142] *Die Ursprünge des Sozialismus in Deutschland*, 1891 Toulouse, 1974 Wien, Berlin, Ffm., Kap. IV. Hegel, Marx und Lassalle. S. 78-103.
[143] Ebd, S. 78.

menschliche Bezüge handelt; denn die Tatsachen begründen die Werte und die Werte sind ‚ein essentielles und konstitutives Element' der Wirklichkeit.[144]

Dialektiker wie Jaurès haben gelernt, vorsichtig mit Prognosen zu handeln. Es wäre so bequem, im Sinne von Kants *„sapere aude!"* („wage es doch, Dich Deines Verstandes zu bedienen") Eckpunkte einer gerechten Welt zu skizzieren, in der Gerechtigkeit und Gleichheit sichere Merkmale einer besseren, noch nicht zerstörten Welt, sind.

4.9 Wahrheit und nichts als die Wahrheit: Arno Schmidt

Seit den frühesten bekannten dialektischen Bemühungen, die Welt zu verstehen, sind Göttinnen und Götter wie die mesopotamische Göttin Inanna (die auch männlich sein konnte) nicht ein-eindeutig in ihren Eigenschaften bestimmbar: Sie konnte Krieg und Frieden – zugleich – verkörpern. Da menschliches Denken sprachgebunden ist, können Widersprüche als Widersprüche menschlichen Handelns ihren Ursprung angeben. Zwischen Menschen kann es gelten, dass ein bestimmter Zustand schon „kriegerischer Natur" ist, für andere Menschen keineswegs. Das ist der Bereich der vielfältigen Meinungen und nicht geeignet, Erkenntnisse von der Welt zu vermitteln, die von allen denkenden Wesen geteilt werden können. Zeitungen verdienen ihre Existenz damit, dass sie Meinungen ihrer Leser erhaschen wollen. Sie sind nicht unwichtig, sonst hätte sich dem – wie im folgenden ersten Teil zu sehen – Arno Schmidt nicht gewidmet. Eine Zeitung wäre keine gute Quelle der Verbreitung von Wahrheit. Augenzeugen scheinen besser zu sein und haben eine fundierte Bedeutung für Menschen mit einer wissenschaftlichen, zumindest empirischen Datenbasis. Die Darstellung Sir W. Raleighs zeigt aber auch, dass diese (wissenschaftliche) Methode ebenfalls äußerst trügerisch sein kann. Genauer bezogen auf den politischen Hintergrund, den Faschismus begreifen zu wollen, sind die Methoden „der" Geschichtswissenschaft gefragt, die aber leider, besonders in der ersten Nachkriegszeit, dem deutschen Volk wenig anzubieten hatte, was die „Wahrheit über den Faschismus" nun sei oder nicht. Man ahnt, dass Arno Schmidt, sich sehr ernsthaft politischen Themen widmet, ein wichtiges Indiz der Qualität seiner Aufklärungsarbeit.

Als Napoleon sein ihm aufgezwungenes Exil zu Elba verließ, um noch einmal „Hundert Tage" lang, die Regierung Frankreichs an sich zu reißen, war die Re-

[144] Ebd. S. 11.

aktion der ‚Nachrichtenorgane' so zeitlos=typisch, dass es noch heute unwiderstehlich belustigend wirkt, diese ‚Pressestimmen' vom 1. bis zum 20. März 1815 zusammenzustellen – ich zitiere wörtlich: 1.) Der Unhold ist aus seiner Verbannung entronnen; ist aus Elba entwischt! 2.) Der korsische Werwolf (l'ogre) […]; 3.) Der Tiger […]; 4.) Das Ungeheuer […]; 5.) Der Tyrann […]; 6.) Der Usurpator […]; 7.) Bonaparte nähert sich […]; Niemals wird er bis Paris gelangen! […]; 8.) Napoleon wird morgen Nachmittag […]; 9.) Der Kaiser Napoleon […]; 10.) Gestern Abend hielten Seine Majestät der Kaiser und König ihren Einzug in den Palast der Tuilerien ; der Jubel seines getreuen Volkes ist unbeschreiblich […]

Frage: was haben die Begriffe ‚Zeitung' und ‚Wahrheit' miteinander gemein? (Und man vergesse doch nie, dass auch unsere deutschen Gazetten bis Anfang Mai 45 immer noch siegten!): Ist Wahrheit das, was der Macht gefällt?

Zum Mindesten aber ist unbestreitbar die ‚Moral': Glaub' nicht Alles, was Du liest! Oder ist Wahrheit das, was man persönlich für wahr hält? – […]

Also bleibt das Letzte zu untersuchen: ist Wahrheit das, was das eigene Auge sieht? Es ist ein schwermütiges Beispiel, das ich zur Entscheidung der Frage beisteuere. – Sir Walter Raleigh, der große Seefahrer, hat auch einen, für jene Zeit sehr anerkennenswerten ‚Abriss der Weltgeschichte' geschrieben, von dem jedoch nur der erste Band erschienen ist. Die Herausgabe des vollständig fertigen zweiten wurde dadurch verhindert, dass der – damals in Untersuchungshaft befindliche – Verfasser es ins Kaminfeuer nicht aufgebracht schleuderte, sondern gedankenvoll legte. – Und hier der Grund:

Er trat an sein Zellenfenster, weil plötzlich ein Lärm auf dem Gefängnishof seine Aufmerksamkeit erregt hatte: er erblickte einen Mann, der auf einen anderen einschlug und der, seiner Kleidung nach, ein Offizier zu sein schien. Dieser riss sogleich den Degen aus der Scheide und rannte ihn seinem Angreifer durch den Leib. Der Erstochene, ein Mann von athletischer Gestalt, fiel; er hatte aber zuvor noch so viel Kraft, dass er den Offizier mit einem Stockhieb zu Boden strecken konnte. Die Wache kam herbei und schleppte den Offizier von dannen; während andere beschäftigt waren, den Toten fortzutragen. Man hatte nicht geringe Mühe, sich einen Weg durch die Gaffer zu bahnen.

Am folgenden Tage erhielt Raleigh Besuch von einem lieben Freunde, der ihm als der rechtschaffenste Mann bekannt war; und erzählte ihm – lächelnd: wird doch dem Eingekerkerten das kleinste zum erregenden Abenteuer – den Vorfall. Wie erstaunte er, als sein Freund trocken anmerkte, dass an der ganzen Geschichte Raleighs kein wahres Wort sei!

Der angebliche Offizier sei nur der livrierte Lakai eines auswärtigen Gesandten gewesen. Auch habe dieser zuerst zugeschlagen: und zwar mitnichten den gezogenen Degen gebraucht: dessen habe sich der andere vielmehr zu bemächtigen

gewusst und ihn dem Pseudo-Offizier durch die Rippen gejagt. Daraufhin habe einer der Zuschauer den Mörder mit einem Knüttel zu Boden geschlagen ; den Erstochenen hätten ein paar Fremde mit sich fortgeschleift.
„Aber erlauben Sie", sagte Raleigh, „das mag allenfalls sein, dass ich mich im Stande des Mörders geirrt habe; aber alles andere ist so, wie ich Ihnen erzählt habe: ich habe es mit meinen Augen, hier vom Fenster aus, gesehen. Dort unten im Hof ist es geschehen; dort, wo der große Stein liegt."
„Ganz recht", erwiderte Raleighs Freund, „genau auf diesem Stein habe ich ja gesessen, als der Mord geschah. Hier: sehen Sie den Ritz auf meiner Backe? Den habe ich bekommen, als ich dem Mörder den Degen aus der Hand rang. Ich gebe Ihnen mein Ehrenwort, dass ich jede Einzelheit völlig objektiv referiert habe! – Sir Walter Raleigh schwieg lange. Dann erhob er sich. Sprach: „Wenn ich ein Ereignis so falsch schildere, bei dem ich doch ein uninteressierter, unparteiischer Augenzeuge war: wer steht mir für die Wahrheit von Ereignissen gut, die sich vor Jahrhunderten ereigneten?"
Er nahm sein Manuskript; trat an das Kaminfeuer; und legte es ruhig, sorgfältig, auf die lodernden Scheite. – Glaub' nicht Alles, was du siehst. Glaub nicht Alles, was du liest. Glaub' nicht Alles, was du denkst. Glaub' nicht alles, was du siehst.[145]

Wer Andere zu verdammen sich anschickt, weil nur er ‚Recht hat', er allein ‚im Besitz der Wahrheit' ist: Der muss ein kühner Mann sein! (Oder vielleicht auch nur brutal).
Dank der philosophischen Reflexionen der Renaissancewissenschaftler konnten wir bereit sehen, dass die Frage nach der Autorität eine besondere Färbung des jeweiligen Weltbildes hat. Für Giambattista Vico wird das Paradies verlassen, um auch Kenntnisse der Anti-Welt zu erlangen und in Retrospektion eine Einheit der Welt und aller in ihr lebenden Menschen wissenschaftlich fabrizieren zu können. Aber welche Mittel stehen den Anfängen der Wissenschaften zur Verfügung? Machiavelli (1469-1527) und Leonardo da Vinci (1452-1519), deren Bemühungen von Agnes Heller in einer treffenden Metapher ausgedrückt sind als von rastloser Neugier getrieben, das dem Menschen noch Unbekannte, das Mysteriöse zu erforschen. Sie sind Wegbereiter einer rationalen Auseinandersetzung mit Objekten der Realität. Sie bereiten den wissenschaftsorientierten Weg vor, den dann ein Diderot (1713-1784) betreten konnte. Diderot besitzt schon ein „Licht", mit dem er das Dunkle und Unbekannte erhellen kann

[145] Arno Schmidt, *Essays und Aufsätze*, Bargfelder Ausgabe Werkgruppe III *Essays und Biographisches* Studienausgabe Band 3, 1995, Kassel: Druck Friedrichsdorf, S. 455 ff.; beachte auch Dostojewskis verhinderte Erschießung, 22.12. 1849, in: Zweig, Stefan, *Sternstunden der Menschheit*, 1964 Ffm., S. 146-153.

und somit schon gewisse Vorstellungen von seinen Objekten, die nur noch präzisiert und in seiner großartigen Enzyklopädie systematisiert werden müssen („das Licht einer brennenden Kerze, mit dem die Dunkelheit eines Waldes erforscht wird").[146] In der Frühmoderne gibt es keine Sicherheiten mehr, wie sie eine religiöse Bindung versprochen hatte. Wird „die Höhle betreten", so kann einem Leonardo/Machiavelli alles Unmögliche begegnen. Das Unbekannte wird zum Noch-Nicht-Bekannten, ob Wald, Höhle, astronomische Objekte oder Kontinente. Als Instrumente sind die menschlichen Sinne als sein Ganzes, sein menschlicher Geist gegeben, von denen der Renaissancemensch schon weiß, dass sie getäuscht werden können wie beim wörtlich zu verstehenden „aus dem Sonnenlicht ins Dunkel" treten.[147]
Nach Machiavelli gibt es keinen Bereich mehr, der nicht (natur-)wissenschaftlich erforscht werden kann, in dem nicht Experimente durchgeführt werden können, da nicht eine Technik entwickelt werden könnte, die menschliches Verhalten als überall eigentümlich und gleich bei allen Menschen zu konstatieren wäre.[148]

> *In den biblischen Geschichten [...] ist der sinnliche Zauber nicht [...] die Absicht (der Erzähler) und wenn sie trotzdem auch im Sinnlichen sehr lebensvoll wirken, so geschieht dies, weil die ethischen, religiösen, innerlichen Vorgänge, auf die allein sie es absehen, sich im sinnlichen Material des Lebens konkretisieren. Die religiöse Absicht bedingt aber einen absoluten Anspruch auf die geschichtliche Wahrheit. Die Geschichte von Abraham und Isaak ist nicht besser bezeugt als die von Odysseus, Penelope und Eurykleia; beides ist Sage. Allein, der biblische Erzähler, der Elohist, musste an die objektive Wahrheit der Erzählung vom Abrahamsopfer glauben – das Bestehen der heiligen Ordnungen des Lebens beruhte auf der Wahrheit dieser und ähnlicher Geschichten. Er musste mit Leidenschaft an sie glauben – oder aber er musste, wie manche aufklärerische Interpreten annahmen oder vielleicht auch noch annehmen, ein bewusster Lügner sein, kein harmloser Lügner wie Homer, der log, um zu gefallen, sondern ein zielbewusster politischer Lügner, der im Interesse eines Herrschaftsanspruchs log. Mir scheint die aufklärerische Ansicht psychologisch absurd, aber selbst wenn wir auch sie in Betracht ziehen, so bleibt doch sein Verhältnis zur*

---

[146] Wir müssen nur Leonardo da Vincis Allegorie der Höhle in einen Vergleich setzen zu Diderots *Betreten der Höhle* mit einer Kerze, um den Unterschied festzustellen. Agnes Heller, *Renaissance Man*, Budapest 1967, London Boston 1978, S. 14 (Übers. Re.).

[147] Cassirer in Frank Deppe, *Niccolò Machiavelli – Zur Kritik der reinen Politik*, 1987 Köln, S. 290.

[148] Agnes Heller, *Renaissance Man* (übersetzt aus dem Ungarischen von R.E. Allen), 1967/1978 London, Henley und Boston, S. 14.

Wahrheit seiner Geschichte ein weit leidenschaftlicheres, eindeutiger bestimmtes als dasjenige Homers. Er musste genau das schreiben, was sein Glaube an die Wahrheit der Überlieferung oder, vom aufklärerischen Standpunkt, sein Interesse an der Wahrheit derselben von ihm forderte – in jedem Fall waren seiner freien, erfindenden oder ausmalenden Phantasie enge Schranken gesetzt; seine Tätigkeit musste sich darauf beschränken, die fromme Überlieferung wirksam zu redigieren. Was er hervorbrachte, zielte also zunächst nicht auf „Wirklichkeit“ – wenn ihm auch diese gelang, so war dies doch Mittel, nicht Zweck – sondern auf Wahrheit. Wehe dem, der nicht an sie glaubte!“[149]

In den homerischen Schriften sind die dargestellten Menschen Marionetten göttlicher Zwistigkeiten oder Neigungen. Seit dem bürgerlichen Zeitalter sind solche Bezüge zu den Bedingungen menschlichen Handelns Ent-Schuldigungen, denn es wird zurecht unterstellt, dass bei von Menschen begangene Handlungen auch die Verantwortung für diese Handlungen bei den Menschen selbst liegen müssen. Insofern gibt es Gerichtshöfe, die auch auf internationaler Ebene nach schuldigen Menschen fahnden und sie freisprechen oder verurteilen.

4.10 Macht und Gewalt

„Machiavellismus“ taucht wie von selbst im Gedächtnis auf, wenn von sozialen, politischen und psychischen Aspekten menschlicher Beziehungen die Rede ist und moralisch verwerfliche Herrscher ein zynisches Verhältnis zur Macht haben. Niccolò Machiavelli (1469-1527) ist oft synonym gebraucht mit „Zyniker“, der all das gutheißt, was einem Fürsten bei der Beherrschung „seiner“ Untertanen nützlich ist:

Als der Herzog (sc. Cesare Borgia; Re.) die Romagna in Besitz nahm, fand er sie in der Hand unfähiger Regenten, die ihre Untertanen eher ausplünderten als in Zucht hielten und ihnen eher Anlass zur Zwietracht als zur Einigkeit gaben [...]. Dieser stellte in kurzer Zeit Frieden und Eintracht wieder her und erwarb sich dadurch hohes Ansehen. Späterhin jedoch erachtete der Herzog eine so unumschränkte Machtvollkommenheit nicht mehr für nötig, da er fürchtete, sie möchte Hass erwecken und stellte an die Spitze des Landes ein bürgerliches Gericht im Mittelpunkt der Provinz mit einem vortrefflichen Präsidenten, bei dem jede Stadt ihren Anwalt hatte. Da er aber wusste, dass die bisherige Härte ihn bei manchen verhasst gemacht hatte, beschloss er, um sich die Herzen der Bevöl-

[149] Auerbach, ebd. S. 16.

kerung ganz zu erobern, ihr zu zeigen, dass, wenn Grausamkeiten geschehen seien, sie nicht ihm, sondern dem gewalttätigen Charakter des Statthalters zuzuschreiben seien. Er nahm eine passende Gelegenheit gegen diesen wahr und ließ Ramire eines Morgens in Cesena auf offenem Marktplatz in zwei Stücke reißen und den Leichnam so daliegen mit einem Stück Holz und einem blutigen Messer zur Seite, ein Schauspiel, das durch seine Furchtbarkeit bei der Bevölkerung zugleich Genugtuung und Bestürzung erregte.[150]

Die Schrift, „Der Fürst", ist ein Manual, eine Gebrauchsanweisung, zur Erziehung zu einem Herrscher. Das Erziehungsziel erfüllt sich in der Erringung und Bewahrung von Macht. Mit diesem frühmodernen Konzept mit dem Credo, dass keine Herrscher, Dynastien, von Göttern abstammen oder von ihnen eingesetzt werden, werden eine politikwissenschaftliche Legitimation der Herrschaft in der Menschheitsgeschichte formuliert und die sozialen Bindungen von Herrscher und Bürger thematisiert. Historisch neu ist damit das Aufkommen des bürgerlichen Staates, der Inhaber des Gewaltmonopols ist und auch zu sein hat wie alle seine Vorgänger z.B. in Mesopotamien. Die Lehrbarkeit politischer Entscheidungen kann repressiv oder aufklärerisch sein, durchaus auch zynisch.[151] Nach Reemtsma liegt hier eine Widersprüchlichkeit, eine Paradoxie verborgen, die bei weitem noch nicht von uns heute angegangen, geschweige denn gelöst ist: Beschränken wir uns auf den europäisch-nordamerikanischen Raum, so hat sich erwiesen, dass die Gemeinschaftlichkeit der Menschen nicht wie „in alten Zeiten" durch den sozialen Kitt eines Brauchtums oder einer Religion geleistet wird, auch nicht durch einen „ethnischen Kitt" oder einen „kulturellen" der Sprache, Kleidung, Nahrung etc. All dies ist dank der globalen Tendenzen der individuellen, also globalen Konsumption und Produktion ob-

[150] Niccolo Machiavelli, *Der Fürst*, 1532, Stuttgart 1961, S. 61 f. Xenophon verfasste eine „Kyrupädie" (engl. Cyropedia; kyros gr. Gewalt, Macht) gegen 370. Sie ist eine Verherrlichung des berühmten Strategen und Königs Kyros II. Dieses Werk zu vergleichen mit Machiavellis *Il principe*, würde den epochalen Unterschied der Denk- und Handelsweise der beiden Herrschertypen verdeutlichen.

[151] Aus dieser Tatsache kann nicht gefolgert werden, dass Machiavelli selbst den Zynismus predigt: „'Wie Machiavelli selber ein reines Krisenphänomen ist, so wird auch die gegenwärtige Wiederaufnahme seiner Gedanken zu einem Krisensymptom.' Diese These stammt aus einer neuen Machiavelli-Publikation des bekannten Kölner Soziologen René König. *Machiavelli – Zur Krisenanalyse einer Zeitenwende*, München 1979 (ist) im Jahr 1940 schon einmal erschienen. Es wurde allerdings wenige Tage nach der Auslieferung im Reich verboten." (Sven Papcke, *Sachlichkeit in Krisenzeiten – Zur Aktualität von Niccolò Machiavelli*, in: Die Neue Gesellschaft 3, März 1981). Mit Machiavelli lassen sich alle politischen Handlungen der Nazi-Herrschaft erklären. Damit wird ein Hitler entdämonisiert und die Vorsehung als Unsinn entlarvt. Das missfällt. Noch mehr hätte sein Geniekult verdient, entlarvt zu werden.

solet geworden. Das Paradoxe manifestiert sich darin, dass nur von einer Gemeinschaftlichkeit, wie sie beispielsweise ein Nationalstaat für das individuelle Verhalten bereithielt, Gewalt als Monopol einem Staatsgebilde übertragen wurde. Dies aber, so Reemtsma, ist zunächst wieder nichts anderes als eine weitere „Einheitsfiktion".[152] Diese entspricht aber dennoch einem bürgerlichen Lebensgefühl, dass nämlich der Bürger „seinem Mitbürger gewaltlos gegenübertreten soll."[153]

Dieses wechselseitige Vertrauen ist eine Folge des Gewaltmonopols – es ist aber auch seine Voraussetzung.[154]

Man verhält sich „nicht so, als rechnete man stets mit Überfall und Vergewaltigung, dies nicht aus Leichtfertigkeit, sondern weil sich bewaffnet so nicht leben ließe. Zum Vertrauen in das Gewaltmonopol gehört das Vertrauen ineinander. Es gehört zu unserer Lebensform, zu unserer modernen Kultur, nicht mit Angriffen zu rechnen."[155]

Laut Machiavelli muss der Bürger immer damit rechnen, dass staatliche Gewalt angewendet wird und aus Sicht des Staates angewendet werden muss, wenn seine Existenz selbst bedroht ist. Im historischen Rückblick ist dies mit der Einführung des Terreurs (5. Sept. 1793-28. Juli 1794) wie auch nach der Oktoberrevolution nach 1917 mit der Diktatur des Proletariats proklamiert worden.[156]

Im 7. Kapitel des Fürsten gestaltet Machiavelli die Figur des Cesare (Borgia; Re.) exemplarisch für die historische Wirksamkeit der ‚virtù' und der ‚fortuna'. Der Fürst hat durch Glück und fremde Waffen, vor allem aber durch seine Klugheit die Fundamente für eine dauerhafte Herrschaft in der Romagna gelegt. Dann aber ereilte ihn die ‚außergewöhnliche Missgunst des Schicksals'.[157] Dass Cesare Borgia für Machiavelli „ein gutes Beispiel" abgibt, ist wesentlich darin begründet, dass er die Dialektik von Mittel und Zweck schon verstanden hatte. Das Machtverhältnis besteht zwischen dem Volk und dem Fürsten. Es ist kein Gewaltverhältnis. Wir verbinden mit der Anwendung von „Gewalt" (wie z.B. der Folter) eine mögliche Perversion dieses Mittels zu einem Selbstzweck: Das ist die autotelische Gewalt, die sich selbst zum Ziel des Handelns macht.

---

[152] Jan Philipp Reemtsma, *Vertrauen und Gewalt – Versuch über eine besondere Konstellation der Moderne*, Hbg. 2008, S. 96 ff. (sein Topos: *Vertrauen in die Moderne*).

[153] Ebd. S. 96.

[154] Ebd. S. 98.

[155] Ebd. S. 9. Vgl. auch: „Man kann nicht nicht vertrauen" (id., S. 66).

[156] Frank Deppe, *Niccolò Machiavelli – Zur Kritik der reinen Politik*, Köln 1987, S. 290, 5.1 Methode: *„La verità effetuale delle cose"* (*Fürst*, 15. Kap.)

[157] Ebd. S. 209.

Ganz anders ist das Machtverhältnis, das zumindest auf dem Glauben oder der Zuversicht basiert und Vertrauen in die relative Beständigkeit der Herrschaft sich ausbilden lässt und eben auch das Vertrauen darin, dass zwischen Volk und Regierung (Fürst) ein Vertrauensverhältnis besteht. Aus der Sicht Reemtsmas hat Machiavelli eine für jede politikwissenschaftliche Diskussion unentbehrliche Differenzierung geleistet: Es geht um die begriffliche Differenz und ihre miteinander verschränkte Genese: In der Tat hat es sich bei allen anthropologischen und selbst bei mafiosen Familienstrukturen gezeigt, dass Macht und Machterhalt die urtümlichsten sozialen *Zielsetzungen* sind. Diese Eigentümlichkeit liegt allen Veränderungen der Menschen in ihren sozialen Gruppierungen (auch „Banden" genannt, wenn den klugen Untersuchungen Hobsbawms gefolgt wird[158]) zugrunde.
Machiavelli schrieb über das Volk, dass es die von einem Machthaber über es ausgeübte Macht mit sich geschehen lasse, vermutlich mit Schafsgeduld, da es „stupido" sei. Wer „stupido" ist, ist berechenbar. Mereschkowski „übersetzt", dass das Volk „betäubt" wird, nachdem der grausame Statthalter hingerichtet wird und der Fürst seine moralische Reinheit zur Schau stellen kann – eine sympathische Vorstellung, dass das Mitwirken, Mitspielen des Volkes doch konstitutiv ist für das Zustandekommen des Machtverhältnisses als eines Produkts von Wechselwirkungen. Diese Beteiligung des Volkes, auf die unbedingt Rücksicht genommen werden muss, soll die Machtbewahrung gelingen, sollten „wir Gutmenschdemokraten" dies für realistisch halten. So lassen wir uns selbst diese Kleinigkeit eines doch letztlich bewusst herbeigeführten Übersetzungsverstoßes gerne gefallen, wie vermutlich schon zuvor die als Schlachtfeldphotographie hergerichtete Straße auf der Krim.
Das Sprichwort „Der Zweck heiligt das Mittel" zeigt die Dialektik, die es zu beachten gilt, sollte nicht Barbarisches resultieren. Reemtsma zitiert Schiller, um genauer zu fassen, wie dieses Verhältnis historisch sich entwickelt hatte:

> *Auseinandergerissen wurden jetzt der Staat und die Kirche, die Gesetze und die Sitten; der Genuss wurde von der Arbeit, das Mittel vom Zweck, die Anstrengung von der Belohnung geschieden. Ewig nur an ein einzelnes kleines Bruchstück des Ganzen gefesselt, bildet sich der Mensch selbst nur als Bruchstück aus, ewig nur das eintönige Geräusch des Rades, das er umtreibt, im Ohre, entwickelt er nie die Harmonie seines Wesens und anstatt die Menschheit in seiner Natur auszuprägen, wird er bloß zu einem Abdruck seines Geschäfts, seiner Wissenschaft. Aber selbst der karge fragmentarische Anteil, der die einzelnen Glieder noch an das Ganze knüpft, hängt nicht von Formen ab, die sie sich*

158 Eric Hobsbauwm, *Bandits*, NY, 1969, 1983.

selbsttätig geben (denn wie dürfte man ihrer Freiheit ein so künstliches und lichtscheues Uhrwerk vertrauen?), sondern wird ihnen mit skrupulöser Strenge durch ein Formular vorgeschrieben, in welchem man ihre freie Einsicht gebunden hält. Der tote Buchstabe vertritt den lebendigen Verstand und ein geübtes Gedächtnis leitet sicherer als Genie und Empfindung.[159]

Die Klage Schillers, die hervorragend die Spaltung unserer Welt und damit auch unserer Empfindung und unseres Verstehens erfasst hat, könnten Vertreter vorstaatlicher, also primitiver i.S. von ursprünglicher Gemeinden wie den Dani aus Neu-Guinea[160] keinesfalls die auf uns gekommene Teilung von Staat versus Bürger auch nur verstehen. Ihre Handlungen des Ganzheitlichen enthalten durchaus Attraktives für uns, aber mit Sicherheit keine utopische Perspektive. Bleiben wir noch bei einer anderen systemischen Lösung, die von Taleb begrifflich vorgearbeitet worden ist: Der soziale Status des freien Bürgers ist *fragil* zu nennen; sein entdeckend-unternehmerischer Geist sehnt sich nach dem Gegenteil der Fragilität, das als *Robustheit* auftritt. Da aber alles in der Natur der zeitlichen Veränderung unterworfen ist, kann *Robustes* nur ein fiktiver Zustand sein. Wollen wir unseren – auch sozialen – Status steuern, müssten wir eine Antwort finden, die nur heuristisch als das *Antifragile* begriffen werden könnte.[161] Dennoch bleibt Taleb diesen Einsichten nicht treu. Zum einen meint er, dass „manche Menschen [...] auf Kosten anderer antifragil“[162] werden, was so zu verstehen ist, dass beim Streit um Robustheit in Krisensituationen (!) – gedacht sind Wirtschaftskrisen – solche sich bereichernde Individuen „die Vorteile (den Gewinn) von volativen, schwankenden, ungeordneten Verhältnissen ab (-schöpfen; Re.) und [...] andere den Nachteilen aus(-setzen)“. Talebs Kategorien sind mithin abstrakte Taktiken menschlichen Verhaltens bei gleichzeitigem Außerachtlassen des *Systems*, innerhalb dessen Menschen handeln. Zur weiteren Erläuterung der systemischen Methodik: Der vermutlich von Ludwig XIV. geäußerte Spruch „L'état c'est moi“ „zerlegt“ sich in den Bürger Ludwig, in das Staatsgebilde des Absolutismus und den König als Repräsentanten der gesamten Bürgerschaft. Stirbt also ein König, *le roi est mort*, dann wird anschließend der freudige Ruf *vive le roi*, es lebe der König, zu hören sein, da das übergreifend Allgemeine, die Monarchie, Grund zum Jubeln sei und eben nicht

---

[159] Jan Philipp Reemtsma, *Vertrauen und Gewalt etc.op. cit.* S. 572f. zitiert Schiller, Philosophische Schriften, *Über die ästhetische Erziehung des Menschen*, Sechster Brief, in: Schillers Werke 1925, Berlin, Bd. 24 (von Bd. 23-14), S. 162.

[160] Vgl. Jared Diamond, 2013, S. 400.

[161] Nassim Nicholas Taleb, *Antifragilität – Anleitung für eine Welt, die wir nicht verstehen*, 2012, New York, S. 24.

[162] Ebd. S. 45

durch das Absterben eines Königs Gefährdungen des Systems der Monarchie erfahren werden. Uns ist aber bekannt, dass sich „die“ Monarchie auch gewandelt hat, also ist das System selbst ebenfalls von dem Naturgesetz des Wandels betroffen. Für Taleb ist dieses übergreifend Allgemeine, die kapitalistische Gesellschaftsordnung merkwürdigerweise robust, unabhängig davon, was Menschen in diesem Rahmen so treiben. Menschen können nur versuchen, sich antifragil zu verhalten, d.h. das Risiko z.B. einer Investition einzugehen, wie z.B. das *Empire State Building* mitten in der Wirtschaftskrise zu bauen.[163] „Robustheit“ ist durch das Militär zu einem belasteten Begriff geworden (s. das robuste Mandat), d.h., es darf geschossen werden, um einen definierten Zustand mit Gewalt zu erhalten.

Es ist zu befürchten, dass „junger Wein in alte Schläuche gegossen“ werden soll: Talebs Kategorien sind ganz neu, verführen dazu, den „lebendigen Verstand“ (Schiller) auf dem Altar der Großen Sicherheit (Robustheit, das wahre Antifragile) zu opfern.

[163] Ebd. S. 27 f.

II. Zum Ewigen Frieden

Abbildung 9: Shimon Redlich, *Zusammen und Getrennt in Brzezany – Polen, Juden und Ukrainer, 1919-1945*, 2002 Bloomington and Indiana University Press; mit einer kolorierten Fotografie des Ringplatzes von 1917

5 Kants Ewiger Frieden

Der Autor, Shimon Redlich, des o.g. Buches ist in dieser ukrainischen Kleinstadt versteckt worden, nachdem es zuvor eine Familie in Polen gewesen war, die den kleinen jüdischen Jungen versteckt hatte. Er sieht es heute als seine Pflicht an, nicht zu verschweigen, dass das ukrainische Pogrom, an den Juden Brzezanys auf diesem Friedhof vollzogen, von einigen Polen und Ukrainern begrüßt wurde, dass auch die Motive der Mütter, die ihn versteckten, ein Gemisch von Gier und Mitleid darstellten. Als Historiker sieht er es nicht als seine Aufgabe an herauszufinden, warum einige Menschen Verbrechen wie diese gegen die Juden begangen hatten (gemeint ist z.B. Brownings Ansatz), sondern

warum einige im Geiste der Humanität gehandelt haben.[164] So schaut er zwar auch zurück wie der Engel Walter Benjamins, sieht vermutlich auch die aufgehäuften Berge der begangenen Verbrechen, die zwangsläufig auch die Schau auf die Zukunft belasten. Dennoch fällt in dieser Rückschau nicht nur der Blick auf den Ort, aus dem auch der Todesgeruch emporsteigt.
Für Kants ist der Ort des Ewigen Friedens das Reich der Toten, der Friedhof. Der Okopisko-Friedhof des ukrainischen Ortes Brzezany hat ungleiche Parzellen, die jeweils von den Angehörigen der toten Polen, Juden und Ukrainern belegt werden, die jeweils „ihr" Brezezany ausmachen, und ihre Gräber auch nur von ihnen besucht werden. Die Spuren, die die Besucher im Grase hinterlassen, enden im polnischen, jüdischen bzw. ukrainischen Teil. Wer „seine" Toten von Brzezany besucht, besucht nicht die anderen Toten von Brzezany.

Immanuel Kant, *Zum Ewigen Frieden*, 1795/1796[165]

> *Ob diese satirische Überschrift auf dem Schilde jenes holländischen Gastwirts, worauf ein Kirchhof gemalt war, die Menschen überhaupt, oder besonders die Staatsoberhäupter, die des Krieges nie satt werden können, oder wohl gar nur die Philosophen gelte, die jenen süßen Traum träumen, mag dahingestellt sein. Das bedingt sich aber der Verfasser des Gegenwärtigen aus, dass, da der praktische Politiker mit dem theoretischen auf dem Fuß steht, mit großer Selbstgefälligkeit auf ihn als einen Schulweisen herabzusehen, der dem Staat, welcher von Erfahrungsgrundsätzen ausgehen müsse,, mit seinen sachleeren Ideen keine Gefahr bringe, und den man immer seine elf Kegel auf einmal werfen lassen kann, ohne, dass sich der weltkundige Staatsmann daran kehren darf, dieser auch, im Fall eines Streits mit jenem sofern konsequent verfahren müsse, hinter seinen auf gut Glück gewagten, und öffentlich geäußerten Meinungen nicht Gefahr für den Staat zu wittern; durch welche* clausula salvatoria (falls in einem Vertrag eine Regelung fehlen sollte, so sei doch der Vertrag durch eine allgemeine Regel für die Zukunft „rechtssicher"; Re.*) der Verfasser dieses sich dann hiermit in der besten Form wider alle bösliche Auslegung verwahrt wissen will.*

Das Wirtshausschild, das einlädt, sich nach einer Beerdigung gesellig zusammenzufinden, ist vieldeutig, so lässt sich der Leser gerne auf Kants philoso-

[164] 2002 Bloomington, S. 164f.; Browning, Chr. R., *Ganz normale Männer: Das Reserve-Polizeibataillon 101*, 2020 Hamburg.

[165] Kant, Immanuel, *Werke in sechs Bänden* (Hrg. Weischedel), Bd. VI, 1966 Darmstadt, S. 193-251, Erste Aufl. 1795 (A), Zweite Aufl. 1796 (B); G. Baum, W.G. Bayerer und R. Malter, *Ein neu aufgefundenes Reinschriftfragment Kants mit den Anfangstexten seines Entwurfs „Zum ewigen Frieden"*, Kant-Studien 77 (3), 1986, S. 316-337.

phisch-politisches Räsonieren ein. Dass nur der tote Bürger derjenige sei, der gerade in Frieden ruht und nur nach dem Leben mit dem Frieden Bekanntschaft schließen soll, wirft ein bezeichnendes Licht auf unsere Metaphorik von Leben und Tod, die eng gebunden ist an Krieg und Frieden. Es gibt Friedhofsverordnungen, die Störungen der Grabesruhe mit hohen Strafen belegen. Chilenischen Bürgerinnen und Bürgern, die zu Tausenden unter der Militärregierung von Pinochet gefoltert, umgebracht und in Massengräbern anonym verscharrt wurden, wurden dort mit extrem kurzen Ruhezeiten bedacht, dass nach Ende der Diktatur ihre Angehörigen noch nicht einmal von dem Ort erfuhren, wohin die zusammengewürfelten Gebeine verbracht wurden.
Pinochet lebte von 1915 bis 2006 und seine Diktatur einer Militärjunta herrschte von 1973 bis 1990. Bis 2000 genoss Pinochet, der nie für seine Verbrechen angeklagt wurde, Immunität. Heute könnte Kant nicht mehr Recht gegeben werden: Tote können Zeugnis ablegen wie und wo sie gefoltert wurden. Die chilenischen Toten aus den Terror-Jahren der Herrschaft der Junta könnten also anklagen, was bedeutet, dass sie sich in ein Nichts auflösen müssen, um nicht Verbrechen, die an ihnen verübt worden sind, beweisen zu können. Ganz anders ist die Beziehung des Totenreiches mit dem Reich der Lebenden: In der chilenischen Atacama-Wüste sind die ersten Mumien im Valle de Arica bei Angehörigen der Chuchorro-Kultur gefunden worden (8000 bis 2000 Jahre alt). Verstorbene zu mumifizieren, wird auf fast allen Erdteilen praktiziert. Oft gibt es Grabbeigaben, die signalisieren, dass im Reich der Toten Gewohnheiten dem irdischen Leben angepasst gedacht werden. In diesem Konzept vom „Leben nach dem Tod“ herrscht eine Bedeutung der Toten für die Lebenden, die geprägt ist durch Furcht vor den Toten, die vielleicht eines Tages ihre Gräber verlassen und sich an den Lebenden für vergangenes Unrecht rächen könnten.
In der jüdisch-christlichen Religion wird das Reich der Toten z.B. bei Dante Alighieri noch durch die Einführung der strafenden Teufel in einer Hölle ausgedacht, wo nicht nur gemartert wird, sondern die Sünder sogar ihren Spaß „ausleben“ können, indem sie ihrerseits die quälenden Teufel quälen, woran sie ihren Spaß haben.[166]

[166] Dante Alighieri, *Die Göttliche Komödie (mit Illustrationen von Sandro Botticelli)*, 2. Aufl. 2011, Wiesbaden, 22. Gesang in der Hölle: Dante gewahrt einige Sünder auf Augenblicke aus dem Pech auftauchen; einer wird dabei erwischt und von einem Teufel am Haken herausgezogen. […] Der Sünder weiß die Teufel zu foppen und diese, ärgerlich darüber, geraten in Streit. Zwei von ihnen fallen in das Pech und werden mit Haken herausgefischt. (S. 128; 130 f.) Jesus selbst sei in die Hölle eingedrungen. Er zerstörte die Höllenpforte und einige Deiche im Inneren. Teufel und Teufelsaustreibungen seien wichtig, so die Päpste. Gebete für die Opfer der Kirche (Pädophilie, Homosexualität etc.) sollen gegen diese „Übel“ helfen.

5.1 Wechselseitiges Zutrauen im künftigen Frieden[167]

Kant formuliert eine Reihe wichtiger Prinzipien, nach denen regiert werden soll, obwohl er keine Illusionen hatte über den „Lauf der Herrschaft in unserer Welt": Keine Geheimabkommen, keine Vorbehalte, keine stehenden Heere, keine Staatsschulden, mit denen Kriege geführt werden könnten, vollkommene Souveränität der Staaten, keine Feindseligkeiten, „welche das wechselseitige Zutrauen im künftigen Frieden unmöglich machen müssen" (eine ganz hervorragende politische Empfehlung) etc.; Kant beschreibt Mittel, um zu stabilen, friedlichen Zuständen zwischen den Staaten zu kommen (Föderalismus); schließlich biegt er die Aufgabe des Friedenszustandes modern (i.S. der Französischen Bürgerlichen Revolution) zurück auf den Zustand, der sich geändert hat: Der Souverän ist nicht mehr der König („L'État, c'est moi"), sondern die Gesamtheit der Bürger („L'État, ce sont Nous!"), wie es sich hinter dem schlichten Ausdruck vom „Frieden *stiften*" verbirgt: Friede ist nicht „das Ende aller Hostilitäten" und, diesem Zustand des (oberirdischen) Friedens „das Beiwort *ewig* anzuhängen, ist ein schon verdächtiger Pleonasm" (BA 5). Als hätte Kant schon die endlosen Gräueltaten der Kolonialherrschaft berücksichtigt. Es ist zutreffend, dass Kant erste Versuche einer Bestimmung der „Racen" in seinen Anthropologiestudien und -vorlesungen unternommen hat, die selbst in ihrer vagen Abstraktheit unverzeihlich sind (vgl. z.B. *Von den verschiedenen Racen der Menschen*" Ankündigung für 1775). Er nahm später davon Abstand und hielt an den Begriffen „Staatsbürger", „Volk" und „Weltbürger" fest in dieser Schrift *Zum Ewigen Frieden*. Die Schrift erscheint einleuchtend gut und heute noch radikal, da es genau das ist, was helfen könnte zu erklären, warum es immer noch Krieg gibt. Denn, was Kant detailliert einklagt, würde negativ gewendet zur härtesten Kritik an der Realität.

Wir, die wir Kants Streben nach Frieden vorbehaltlos teilen, denken an einen Zustand frei von Waffen und nehmen simpel hin, dass Aggressionen im Frieden und im Krieg gleichermaßen vorhanden sind und selbst unsere Racheaktionen unserer Gattungseigenschaft anzurechnen sind.

5.2 Der Vernichtungskrieg (*bellum internecium*)

Der *Ewige Frieden* ist eine Satire, der als ethische Idee den Menschen vorschweben muss. Dass dies „einst" gelingen könnte, unterstellt, dass selbst für „ein

[167] Kant, ebd. Bd. VI, S, 200, BA 13 (6. Präliminarartikel)

Volk von Teufeln" („wenn sie nur Verstand haben"[168]), diese Aufgabe auflösbar wäre. Allerdings haben die Teufel seit Kant ihrerseits dazu gelernt: John Maxwell Coetzee beschreibt, dass sog. Barbaren gefangen genommen und in die Stadt verfrachtet werden und zwar wurde ihnen Stacheldraht durch die Wangen gezogen, was sie „lammfromm" machte und leicht zu lenken ließ. Um ihren Kindern zu beweisen, dass es tatsächlich Barbaren gäbe, wurden sie dem patriotischen Blutrausch zugeführt, woraufhin die Barbaren geschlagen wurden und alle Zuschauer eingeladen wurden, ebenfalls zuzuschlagen. Es wäre eine Kriegssituation und man müsste sich gegen diese Barbaren schützen, die in der Nacht kämen, um zu morden und zu vergewaltigen.[169] Der Historiker Ian Kershaw meint, dass seit dem Ersten Weltkrieg kaum vorstellbare Abgründe von Unmenschlichkeit und Zerstörungen während des Zweiten Weltkrieges stattgefunden hätten.[170] Es gibt offensichtlich eine Lust, Menschen zu töten und zu foltern. Insofern ist auch Lt. Col. Dave Grossman zuzustimmen, dass im Mythos von der Heirat von Ares und Aphrodite der erschreckende Gedanke angelegt ist, dass aus der Vereinigung dieser beiden Götter Harmonie entspringe.[171] Dieser Verstand müsste eigentlich bei menschlichen Institutionen und besonders ihren Staaten vorhanden sein und ist deshalb ein hinreichender Anlass, auf das Ziel eines Ewigen Friedens hinzuarbeiten:

> *Irgendein Vertrauen auf die Denkungsart des Feindes muss mitten im Kriege noch übrig bleiben, weil sonst auch kein Friede abgeschlossen werden könnte und die Feindseligkeit in einen Ausrottungskrieg ausschlagen würde; da der Krieg doch nur das traurige Notmittel im Naturzustande ist (wo kein Gerichtshof vorhanden ist, der rechtskräftig urteilen könnte), durch Gewalt sein Recht zu behaupten; wo keiner von beiden Teilen für einen ungerechten Feind erklärt werden kann (weil das schon einen Richterausspruch voraussetzt), sondern der Ausschlag desselben (gleich als vor einem so genannten Gottesgerichte) entscheidet, auf wessen Seite das Recht ist; zwischen Staaten aber sich kein Bestrafungskrieg (bellum punitivum) denken lässt (weil zwischen ihnen kein Verhältnis ei-*

[168] Ebd. S. 224; B 61, 62 / A 60, 61.

[169] Coetzee, John Maxwell, *Waiting for the Barbarians*, 1980 London, S. 120 ff.

[170] Kershaw, Ian, *To Hell and Back – Europe 1914-1949*, 2015 Random House, UK, S. 1 *It* (vol. I; Re.) *explores how the dangerous forces emanating from the First World War culminated in scarcely imaginable depths of inhumanity and destruction during the Second.*

[171] Grossman, *On Killing – The Psychological Cost of Learning to Kill in War and Society*, 2009, NY, Boston, London: *Why should we study killing? Why should we study sex? The two questions have much in common. It is in the mythological marriage of Ares and Aphrodite that Harmony is born* (S. xxvi). (*Die beiden Fragen, warum tote und warum Sexualität? Haben viel Gemeinsames wie die Ehe zwischen Ares und Aphrodite im Mythos zeigt, aus der Harmonie entsteht*, Re.).

nes Obern zu einem Untergebenen stattfindet). – Woraus denn folgt: dass ein Ausrottungskrieg, wo die Vertilgung beide Teile zugleich und mit dieser auch alles Rechts treffen kann, den ewigen Frieden nur auf dem großen Kirchhofe der Menschengattung stattfinden lassen würde. Ein solcher Krieg also, mithin auch der Gebrauch der Mittel, die dahin führen, muss schlechterdings unerlaubt sein. – Dass aber die genannte Mittel unvermeidlich dahin führen, erhellt daraus, dass jene höllische Künste, da sie an sich selbst niederträchtig sind […], wo nur die Ehrlosigkeit anderer (die nun einmal nicht ausgerottet werden kann) benutzt wird, sondern auch in den Friedenszustand übergehen und so die Absicht desselben gänzlich vernichten würden.[172]

Sollte kein Einsehen gelingen, gibt es keine Alternative mehr als eben doch der Ewige Frieden auf dem Friedhof. Zu solchen Ereignissen des Verlustes der Ehrlosigkeit gehören die Gräuel, die an den Kolonialvölkern verübet worden sind:[173] Der Kongo-Freistaat (Privatbesitz des belgischen Königs Leopold II. von Sachsen-Gotha), Gründung der deutschen Sekte Colonia Dignidad („Wohltätigkeits- und Bildungsgemeinschaft Würde", später als Villa Baviera „Dorf Bayern"; 1961-1991/6) bekannt. Sie diente auch dem chilenischen Geheimdienst für ihre Folterungen und besaß Sympathisanten in der CDU/CSU. Es gab den Völkermord an den Armeniern,[174] den Völkermord in Ruanda (1994) und den Aufstand der Herero und Nama in Deutsch-Südwestafrika (1904-1908). Was hier als Krieg begann (der Aufstand), endete als Ausrottung, als Genozid innerhalb eines Vernichtungskrieges. Kant erläutert zutreffend, dass solche geschichtlichen Ereignisse von Ausrottungen, also Völkermord, keinen Richter haben. Kant deutet einen Zusammenhang an (den wir schon bei Shakespeare kennengelernt haben) von Mord als einer Vernichtung eines oder sehr weniger Menschen und damit zugleich von Recht, Sitte, Brauchtum o.ä. – sei es, dass es sich um eine Einzeltat handele oder eine kollektive, wie von Banden innerhalb von Heeren oder einer Transformation einer Armee aus dem Kriegsgeschehen heraus zu einer Mörderbande (Japan, Deutschland).[175] Allerdings resigniert er, dass solch „höllische Künste" nicht von langer Dauer sind, da schließlich in dem Zustand, da sich die Menschheit gebracht hat, in diesem negativen Falle also „kein Friede abgeschlossen werden könnte". Er konzediert

---

[172] Kant BA 13/14, S. 200

[173] Gisela Graichen und Horst Gründer, *Deutsche Kolonien – Traum und Trauma*, 2005 Berlin, S. 46: *Die Hauptaufgabe der Kolonialherren*; Merensky, Alexander, *Wie erzieht man am besteb den Neger zur Plantagen-Arbeit*, 2007/2009 Stuttgart: *Kleine Geschichte Afrikas*, S. 180.

[174] Franz Werfel, *Die vierzig Tage des Musa Dagh*, 1933 München, Gütersloh, Berlin.

[175] Götz Aly, *Hitlers Volksstaat*, 2005 Ffm. und Christopher Browning, *Reserve Police Battallion 101*, 2017 Hamburg.

auch, dass mit Krieg gelebt werden müsse, wenn er auch „das traurige Notmittel im Naturzustande" sei. Das heißt nicht, dass es im Naturzustand ein „Recht des Stärkeren" gäbe – der Ausdruck wäre für Kant schon eine Widersprüchlichkeit in der Sache selbst (*contradictio in re*). „Recht" ist ein Begriff, der aus dem vernunftgewollten Zusammenleben von Menschen in Eins, sie Verbindendes, fällt (es ist nur ein wenig verwirrend, wenn auch in dem zitierten Text von „höllischen Künsten" die Rede ist, andererseits auch eine Ordnung – also Vernünftiges! – im Höllenreich eingerichtet ist).
Hegel sah „in den Schwarzafrikanern Völker ewigen Stillstands", gibt sich „eurozentrisch"[176] und schlimmer noch:

> *Die Wertlosigkeit der Menschen geht ins Unglaubliche; die Tyrannei gilt für kein Unrecht und es ist als etwas ganz Verbreitetes und Erlaubtes betrachtet, Menschenfleisch zu essen. Bei uns hält der Instinkt davon ab, wenn man überhaupt beim Menschen vom Instinkte sprechen kann. Aber bei dem Neger ist dies nicht der Fall und den Menschen zu verzehren, hängt mit dem afrikanischen Prinzip überhaupt zusammen; für den sinnlichen Neger ist das Menschenfleisch nur Sinnliches, Fleisch überhaupt. […] Gefangene werden gemordet und ihr Fleisch auf den Märkten verkauft. […] Etwas anderes Charakteristisches in der Betrachtung der Neger ist die Sklaverei. Die Neger werden von den Europäern in die Sklaverei geführt und nach Amerika hin verkauft. Trotzdem ist ihr im eigenen Lande fast noch schlimmer, wo ebenso absolute Sklaverei vorhanden ist; denn es ist die Grundlage der Sklaverei überhaupt, dass der Mensch das Bewusstsein seiner Freiheit noch nicht hat und somit zu einer Sache, zu einem Wertlosen herabsinkt. Bei den Negern sind aber die sittlichen Empfindungen vollkommen schwach oder, besser gesagt, gar nicht vorhanden.*[177]

5.3 Der bedingungslose Frieden zwischen souveränen Staaten

Kant sagt, wer einen solchen Frieden, der als ewig während gegeben sein soll, anstrebe, werde ihn nur bei den Toten finden können. Bis dahin werden wir es resignierend mit „hiesigen Kriegen" zu tun haben. Diese bedürfen des Friedens, um den nächsten Krieg vorzubereiten. Das hieße, dass das „unmögliche Verhältnis" vom Frieden zum Krieg insofern unmöglich sei, da der Krieg offen-

[176] Hegel, *Vorlesungen über die Philosophie der Geschichte*, Theorie Werkausgabe Suhrkamp, Bd. 12, S. 124 f., vgl. auch Winfried Speitkamp, *Deutsche Kolonialgeschichte*, 2021, Stgt., S 180.
[177] Ebd. 172.

sichtlich nur aus dem Grund in die Welt gesetzt worden sei, weil *die Menschen überhaupt oder besonders die Staatsoberhäupter, die des Krieges nie satt werden können*, diesen Missstand hervorgerufen hätten[178] und dies beabsichtigen, wohl in alle Zukunft weiterhin zu tun. Die schnelle Forderung, die sich aus diesem durchdachten, aber noch nicht ausgearbeiteten Unheil ergäbe, bestünde folgerichtig darin, die Staatsoberhäupter und ihre Sympathisanten (besonders die militärisch-industriellen Komplexe), ihrerseits zu beseitigen und somit dem Jaurèsschen *Krieg dem Kriege* die gemäße Aufgabe zu stellen. Kant tut also das Umgekehrte dessen, was Jaurès getan hat, der ja auch im Übrigen seinen Kant gut studiert hatte. Während Jaurès einen „realpolitischen" Vorschlag als Ausweg aus der erkannten Paradoxie macht, den er in der Bildung von Milizen sah, verfolgt Kant die Thematik, in der sich die *Bedingungen möglichen Handelns unter den Gesetzen der Vernunft* in der Realität bewähren werden müssen. Es geht darum, dass Apriorisches, Vernunftgemäßes, wie die Forderung nach einem Ewigen Frieden in die empirische Welt der Menschen hineinreiche und das Fundament, auf dem die bürgerliche Gesellschaft steht, neu gegossen werde. Die allen Menschen notwendig zu unterstellende Vernunft kreiert dann etwas Neues, das es zuvor nicht gegeben hat: Das könnte eine Diktatur der Vernunft sein, oder eine Art UNO. Gesetze müssen aus dieser höchsten Idee fließen, wie z.B. der Gedanke der Souveränität der Nationen unter dem Diktat beschlossener Grundsätze. Wir mögen Einwände haben, aber sie wären nun regelbar (so erfolgte erst im Jahr 2001 die Konstruktion eines „robusten Mandats", Art. 42, Kap. VII). Ein robustes UNO-Mandat sähe aber auch Kant nicht vor, da es unter den Staaten kein „Oben und Unten", sondern nur eine freie Gemeinschaft souveräner Staaten geben soll. Dass diese Überlegungen zutreffend und wahrhaft sind, stellt Kant sie in einem Gedankenexperiment zur Diskussion.[179] Nach Kant kann empirisch, allein mit unseren Sinnen, vorgegangen werden. Kriege-

[178] Kant, *Zum Ewigen Frieden*, BA 9, S. 196-200.

[179] In den von Kant gedachten Staaten ist der Mensch wenngleich nicht ein moralisch-guter Mensch, dennoch (wird er gezwungen) ein guter Bürger zu werden. Das Problem der Staatserrichtung ist auflösbar und lautet so: *Eine Menge von vernünftigen Wesen, die insgesamt allgemeine Gesetze für ihre Erhaltung verlangen, deren jedes aber in Geheim sich davon auszunehmen geneigt ist, so zu ordnen und ihre Verfassung einzurichten, dass, obgleich sie in ihren Privatgesinnungen einander entgegenstreben, diese einander doch so aufhalten, dass in ihrem öffentlichen Verhalten der Erfolg eben derselbe ist, als ob sie keine solche böse Gesinnungen hätten. Ein solches Problem muss auflöslich sein. Denn es ist nicht die moralische Besserung der Menschen, sondern nur der Mechanismus der Natur, von dem die Aufgabe zu wissen verlangt, wie man ihn an Menschen benutzen könne, um den Widerstreit ihrer unfriedlichen Gesinnungen in einem Volk so zu richten, dass sie sich unter Zwangsgesetze zu begeben einander selbst nötigen und so den Friedenszustand, in welchem Gesetze Kraft haben, herbeiführen müssen.* Kant *Werke*, Bd. VI, ebd. S. 224.

rische Handlungen müssten sich mit Notwendigkeit so auf unser Gemüt auswirken, dass es als abstoßend empfunden werde. Will ich nun, laut Kant, herausfinden, wie Frieden möglich sei, so ist ja schon gesagt worden: Ich will Erkenntnisse gewinnen und werde herausfinden, dass ein Friedenszustand für ein soziales Zusammensein, ob von Teufeln oder Ehepartnern, doch die „Lösung" ist, für die alle Seiten sich einsetzen müssen, da schließlich der Frieden nicht vom Himmel geschenkt wird, sondern auf Erden von Menschen gestiftet werden muss. Sobald beide Partner zustimmen ihre Probleme zu lösen, haben sie doch die „Bedingungen der Möglichkeit von Frieden" festgeschrieben. Sollten sie jedoch so stolz auf ihre Erkenntnisse sein und solche Regeln einem anderen Paar mitteilen, aber feststellen, dass „bei denen" nicht klappt, was „bei uns" so hervorragend klappt, so sind sie in die „Falle des transzendentalen Idealismus" geraten und glauben, dass die womöglich noch aufgeschriebenen Regeln die Ursache für den ausgebrochenen sozialen Unfrieden sind. Was allerdings unter der Oberfläche der so schönen Kantischen Argumentation immer lebendig ist, ist „die" Geschichte in ihrem lebendig und verworrenen Lauf.
Empfinde ich einen Krieg als abstoßend, weil ich mitten in seinem Geschehen bin, von dem Friedrich die erschreckenden Fotos gemacht hat, müsste ich eigentlich zugeben, dass die Menschheit (oder die Teufelheit im Extremfall) sich selbst vernichte, wenn solch Kriegsgeschehen nicht unterbunden werde. Nun ist mir mein Gesichtspunkt klar, der edel ist. Das sei aber nach Kant *nicht* der Regelfall. Also empöre ich mich in meiner sozialen oder politischen Umgebung über das schreckliche Kriegsgeschehen. Ob ich so handle aufgrund meiner Vernunft oder aufgrund der Zuneigung, die ich durch meinen Abscheu oder weil mir schlecht wird, ist letztlich nicht entscheidbar. Ich gehorche also Gesetzen meiner bürgerlichen Gesellschaft, die von mir verlangen, z.B. Kriegsgräuel nicht einfach hinzunehmen, ohne Handlungen zu begehen, die mich einschreiten lassen. Man sieht, dass das Problem der Moral mit seiner Verankerung in der Ethik/Sittlichkeit für die Realität, in der ich mich befinde, nicht gelöst ist. Ich kann so tun „als ob" und nur ich entscheide, ob meine Handlung eine billige Anpassung ist.

5.4 Russland-Ukraine II

Ob im Russisch-Ukrainischen Krieg noch eine gemeinsame *Denkungsart* existiert, drängt sich einem Beobachter nicht auf. Dies wird sich vermutlich sehr viel später nach einem Waffenstillstand zeigen. Es ist auch nicht unbedingt eine Frage der beiden Kontrahenten. Diese sind ihrerseits eingebunden in Systeme, die nicht nur Waffen und Soldaten liefern, sondern in denen auch Interessenlagen von mehreren Staaten berücksichtigt werden wollen. Es ist kompliziert und vermutlich – da kluge Vereinbarungen aus der Vergangenheit (man denke unbedingt an die Phiktyonie) nicht zur Kenntnis genommen werden –, wird es mit einiger Sicherheit jetzt schon einen Verlierer geben: die Organisation der Vereinten Nationen. Scheidet aus irgendwelchen Gründen eine Überlegung und ein Wille aus, sich wie auch immer mit dem feindlichen Staat zu verständigen – man denke an Coetzee, Kershaw und Grossman (s.w.o.) – so droht ein *bellum internecinum, ein Ausrottungskrieg.*[180] Es steht zu befürchten, dass eine solche Drohung nicht auszuschließen ist. Im Hintergrund sind die Waffenproduzenten, die nicht in einem Krieg verlieren können. „Die 100 größten Hersteller machen Plus“ (Proteste gegen Heckler & Koch, 8.10.2021). Nachrichten aus Stockholm: Die weltweit führenden Rüstungsfirmen haben trotz der Corona-Pandemie im vergangenen Jahr ihre Umsätze gesteigert. Die 100 größten Hersteller setzten insgesamt 531 Milliarden US-Dollar (470 Milliarden Euro) um – ein Plus von 1,3 Prozent im Vergleich zum Vorjahr, wie das Stockholmer Friedensforschungsinstitut SIPRI bekanntgab. Mit Abstand führend sind US-Unternehmen, dahinter folgen Rüstungsfirmen aus China. Die Umsätze der vier deutschen Hersteller in der Liste erhöhten sich auf 8,9 Milliarden Dollar, ihr Anteil am Gesamtumsatz der 100 größten Rüstungsunternehmen lag bei 1,7 Prozent. Trotz schrumpfender Weltwirtschaft seien die Branchenriesen „weitgehend durch die anhaltende staatliche Nachfrage nach militärischen Gütern und Dienstleistungen geschützt“, sagte Alexandra Marksteiner, SIPRI-Expertin für Rüstungsproduktion AFP (RN vom 6. 12. 2021).

5.5 Kunst im Dienst des Krieges

5.5.1 Über die Produktivkräfte (Homer: Hephaistos)

(Hephaistos, der göttliche Schmied preist sein Werk,
das heilige Haus des Zeus Kronion gebaut zu haben.)

Alles hab' ich getan was irgend schaffende Kunst kann.
Und sie lächelten sanft, die beweglichen, nickten dem Alten [...]
Freundlich, und gossen umher verschwenderisch Leben und Licht aus,
Dass kein Mensch es ertrüg' und dass es die Götter entzückte.

[180] Kant *Werke*, Bd. VI, ebd. S. 224.

Also gegen die Schwelle bewegte sich eilig Hephaistos,
Auf die Arbeit gesinnt, denn diese nur regte das Herz ihm.
Da begegnet' ihm Here[181]*, von Pallas Athene begleitet,*
Sprechend wechselndes Wort; und als den Sohn sie erblickte,
Hielt sie ihn an sogleich und sprach, die göttliche Here:
Sohn, du mangelst nun bald des selbstgefälligen Ruhmes,
Dass du Waffen bereitest, vom Tode zu schützen die Menschen,
Alle Kunst erschöpfend, wie diese dich bittet und jene
Göttin; denn nah ist der Tag, da zeitig der große Pelide[182]
Sinken wird in den Staub, der Sterblichen Grenze bezeichnend.
Schutz nicht ist ihm dein Helm, noch der Harnisch, auch nicht des Schildes
Umfang, wenn ihn bestreiten die finsteren Keren[183]
des Todes. Aber der künstliche Gott Hephaistos sagte dagegen:
Warum spottest du mein, o Mutter, dass ich geschäftig
Mich der Thetis bewies und jene Waffen verfertigt'?
Käme doch gleiches nicht vom Amboss irdischer Männer:
Ja, mit meinem Gerät verfertigte selbst sie ein Gott nicht,
Angegossen dem Leib, wie Flügel den Helden erhebend,
Undurchdringlich und reich, ein Wunder staunendem Anblick.
Denn was ein Gott den Menschen verleiht, ist segnende Gabe,
Nicht wie ein Feindes-Geschenk, das nur zum Verderben bewahrt wird. Und
mir wäre gewiss Patroklos glücklich und siegreich
Wiedergekehrt, wofern nicht Phöbos den Helm von dem Haupt ihm
Schlug, und den Harnisch trennte, so dass der Entblößte dahin sank.
Aber soll es denn sein, und fordert den Menschen das Schicksal,
Schützte die Waffe nicht, die göttlichste, schützte die Aegis[184]
Selbst nicht, die Göttern allein die traurigen Tage davon scheucht.
Doch was kümmert es mich! Wer Waffen schmiedet, bereitet
Krieg und muss davon der Zither Klang nicht erwarten.
Also sprach er und ging und murrte, die Göttinnen lachten.[185]

Es gibt Offensiv- und Defensivwaffen. Die Götter, die bekanntlich unsterblich sind, verfügen nur über Offensivwaffen. Achilles ist ein begehrter Mann, von

[181] Here: die Göttin Thetis.
[182] Pelide: Achilles, Sohn des Peleus
[183] Keren: Schicksalsgöttinnen
[184] Aegis: vermutlich ein Schild
[185] Homer; Ilias, XVIII. Gesang; Goethe, J.W. von, Werke, 1924 Berlin, Teil-Band 14, *Achilleis*, 1. Gesang, S. 385-391 auf der Grundlage der Übersetzung von Johann Heinrich Voß (1714-1778).

dem die mit Hephaistos verkehrenden Göttinnen schon wissen, dass seine Lebenszeit sich dem Ende nähert, denn sie sind es, die dafür gesorgt haben. Dennoch erhält er diesen wunderbaren Schild, auf dessen Rund der hellenische Kosmos in seiner Lebendigkeit und dualen Strukturierung dargestellt worden ist. Es ist ein unglaublich beeindruckendes Bild der hellenischen Gesellschaft mit ihren Aktivitäten innerhalb der Grenzen des Schildes, kreiert von dem Künstler-Schmied Hephaistos auf einer *Waffe*. Anzumerken ist, dass ein Schild in der Geschichte der Waffentechnik auch ambivalenten Charakters sein kann: Er kann auch als Offensivwaffe verwendet werden.

Wenn wir meinen, allein an für uns wichtige und besonders technische Konsumgüter zu denken, werden uns kaum welche einfallen, deren Herkunft nicht aus dem Bereich der Informationstechnologie stammen und letztlich ihre Entwicklung militärischer Bedürfnisse verdanken. Nicht nur bestimmte Waffen wie Geschosse sind auf dem Markt, sondern auch Waren, die Geschosse abfangen können. Es ist ein Ambivalenz-Spiel: Waffen werden hergestellt, die als Futter für Waffen dienen, die sie vernichten sollen können. Die Entwicklungsgeschichte der Produktivkräfte zeigt, dass es vergebene Mühe ist, den Versuch zu unternehmen, die ausschließlich im und für den Krieg weiterentwickelten Produktivkräfte abtrennen zu wollen von den für die Zivilgesellschaft entwickelten Kräften. Das betrifft selbstverständlich auch alle Waren, die nützlich für einen Krieg wie für friedliche Konsumenten sind – man denke allein an die mit der Entwicklung des Radars, von Ortungssystemen und ihre friedliche Weiterentwicklung elektronischer Medien. Die Geltung des obigen Textes von Marx bräuchte als „update“ lediglich das Wort „Verbrechen“ um seine Ausweitung zum „Krieg“ zu ergänzen.

Diese Ambivalenz von Offensiv- und Defensivwaffen ist „januskköpfig“ wie der römische Kriegs-Gott selbst:

> *Ein Philosoph produziert Ideen, ein Poet Gedichte, ein Pastor Predigten, ein Professor Kompendien usw. Ein Verbrecher produziert Verbrechen. Betrachtet man näher den Zusammenhang dieses letztren Produktionszweigs mit dem Ganzen der Gesellschaft, so wird man von vielen Vorurteilen zurückkommen. Der Verbrecher produziert nicht nur Verbrechen, sondern auch das Kriminalrecht und damit auch den Professor, der Vorlesungen über das Kriminalrecht hält, und zudem das unvermeidliche Kompendium, worin dieser selbe Professor seine Vorträge als* Ware *auf den allgemeinen Markt wirft. Damit tritt Vermehrung des Nationalreichtums ein. […]*
> *Der Verbrecher produziert ferner die ganze Polizei und Kriminaljustiz, Schergen, Richter, Henker, Geschworene usw.; und alle diese verschiednen Gewerbszweige, die ebenso viele Kategorien der gesellschaftlichen Teilung der Arbeit bil-*

den, entwickeln verschiedne Fähigkeiten des menschlichen Geistes, schaffen neue Bedürfnisse und neue Weisen ihrer Befriedigung. Die Tortur allein hat zu den sinnreichsten mechanischen Erfindungen Anlass gegeben und in der Produktion ihrer Werkzeuge eine Masse ehrsamer Handwerksleute beschäftigt. [...]
Bis ins Detail können die Einwirkungen des Verbrechers auf die Entwicklung der Produktivkraft nachgewiesen werden. Wären Schlösser je zu ihrer jetzigen Vollkommenheit gediehn, wenn es keine Diebe gäbe? Wäre die Fabrikation von Banknoten zu ihrer gegenwärtigen Vollendung gediehn, gäbe es keine Falschmünzer? Hätte das Mikroskop seinen Weg in die gewöhnliche kommerzielle Sphäre gefunden [...] ohne Betrug im Handel? Verdankt die praktische Chemie nicht ebenso viel der Warenfälschung und dem Bestreben, sie aufzudecken, als dem ehrlichen Produktionseifer? Das Verbrechen, durch die stets neuen Mittel des Angriffs auf das Eigentum, ruft stets neue Verteidigungsmittel ins Leben und wirkt damit ganz so produktiv wie Streiks auf Erfindung von Maschinen. Und verlässt man die Sphäre des Privatverbrechens: Ohne nationale Verbrechen, wäre je der Weltmarkt entstanden? Ja, auch nur Nationen?[186]

5.5.2 Sprachlogisches und Lernen

Warum ist nicht der Frieden „die Mutter und die Königin aller Dinge"? Schließlich sagt Heraklit[187], dass ein jedes Paar, das Gegensätze enthält, sowohl Einheit *und* Vielheit ist. So gibt es Tag und Nacht als Gegensatzpaar, die beiden Seiten sind geordnet unter einen (das jeweilige Paar) übergreifenden, übergeordneten Begriff, der das Ganze der beiden entgegengesetzten Begriffe enthält (die Vielheit) und zugleich ihre Einheit bildet. Logisch betrachtet finden wir also zwei Arten (Krieg und Frieden), die zwar zueinander in einem konträren Widerspruch befindlich sind *und* (kein „aber"!) zusammen die Gattung „Krieg" bilden. Worin besteht die Bedeutung des Gattungsbegriffes „Krieg"? Welche Bedeutungen hat er bei seinem „logischen Aufstieg" zum Gattungsbegriff mitgenommen und wodurch unterscheiden sich nun seine Bedeutungen? Der Gattungsbegriff hat sich bei seinem Aufstieg bereichert. Wir kennen schon das Übersummative: Quantitativ betrachtet enthält der Krieg gebündelt alle Pro-

---

[186] Karl Marx, *Marx-Engels-Werke* (MEW) 26.1, V-182 ff.

[187] G.S. Kirk and J.E. Raven, *The Presocratic Philosophers*, 1969 Cambidge, S. 191 mit zwei Beispielen: 206 (von Kirk & Raven gefunden in Aristoteles, de mundo 5, 396b20 als no. 206, wo es heißt „Dinge, die als zusammengehörig gedacht werden wie Tag und Nacht" und ein zweites als no. 207 „Gott ist Tag Nacht, Winter Sommer, Krieg Frieden", gefunden bei Hippolytus Ref. IX, 10, 8, Frg. 207 – so erklärt sich die Schreibweise – ist das „Übergreifendallgemeine" von den paarweise auftretenden Widersprüchen.

duktiv- und Destruktivkräfte. Das Hin und Her der energieangereicherten Waffen ist das Ganze des Krieges. Hinzukommt, berücksichtigen wir die Aussagen Homers zum Schild des Achills, das Produkt aller Lebensäußerungen als die *Harmonie des Seins*. Sterben wie Wachstum finden sich schon in der Natur, unabhängig von menschlicher Herrschaft. Alles „strebt nach dem Entgegengesetzten". Krieg ist also dasjenige, das in der Menschheitsgeschichte par excellence Veränderung hervorruft. Damit ist im Allgemeinbegriff des Krieges auch der Frieden (insofern er entgegengesetzt zur „anderen" Art, dem Krieg, stand) aufgehoben und zwar nicht als ehemalige Art „aufbewahrt" („konserviert"), sondern wesentlich funktionalisiert im Hinblick auf seine Aufgaben für den Krieg.
Bertolt Brecht sagt zutreffend, dass auch die Kenntnisse des kosmologischen Weltenzusammenhangs angeeignet werden müssen, wollen wir uns nicht irgendeinem Schicksal ausliefern. Also den Weisen erkennen und uns sein Wissen aneignen:

Aber rühmen wir nicht nur den Weisen /
Dessen Name auf dem Buche prangt! /
Denn man muss dem Weisen seine Weisheit erst entreißen. /
Darum sei der Zöllner auch bedankt: Er hat sie ihm abverlangt.[188]

In Bertolt Brechts Kriegsfibel finden wir eine dialektische Lehre zum Krieg:

Die Oberen sagen: Frieden und Krieg /
Sind aus verschiedenem Stoff. /
Aber ihr Frieden und ihr Krieg /
Sind wie Wind und Sturm. /
Der Krieg wächst aus ihrem Frieden /
Wie der Sohn aus der Mutter /
Er trägt /
Ihre schrecklichen Züge. /
Ihr Krieg tötet nur /
Was ihr Frieden /
Übriggelassen hat.[189]

Dieses Spiel mit den Erkenntnissen der Struktur unserer Welt könnte unser Überleben sichern: Die Oberen beantworten verständnisvoll unsere Fragen und

[188] Svedenboger Gedichte (Dänisches Exil, 1939): *Legende von der Entstehung des Buches Taoteking auf dem Weg des Laotse in die Emigration*, in: Akzente, Jg. 1, 1954, S. 149.
[189] Bert Brecht, *Kriegsfibel*, (Suhrkamp-Texte 3), 1955 Ffm.

setzen der Gewichtung wegen den Frieden auch brav an die erste Stelle, denn sie haben ja verstanden, wie wichtig das ist, zudem: Der Frieden sei das Resultat des Krieges – auch Deutschland unterhält eine Verteidigungsstreitmacht, die den Auftrag hat, unseren Frieden zu sichern. Beides, Krieg und Frieden werden charakterisiert als „Sturm“ und „Wind“, sie seien zwar unterschiedliche Dinge, dennoch bewirken beide zusammen die atmosphärischen Bewegungen, ohne die es nur Stille gäbe (man denke nicht an die Friedhofsstille, denn das Wort steht ja nicht in der Kriegsfibel geschrieben). Es wäre aber einsichtig, denn sterben müssen wir ja alle. Was hat der Frieden denn übriggelassen, worum sich jetzt der Krieg kümmern müsse?
Eine solche Bewegung, den Krieg anzuhalten, „hätte“ es auf der Zimmerwald-Konferenz vielleicht noch geben können (wie mindestens die Verweigerung von Kriegskrediten), obwohl der Weltkrieg schon seit einem Jahr tobte (5.-8. September 1915). Es ist eine Schmach der progressiven Kräfte, doch dem „Burgfrieden“ den Vorzug gegeben zu haben.

5.5.3 Armut und Reichtum: Klassenunterschiede und Gerechtigkeit Baudelaire: Das Spielzeug des Armen[190]

Ich will euch von einer unschuldigen Unterhaltung erzählen. Es gibt ja so wenige Vergnügungen, die nicht sündig sind.
Wenn ihr am Morgen ausgehen wollt, mit der bestimmten Absicht, einsam auf den großen Wegen dahinzuschlendern, so füllt eure Taschen mit kleinen Ein-Pfennig-Erfindungen – zum Beispiel mit dem flachen Hampelmann, den man mit einem einzigen Faden bewegt, den Schmieden, die auf einen Amboss hämmern, dem Reiter samt seinem Pferde, dessen Schwanz nur eben ein Hauch ist – und längs der Hütten am Fuße der Bäume macht sie den unbekannten armen Kindern zum Geschenke, die ihr dort antrefft. Ihr werdet ihre Augen sich maßlos weiten sehen. Zuerst werden sie nicht zuzugreifen wagen; sie zweifeln an ihrem Glück. Dann werden ihre Hände gierig nach den Geschenken haschen und sie werden davonfliehen, wie die Katzen, die sich weit von euch entfernen, um das Stück, das man ihnen gab, zu verzehren, da sie den Menschen zu misstrauen lernten.
An einer Landstraße, hinter dem Gitter eines großen Gartens, an dessen Ende ein hübsches, von der Sonne getroffenes Schloss erschien, saß ein schönes, frisch aussehendes Kind in jener ländlichen Tracht, die so kokett ist. Der Luxus, die Sorglosigkeit und das gewohnte Schauspiel des Reichtums machen diese Kinder

[190] Baudelaire, *Das Spielzeug des Armen*, vgl. auch Bd. 3, S. 1-16: *Moral des Spielzeugs.*

so hübsch, dass man sie nicht aus dem gleichen Teig geschaffen glauben möchte wie die Kinder des Mittelstandes oder der Armut. [...]
Durch die symbolischen Eisengitter hindurch, die zwei Welten voneinander trennten, zeigte das arme Kind dem reichen Kinde sein Spielzeug, das jenes begierig betrachtete, wie einen seltsamen, unbekannten Gegenstand. Nun, dieses Spielzeug, das der kleine Schmutzfink anstichelte, in Bewegung brachte und schüttelte, war eine lebende Ratte! Die Eltern hatten, offenbar aus Sparsamkeit, das Spielzeug dem Leben selbst entnommen.
Und die beiden Kinder lachten brüderlich zusammen, mit Zähnen von der gleichen Weiße.

Akzeptiert man, dass Menschen sich Haustiere halten, wäre es eine akademische Diskussion, ob Ratten dazu gezählt werden dürfen oder nicht. Kinder (und ihre Position soll ja laut Baudelaire eingenommen werden) werden in der Regel so „gehalten", dass Klassenschranken sie voneinander trennen. Der Text ist hier deutlich. Ratten gehören zu den intelligentesten Tierarten und diese Ratte der Kinder fühlt sich wohl, was heißt, dass die Kinder mit der Ratte gut umgehen (es kommt schon vor, dass andere Haustiere in Puppenkleider gesteckt werden und an solcher Behandlung zugrunde gegangen sind).

5.5.4 Krieg und Krankheit

In der deutschen medizinischen Literatur aus dem Ersten Weltkrieg wird von *Kriegszitterern* gesprochen, die aus einer Kriegsneurose resultierten. Nach dem Krieg wurde die psychiatrisch-medizinische Forschung eingestellt, bis im Zweiten Weltkrieg wieder zahlreiche Krankheitsfälle auftauchten von Patienten mit denselben Symptomen (z.B. Weigerung Nahrung aufzunehmen). Allein bei der Erstürmung von Iwo Jima und Okinawa soll es allein in beiden Kriegsoperationen jeweils 10.000 Fälle gegeben haben[191]. Oft wurde von Medizinern geraten, dies als psychische Symptome einzuordnen, die durch „flooding" zu tilgen sei-

[191] Heute versucht man dies zu verstehen als eine Immunkrankheit, eine Fehlfunktion des Körpers, der gegen eine vermeintliche Immunverletzung ankämpft; der Komplex der Krankheit wird „Fatigatio eV: des Bundesverbandes „ME/CFS" – Myalgische Enzephalomyelitis oder kurz: Chronisches Fatigue Syndrom genannt; es gibt eine neue Forschungsrichtung, die sich mit den „vormodernen Krankheiten" befasst. Das erste Handbuch ist erschienen: Nolte, Frohne, Halle, Kerth: *Dis/Ability History – der Vormoderne, Ein Handbuch*, 2017 Affalterbach; S. 169: Massengrabfunde: Spuren des Kriegsdienstes im 17. Jh.; es sei nur ein Punkt angeführt: Das Sterbealter der Soldaten, die eher in schlechter körperlicher Verfassung waren, betrug 28 Jahre.

en. Noch stärkere, bedrohliche Reize sollten die shell-shock-Erfahrungen tilgen, indem man die Betroffenen in die erste Kampflinie stellte. Unter der Nazi-Herrschaft wurden anfangs noch „Kriegszitterer" aus dem Ersten Weltkrieg umgebracht. Die Proteste der Kriegsveteranen stoppten die weiteren Verfahren. Die Krankheit der *Kriegszitterer* ist nach dem Zweiten Weltkrieg in die Zivilgesellschaft eingedrungen. Oft unter dem Kürzel CFS/ME (Chronique Fatigue System) oder auch als „Fatiguität" (Chronisches Erschöpfungssyndrom und Myalgische Enzephalomyelitis tritt sie neben anderen Immunitätserkrankungen auf. Die Behandlung der Krankheit ist sehr schwierig. Die Erkrankten müssen den Reizen ihrer getragenen Textilien wie einer strikten Diät in ihrem Leben Rechnung tragen.

5.6 Geldmacht: das zuverlässigste Kriegswerkzeug[192]

Der ökonomische Faktor ist für Kant ein etwas undurchsichtiger, dennoch bedeutender Faktor bei einer Entscheidung für oder gegen einen Krieg, weil solche Daten von den (damaligen) Regierungen nicht öffentlich gemacht wurden. Ihm ist klar, dass individuelle Ungleichheiten, deren Beseitigung durch wohltätige Handlungen geschehen könnte, mit den Kosten eines Krieges nichts zu tun haben und auch nicht gegeneinander aufgerechnet werden können. Ihm ist es nicht deutlich, dass das, was uns als der „militärisch-industrielle Komplex" bekannt ist, ein Motor der Instabilität bzw. Stabilität eines Staates ist.

(1) *Wohltätig sein, wo man kann, ist Pflicht und überdem gibt es manche so teilnehmend gestimmte Seelen, dass sie, auch ohne einen anderen Bewegungsgrund der Eitelkeit oder des Eigennutzes, ein inneres Vergnügen daran finden, Freude um sich zu verbreiten. (Grundlegung zur Metaphysik der Sitten, 1785, Bd. IV, S. 24)*

(2) *Aber ich behaupte, dass […] so pflichtmäßig, so liebenswürdig sie (die wohltätige Handlung) auch ist, dennoch keinen wahren sittlichen Wert habe […], denn der Maxime fehlt der sittliche Gehalt, nämlich solche Handlungen nicht aus Neigung, sondern aus Pflicht zu tun. Gesetzt also, das Gemüt jenes Menschenfreundes wäre vom eigenen Gram umwölkt, der alle Teilnehmung an anderer Schicksal auslöscht, er hätte immer noch Vermögen, anderen Notleidenden wohlzutun, aber fremde Not rührte ihn nicht, weil er mit seiner eigenen gnug beschäftigt ist (wäre) und nun, da keine Neigung ihn dazu mehr anreizt, risse er sich doch aus dieser tödli-*

[192] Kant, *Zum Ewigen Frieden*, BA 9, S. 198.

chen Unempfindlichkeit heraus und täte die Handlung ohne alle Neigung, lediglich aus Pflicht, alsdann hat sie allererst ihren echten moralischen Wert. [...] Da hebt der Wert des Charakters an, der moralisch und ohne alle Vergleichung der höchste ist, nämlich, dass er wohltue, nicht aus Neigung, sondern aus Pflicht.

(3) *Der zweite Satz ist: eine Handlung aus Pflicht hat ihren moralischen Wert nicht in der Absicht, welche dadurch erreicht werden soll,* sondern in der Maxime, nach er sie beschlossen wird, *hängt also nicht von der Wirklichkeit des Gegenstandes er Handlung ab, sondern bloß von dem Prinzip des Wollens, nach welchem die Handlung, unangesehen aller Gegenstände des Begehrungsvermögens, geschehen ist.*[193]

Aber auch in der Neuzeit findet sich mit der *Palme-Kommission Common Security*, die im Jahre 1982 veröffentlicht wurde ein entsprechendes Zeugnis. Die Schere zwischen reichen und armen Ländern öffnet sich zunehmend: Die Militärausgaben betrugen 1975-79 316 Mrd. Dollar. Es ist ein stetiges Wachstum um 6% zu verzeichnen.[194] Die Waffentechnologie verschlingt immer höhere Kosten. Die sog. Dritte Welt lässt sich in den Sog des Erwerbs von modernen Waffen ziehen.

Die Palme Kommission besuchte vor der Aufnahme ihrer Studien und Sitzungen Hiroshima und Nagasaki. Die Kommission ist der entscheidenden Erkenntnis über die Zukunft des modernen Krieges gewahr worden (der zu den ABC-Waffen sich genötigt sieht zu greifen, um den Krieg nicht zu verlieren), dass ein Nuklearkrieg kein Krieg ist.[195]

Die Palme-Kommission formulierte die Zielvorstellung für die Politik der Nach-Weltkriegs-Zeit. Sie betrifft die *Sicherheit*, von der die Kommission ausgeht; sie wäre der erste Schritt, der von allen Menschen geteilt und für die Rettung der Menschheit geboten wäre. Wie kann man die anderen Bedingungen der sozialen Gleichheit und Gerechtigkeit als Strategien ausgeben, wenn über der Menschheit das Damoklesschwert hängt, das also vordringlich gesichert werden muss, bevor die anderen Ziele verfolgt werden? Es ehrt die Kommission, nicht in der Unmöglichkeit der ausgleichenden Gerechtigkeit in den Berechnungswahn einer Abrüstungsarithmetik sich ziehen zu lassen, sondern die anderen Ziele als Resultate des militärischen Wahns zu berücksichtigen. So wird eine Kausalität umgekehrt, die bis dato fast uneingeschränkte Gültigkeit be-

[193] Kant, *Grundlegung zur Metaphysik der Sitten*, BA 14, Bd. 4, S. 26

[194] Die Palme-Kommission *Common Security*, 1982, S. 88

[195] Ebd. S. IX.

saß.[196]

Es trifft zu: *Wer Waffen schmiedet, bereitet Krieg.*[197] Die Anklage gegen Rüstungskonzerne stand auch in der Tradition des diesjährigen Tribunals vor dem BAFA (Bundesamt für Wirtschaft und Ausfuhrkontrolle) in Eschborn bei Frankfurt am Main. Dort wurde die Verantwortlichkeit dieser Bundesbehörde bei deutschen Waffenexporten in die ganze Welt thematisiert und nachgewiesen. Vor anderthalb Jahren, am 4. Februar 2020, wurde dieses Bundesamt blockiert.

Wenn etwas geschieht oder wenn jemand oder eine Organisation handelt, dann wird in der Regel ein bestimmtes Resultat gesetzt, positioniert. Diese besetzte Stelle verhindert, dass etwas Anderes dort gesetzt wird. So ist auch Kants Logik und Ethik zu verstehen: Kant könnte heute nur feststellen, dass die Organisation des Krieges den mitleidenden Menschen daran hindert, die zurecht grundlegend humane Freude zu erfahren durch eigenes Tun und Einsicht, freudvolles Tun auszulösen. So erweist sich Kants Forderung der Wohltätigkeit als die Folie humaner Empfindungen und humanen Handelns, die uns zeigt, in welch humanitätsfeindlicher Umgebung wir leben. Wir halten Kants Forderungen hoch und befreien uns zugleich von ihnen, indem wir es unternehmen, eine gesamtgesellschaftliche Lösung zu finden. Dies deckt sich mit Auerbachs Gedanken über die Bereicherung (der Weltliteratur) dank der Vielfalt der Völker.[198]

Wohltätig können keine Personen sein, den unmittelbar Leidtragenden der Kriegswirtschaft Unterstützung zukommen zu lassen. Sie können nur durch staatliche Ausgaben gedeckt werden. Besonders zahlreich sind Opfer der geächteten und verbotenen biologischen und chemischen Waffen. Die Waffen werden jedoch weiter „verbessert" (s. die US-Waffen in Ha Noi: gemeint ist nicht Agent Orange, sondern die geächteten Streubomben).

> *Seine eigene Glückseligkeit sichern, ist Pflicht (wenigstens indirekt), denn der Mangel der Zufriedenheit mit seinem Zustande, in einem Gedränge von vielen Sorgen und mitten unter unbefriedigten Bedürfnissen, könnte leicht eine große Versuchung zu Übertretung der Pflichten werden.* […] *In der Glückseligkeit, in dieser Idee vereinigen sich alle Neigungen zu einer Summe)* […] *So bleibt noch hier* […] *ein Gesetz übrig, nämlich seine Glückseligkeit zu befördern, nicht aus*

---

196 Ebd.

197 J.W. von Goethe, *Achilleis* (unvollendet) (verfasst 1796, Erstdruck 1800), Projekt Gutenberg – DE

198 „*Weltliteratur bezieht sich nicht einfach auf das Gemeinsame und Menschliche überhaupt, sondern auf dieses als wechselseitige Befruchtung des Mannigfaltigen. Die felix culpa des Auseinanderfallens der Menschheit in eine Fülle von Kulturen ist ihre Voraussetzung.*" Auerbach, Erich, *Philologie der Weltliteratur*, 1967, 1992 Ffm., S. 83.

Neigung, sondern aus Pflicht und da hat sein Verhalten allererst den eigentlichen moralischen Wert.
So sind ohne Zweifel auch die Schriftstellen zu verstehen, darin geboten wird, seinen Nächsten, selbst unsern Feind, zu lieben. Denn Liebe als Neigung kann nicht geboten werden, aber Wohltun aus Pflicht, selbst, wenn dazu gleich gar keine Neigung treibt, ja gar natürliche und unbezwingliche Abneigung widersteht, ist praktische und nicht pathologische Liebe.[199]

5.7 Frieden ohne Waffen

Es gibt Friedenssäulen, die, ikonographisch beurteilt, allerdings Siegessäulen sind. So ist unsere berühmteste Säule auch da, wo sie hingehört: in Berlin, auf dem ehemaligen Königsplatz, gekrönt von der Siegesgöttin Viktoria. Praktischerweise lässt sich die Säule immer um einen Ring erhöhen, jedes Mal, wenn Deutschland gesiegt und sich danach Frieden einstellt wie zuletzt 1870/71.
Die kurzen Ausführungen zum Wandel des berühmten Philosophen Friedrich Nietzsche zeigen, dass der Wandel vom Bewunderer französischer Kultur, dann zu ihrem Feind und schließlich zu ihrer Akzeptanz niemals so verstanden werden kann, als ginge es tatsächlich um die französische oder deutsche Kultur, falls sich da überhaupt kulturelle Grenzen sauber ziehen ließen. Der Chauvinismus ist kein Produkt einer Kultur, sondern ein Hass auf eine andere als die eigene Kultur.
Die aus Korea auswandernden, später sich so nennenden Bewohner von Rapa Nui (Osterinsel) entwickelten eine erstaunliche Besiedelungskultur: Sobald eine von ihnen besiedelte Insel nicht mehr ausreichend die Bevölkerung ernähren konnte, teilten sich die Insulaner und ein Teil segelte weiter nach Osten, bis sie Rapa Nui erreichten. Auf dem Weg dorthin hatte sich gezeigt, dass Waffen ihren Gebrauchswert verloren hatten. Erst auf Rapa Nui wurde zu Keulen gegriffen, um gewaltsam das Zusammenleben der schon geteilten Bevölkerung in Zaum zu halten.[200] Kulturelle Faktoren sollen nicht geleugnet werden. Gefährlich und unwissenschaftlich wird eine Beurteilung, wenn sie rassistische, diskri-

---

[199] Kant, *Grundlegung zur Metaphysik Sitten,* 1. Abschn. Übergang, BA 12, S. 25

[200] Es gibt viel Literatur ausgehend von Thor Heyerdahls ursprünglicher Vermutung einer Besiedelung aus Chile*: Kon Tiki,,* 1953 London; Pizzi, Amilcare (Hrg.), *Voyage vers l'Île mystérieuse de la Polynésie à l'1Isle de Pâques*, 1996 Bourdeaux ; Giancarlo Ligabue, *Navigateurs du Pacifique,* S. 39-45; Barthel, Buschkühl et al., *Geheimnisvolle Kultur der Osterinsel,* 1993 Augsburg; Prachan, Jean, *Das Geheimnis der Osterinsel,* 1991 München; ergänzend zu allen Legenden waren Gespräche mit Mitgliedern einer Häuptlingssippe wichtig.

minierende, herabsetzend-feindliche Faktoren enthält. So sind besonders in der Kolonialzeit Millionen Menschen mit solchen Vorurteilen bekämpft worden.

5.8 Frieden zuerst im eigenen Vaterland

Abbildung 10: *La Paix – Idylle*, 1871 von Honoré Daumier (1808-1879), dem bekannten französischen Karikaturist geschaffenes Blatt (233x182mm), Litz-Collection.

Die von Kant gepriesene Souveränität der Staaten dürfte es doch eigentlich nicht ausschließen, dass ein Staat im Prozess der allgemeinen Entwicklung zum Ewigen Frieden vorauseilt und für sich die Abschaffung des Militärs und die strikte, pazifistische Neutralität ausrufe. Wir wissen allerdings aus der Geschichte, dass das Deutsche Reich diese Neutralität Belgiens missachtete, das Land überrannte und besonders fürchterliche Kriegsverbrechen beging. Wir wissen auch, dass in Zeiten des Ersten Kalten Krieges die Grenzen der Staaten entlang von Militärbündnissen verliefen, eine Problematik, die hier außer Acht gelassen wird und selbst wir Kant dahingehend folgen, dass mit der Souveränität immer die freie politische Entscheidung des Staates gemeint ist.
Der außerordentliche Sozialistenkongress in Basel vom 24. bis 25. November 1912 beschäftigte sich mit den Kriegsdrohungen auf dem Balkan. Es fand auch

ein Friedensmarsch mit 10.000 Teilnehmern statt. Anwesend waren u.a. Jean Jaurès, Clara Zetkin Hermann Greulich, Viktor Adler, August Bebel, J.K. Hardie.[201] Heftige Kritik erfolgte von Lenin: Kein Sozialist könne zugleich Patriot sein (also jemand, der nur sein Vaterland als das beste Land erhalten möchte) und ein Gleicher unter allen anderen Inhabern anderer Pässe. Das Übel, das alle Menschen betreffen würde, ist der drohende Weltkrieg. Lenin traf eine wichtige Einstellung mit seiner Kritik, da es vermutlich angesichts der überwältigenden Demonstrationen, die in die Hunderttausende gingen, viele Genossen gab, welche die Zeit gekommen sahen, zuvörderst die Revolution auszurufen. Diese „Befürchtung" ging auch in den Regierungen um.

Unter dem Jaurèsschen Motto *Krieg dem Kriege* fand der außerordentliche Kongress statt und beschloss: Die Internationale hat auf ihren Kongressen von Stuttgart und Kopenhagen für das Proletariat aller Länder als leitende Grundsätze für den Kampf gegen den Krieg festgestellt – Manifest der Internationale zur gegenwärtigen Lage: Den Krieg verhindern: Droht der Ausbruch eines Krieges, so sind die arbeitenden Klassen und deren parlamentarische Vertretungen in den beteiligten Ländern verpflichtet, unterstützt durch die zusammenfassende Tätigkeit der Internationalen Bureaus, alles aufzubieten, um durch die Anwendung der ihnen am wirksamsten erscheinenden Mittel den Ausbruch des Krieges zu verhindern, die sich je nach der Verschärfung des Klassenkampfes und der Verschärfung der allgemeinen politischen Situation naturgemäß ändern. Falls der Krieg dennoch ausbrechen sollte, ist es die Pflicht, für dessen rasche Beendigung einzutreten und mit allen Kräften dahin zu streben, die durch den Krieg herbeigeführte wirtschaftliche und politische Krise zur Aufrüttelung des Volkes auszunutzen und dadurch die Beseitigung der kapitalistischen Klassenherrschaft zu beschleunigen. Zwischenüberschriften im weiteren Text des Baseler Manifests sind: Rüstungswahnsinn hat die Lebensmittelteuerung verschärft / Schreckliche Gräuel in der Balkankrise / Forderung nach einer demokratischen Föderation erhoben / Jede Entrechtung dieser Völker bekämpfen etc.[202]

[201] Wikipedia, abgerufen von https://de.wikipedia.org/w/index.php?title=Internationaler – Sozialistenkongress_(1912)&oldid=20329777 / bearbeitet zuletzt am 13, September 2020.

[202] https://www.hohenlohe-ungefiltert.de, abgerufen am 17. August 2022, 12:00h; ebenfalls auf dieser enthalten der Nachdruck aus dem *Vorwärts* (Berlin) vom 26.11.1912.

5.9 Kriegsanleihen als Kriegsverkürzung

Abbildung 11: Berliner Schüler werben für die Kriegsanleihe. Die neun seit September 1914 halbjährlich im Deutschen Reich aufgelegten Kriegsanleihen brachten insgesamt 97 Mrd. Mark ein (Aufnahmedatum: 1917).

Ihrer Natur nach ist eine Kriegsanleihe ein Kredit, den z.B. Bürger dem Staat zusätzlich zu den staatlichen Möglichkeiten der Finanzierung (Banken, Steuern, Inflation u.v.m.) mit Kapital versorgen. Somit sind Kriegsanleihen Maßnahmen zur *Verlängerung* des Krieges. Kriege müssen finanziert werden. Je wirtschaftlich potenter ein Staat ist, desto kriegsbedrohlicher ist er für andere Staaten. Ob nun das Kapital in Friedenszeiten erwirtschaftet wurde oder während des Krieges über Waffenverkäufe an Partner von Kriegsbündnissen etc. tut nichts zur Sache. Die ideale Verfassung, in die sich ein Staat bringen kann, ist durch den Spruch Cato des Älteren *bellum se ipsum alet* in die Geschichtsbücher gekommen: Der Krieg ernährt sich selbst. Dies ist in der Tat eine Idealität. Die Ägypter verehrten den heiligen Käfer Skarabäus, weil er sich von seinem eigenen Kot ernähre, also autark sein sollte.

Es ist zu befürchten, dass Kant Recht gegeben werden muss, wenn er klagt, dass „der Krieg [...] darin schlimm (ist), dass er mehr böse Leute macht, als er deren wegnimmt".[203]

Wir sind mit Kant und den anderen zitierten Geistern und Praktikern nicht viel weiter gekommen, das *Problem auflösbar* zu machen. Es müsste für uns eine Forderung u.a. unserer Vernunft sein, dringend dieses Problem zu lösen, denn es hat in den Jahren von 1945 bis 2007 allein 238 Kriege gegeben und allein das Jahr 2011 verzeichnet schon 388 Kriege laut AKUF (Arbeitskreis für Kriegsursachenforschung und Frieden):

> *Bei einer näheren Betrachtung der Kriege fällt zunächst auf, dass die Zentren der bürgerlich-kapitalistischen Welt weitgehend frei von Kriegen sind. Über 90 Prozent der Kriege nach 1945 fanden in Regionen der Dritten und ehemaligen Zweiten Welt statt, kriegerische Auseinandersetzungen verlagerten sich also fast vollständig in die Peripherien.*[204]

5.10 Der Schießplatz und der Friedhof

Abbildung 12: Gruß vom Schießplatz Dornhalde bei Stuttgart (neben dem Friedhof Dornhalde), Bild des Garnisonsschützenhauses.

[203] Kant, *Werke Bd. VI*, S. 222.

[204] Die Arbeitsgemeinschaft Kriegsursachenforschung (AKUF); abgerufen am 17.8. 2022

Der Schießplatz und der Friedhof
Zur Friedhofs-Aussicht, Kaffeeschänke. - „Seltsame Bezeichnung“, sagt sich unser Spaziergänger – „aber recht geschaffen, um einen durstig zu machen! Ganz ohne Zweifel: der Besitzer dieser Schänke versteht Horaz und die Dichterschule des Epikur zu würdigen. Am Ende ist ihm gar das tiefe Raffinement der alten Ägypter bekannt, für die es kein rechtes Fest gab ohne Skelett oder ein Sinnbild für des Lebens Kürze.“
Und er trat ein, trank angesichts der Leichenhügel ein Glas Bier und rauchte gemächlich eine Zigarre. Und dann überkam ihn die Laune, einmal hinabzugehen in diesen Friedhof, darin das Gras so hoch und lockend stand und wo so reiches Sonnenfluten herrschte.
Und in der Tat: da quoll es über von lauter Licht und Wärme; es war, als wälzte sich die Sonne berauscht in ihrer ganzen Länge auf einem Teppich wundervoller Blumen, die strotzten von der Nährkraft der Verwesung. Ein unermessliches Brausen von Leben erfüllte die Luft – das Leben der unendlich Kleinen war es – in regelmäßigen Zwischenräumen gleichsam durchschnitten vom Geknall der Flintenschüsse auf einem benachbarten Scheibenstande, die dahineinplatzten wie das Schnalzen von Champagnerpfropfen in das Gesumme einer abgedämpften Symphonie.[205]

Für Menschen ist der Ort, wo jemand lebt oder im Grab liegt, wichtig. Er gibt hier in unserer Realität die wesentliche Orientierung. Der reale Ort kann besucht und verändert werden. Ganz anders der philosophische Geist von Kant, der uns mit dem Nicht-Ort, der Utopie versöhnen will, weil dieser in weiter Zukunft unbestimmt gesetzt-gedacht werden kann, weil solche Orte auch schöne Orte sind – in der zweifachen Bedeutung der griechischen Vorsilbe „ou-“. Für unsere realen Orte gilt keine Ewige Ruhe eines Friedhofs. Keine Destruktivkraft, die Bombe eines Krieges oder der Wille eines Diktators oder benachbarte Gewehrschüsse verhindern die illusorische Ruhe. Es gibt auch für Herrschaftsdynastien eigene Friedhöfe: *Hierothesia* für die Könige der Kommagene (südöstliche Türkei). Der so grundlegende Spruch des Heraklit, der Krieg sei der Vater aller Dinge, gewinnt eine neue Bedeutung. Wollen wir mit seiner Hilfe in unserem Verstand Ruhe, Ordnung und dauerhafte Gewissheiten, so macht es Heraklit für alle Zeiten klar, dass hier auf der Erde und zur Zeit, da auch hier die Menschheitsgeschichte gestaltet wird, solche Wünsche, würden sie in die Tat umgesetzt, keine Dauer hätten. Alles ist vergänglich, verrottet. Der Frieden ist verlogen. Daumier hat ihm das Gesicht des Krieges gegeben,

205 Charles Baudelaire, *Gesammelte Schriften*, 1981 Dreieich, Kap. XLV, *Der Schiessplatz und der Friedhof*, S. 256-258,

sein Memento gesprochen als Mahnung, dass das Leben, seit es auf unserem Planet erschienen ist, den Verfall in sich trug.
Der Euhemerismus (benannt nach Euhemerus, einem Mythenschreiber; lebte vermutlich im 4. Jh. v.u.Z. in Makedonien) besagt, dass die Vorstellungen von Göttern aufgrund von Menschen geschaffenen Bildern erfolgten. Manche Religionen verboten die Herstellung solcher Bilder, nachdem die Götter schon existierten. Diese geschaffenen Bilder wiesen Eigenschaften auf, die beliebig ausgemalt werden können: So ist ein Schöpfergott in der Lage, ein ganzes Universum zu schaffen oder wie Hephaistos, binnen weniger Stunden einen Schild mit beweglichem Leben. Das sieht alles so aus wie ein Kinderspiel, das den Komparativ und den Superlativ, besser noch den Absolutiv einsetzt, um diesen Göttern mehr Macht, Schönheit etc. zu verleihen. Am Beispiel des Krieges haben wir schon gesehen, dass die Identität der Gegensätze (Aphrodite, die schönste Frau überhaupt und in Ehe mit dem kriegerischen und destruktiven, hinkenden Gott Hephaistos oder in Süd-Kleinasien die Göttin Inanna, die Leben, Liebe und Tod *war*) Widersprüchliches, gar Widersinniges auf sich zu vereinen vermag.
Durch Sprache lassen sich Phänomene, Steigerungen von sog. natürlichen Eigenschaften ausdrücken. Solche Sprachelemente erfahren auf die Weise eine allmächtige Bedeutung, wenn Gegensätzliches vereint wird. So verschaffen wir uns Antinomisches, den Gesetzen der Natur Entsprechendes und Widersprechendes. So ist laut Hera der Nemeische Löwe unverwundbar, aber von Herakles doch zu töten. Die Einheit erst von Liebe und Tod oder Liebe und Leben verschafft dieser Göttin eine Bedeutung, die größer nicht sein kann, da sie besonders die Negation des Geschaffenen als eine ihrer Fähigkeiten auf sich vereint.
Die Pause in Haydns *Schöpfung*, nachdem die Zuhörer erfahren haben, dass Gott beschlossen hatte, seine Schöpfung zu zerstören, ist ein Moment des unerträglichen Entsetzens: In diesem Takt entscheidet sich nicht nur das Schicksal des Menschen als Teil der Schöpfung, *vor allem* entscheidet sich, dass es kein Teufel oder eine anderer mächtiger Dämon je sein könnte, der Gottes Werk zerstören könnte. Dies kann *nur Gott selbst* und er tut es.
Nun ist er das mächtigste Wesen überhaupt aufgrund der sprachlich-intelligenten, antinomischen – absolut höchsten, verleihbaren – Machtfülle oder umgekehrt: übermächtig sind Göttergestalten mit immer mächtigeren Eigenschaften ausgestattet, dass der Sprachgeist es kaum geschafft hatte, die passenden Sprachgestalten zu entwickeln. Oder: Beides geschieht zugleich, ohne dass die Menschen verrückt werden, sie aber merken, dass ihr Leben verrückt ist und keine denkbare, ordnende Hand Klarheiten schaffen kann.
Nun herrschte wahrer Frieden!

Abbildung 13: Die Göttin Inana (Inanna, Ishtar).

Die Göttin Inana ist sumerischer Herkunft. Sie wurde vor ca. 6.000 Jahren in Mesopotamien verehrt. Ihr ursprünglicher Tempel stand in Uruk, wo auch Tempelprostitution nachgewiesen werden konnte. Sie verkörpert zwei (an sich) einander ausschließende Eigenschaften. Sie ist die Göttin der Liebe und des Krieges sowie des Todes. Ihre Attribute sind viel später auf Athene, Stadtgöttin Athens übertragen worden. Dieses Antagonym „Inanna" (Wortbedeutung, die in sich Gegensätzliches bedeutet) ist uns schon in der Ehe der Friedens- und

Liebesgöttin Aphrodite mit dem Waffenhersteller Hephaistos begegnet; später heiratete sie den Kriegsgott Ares.[206]
Von diesem Phänomen der Wider-Logik ist auch die Umgangssprache erfasst, denken wir an „sakra“ (heilig), ein Wort, das auch einen Fluch ausdrücken kann oder den Umgang mit der doppelten Verneinung (Merkmal des elisabethanischen Englisch noch heute in Nordamerika, bes. im Ostküsten-Bereich anzutreffen und in der von Rapmusikern genutzten Sprache). Es ist nicht universell gültig zu meinen, dass Verneinungen in der *parole* (gesprochenen Sprache) wie das mathematische Symbol des Minus-Zeichens aufzufassen seien. Es gibt doppelte, gar dreifache Verneinungen eines Sachverhaltes, die u.a. Höflichkeiten oder Bekräftigungen ausdrücken.
Es gilt, deutlich zu unterscheiden: Der Typus „Gottheit“ kann antagonistische Eigenschaften auf sich vereinen. Diese bleiben *unabhängig* von ihren jeweiligen Kontexten erhlaten. Mit Antagonymen wird in der Sprache gespielt und gerne Gegensätzliches als zweite Bedeutung (eines Kollektivs, einer Szene, einer Gruppe) geprägt. Viele gewandelte Bedeutungen sind in Szenensprachen entstanden und werden dort gepflegt und natürlich verstanden (exemplarisch im Englischen das Wort „awful“).

[206] Hedges, Chris, *War is a force that gives us meaning,* 2002, 2014, New York, S. 100.

III Der Goldene Frieden

Abbildung 14: Das Gasthausschild des Restaurants *Zum goldenen Frieden* (*Den Gyldene Freden* von 1722) in Stockholm. Website des Restaurants, besucht 30.4. 2023.

Der Name des Gasthauses bezieht sich auf den russisch-schwedischen Krieg und den Friedensschluss von Nystad im Jahre 1721. Wie oft wird die Allegorie des Friedens mit Wohlstand, Gerechtigkeit und Glück assoziiert – aber auch mit Gegenteiligem, mit negativen Eigenschaften, mit einem satten Wohlstand, der Selbstzu*frieden*heit erzeuge. Hier speist auch das Nobel-Komitee unter dem Motto: *Snille och Smak* – Talent und Geschmack. Der schwedische Weg *Zum Goldenen Frieden* ist besonders für die Zeit des Zweiten Weltkrieges ins Zwielicht geraten, da die Neutralitätspolitik seit den Napoleonischen Kriegen bis 2002 einen Preis entrichten musste, der den Nazis vorteilhafte Handelsbeziehungen verschaffte.[207]

6 Aus der Geschichte lernen

Was wir bei sog. primitiven Völkern sehen, könnte noch nicht einmal reichen zu bestimmen, wann und wo das erste Mal Krieg geherrscht hat. Es ist vermutlich im sog. „Fruchtbaren Halbmond", dem Zweistromland, passiert, dass Staaten gegründet und Armeen geschaffen wurden und der Krieg seinen Siegeszug antrat. Wenn heute die Rechtfertigung der Existenz des Staates diskutiert wird, dann unter dem Aspekt, dass die Mitglieder einer Gruppe, einer Ethnie, eines Volkes den Schutz der Menschen dem Staat zur Aufgabe übergab.
Allerdings mussten die frühen Menschen, die noch den Globus besiedelten, auch ganz andere Dimension der Gefahren und ein sehr starkes Bedürfnis nach Sicherheit gehabt haben. Sigmund Freud gab dem Problem m.E. den zutreffenden Begriff „Regression" als Bedeutung für die Anthropologie. Es ist ähnlich dem Prinzip einer Springprozession, die, vage einem Ziel entgegen, immer einen Schritt zurückgeht, gleichsam als ein Entfernen mit einem sicheren Ausgangspunkt im Rücken, in der Vergangenheit und hingewendet zu einem vermuteten Ziel.[208]

6.1. Agonal ausgetragene Konflikte

Konflikte entstanden vermutlich, wenn Kollektive aufeinander trafen, so wie sich solche Konflikte auch heute noch bei sesshaften, urtümlich lebenden Gruppen ereignen: Bei derartigen Kämpfen gibt es keine strategischen Ziele (Erweiterung des Stammesgebietes; Erwerb größerer Gebiete, in denen gejagt und gesammelt werden kann, organisierte Zusammenschlüsse, um Dritte zu

[207] Henrik Berggren, *Olof Palme*, dt. 2017 München, S. 199 ff.

[208] Sigmund Freud: *Abriss der Psychoanalyse*. Einführende Darstellungen. (Fischer-Taschenbücher 10434 Psychologie). 10., unveränderte Auflage 2004 Ffm.; Freud, *Zur Psychopathologie des Alltagslebens*, 1941 Ffm., S. 229 ff. Register der Fehlleistungen.

bekämpfen etc.). Die Art und Weise, wie gekämpft wird, ist auf dem unten gezeigten Bild zu sehen: Der Kampf ist die Summe aus mehreren Einzelkämpfern. Es gibt keine taktische Gruppenbildung, um etwa die Menge zu durchbrechen und die Gegner zu umzingeln, um einen Sieg für die eigene Ethnie zu erringen. Alle Beteiligten kennen einander. Es ist noch nicht einmal eine Schlacht, obwohl recht viele sterben, denn es fehlt jede Koordination mindestens durch einen „befehlshabenden Häuptling". Im Moment der Fotografie scheint gar nichts zu passieren, jedenfalls nichts, das eine Vorbereitung von Tötungen gleichen könnte. Es wird nicht mehr bei dieser agonalen Auseinandersetzung eingesetzt als Kämpfer und ihre (gleichen) Waffen, die Speere. Das gezeigte Geschehen ist dennoch das Bild von Aggressionen, die bis zur Tötung anderer Menschen geführt werden. Es ist kein Bild einer paradiesischen Situation, da unter diesen Ureinwohnern Sanftmut, Liebe etc. herrsche, wie es bei der Erziehung von Kindern der Fall ist. Bei Kindern schien auch keine Geschlechtertrennung zu herrschen im Unterschied zum obigen Bild eines gefährlichen Streitausfechtens.

Zum Leben hat in „grauer Vorzeit" das Spektrum der Emotionen und der Handlungen gehört. Die Waffen auf beiden Seiten sind gleich. Wird ein Speer geworfen, steht der Kämpfer schutzlos da, kann getötet werden, trifft er nicht, muss er sich den Speer holen, das ist alles nicht einfach. Es ist kein Spiel aber auch kein tödlicher Ernst der Ethnie. Es ist eine „agonale Kriegführung" und das ist etwas anderes als eine Verabredung zu töten.

Abbildung 15: Diamond, *Vermächtnis*, 2012/13, 142 ff., Bild S. 400.

Das Kampfgeschehen der Dani, wie auf obigem Bild zu sehen, ist bar jeder konzertierten Überlegung. Es ist keine Form irgendeiner Kriegskunst. Jeder weiß, dass er einen Gegner vor sich hat, der auch vermutlich ordentlich beleidigt wird, damit man wütend wird etc. Sollte die Frühzeit des homo sapiens sapiens so ausgesehen haben auf unserem Planeten, dann wissen wir, dass auch bei anderen Hominiden ähnliche Handlungen vorgenommen werden. Man kennt sich als Mensch eines benachbarten Stammes. Wenn all dem soweit gefolgt werden kann, dann weiß man, dass es in der Regel nicht um Ausrottung (s.o. bellum internecinum) geht, sondern um das Austragen von Konflikten zwischen bekannten Menschen. Ein friedliches Leben in wohldefinierten, abgegrenzten Gebieten schließt Emotionen nicht aus. Es herrscht kein Krieg, das kann ein Jeder dem Foto entnehmen, das schließt nicht aus, dass es tödliche Hiebe und Verletzungen gibt. Das Geschehen ähnelt eher einem Tanz, deswegen auch die Bezeichnung „agonale Auseinandersetzung". Obwohl es kein Paradies gab, so würden die dort lebenden Evas und Adams nicht ohne Emotionen ihre Tage zubringen. Gewalt wird nicht in Kriegen ausgelebt. Im Gegenteil: Es wird eher diszipliniert und methodisch zielgerichtet getötet und zerstört. Ein Feldherr will Anweisungen geben, die befolgt werden und die natürlich schlacht-entscheidend sind.

Der Krieger ist an seine Waffe gefesselt. Bedeutsam scheint auch die Tatsache zu sein, dass keine Distanzwaffen eingesetzt werden oder dass es offensichtlich keine Planung des Ablaufs des Gesamtgeschehens gibt. Der Speer als Wurfspeer scheint unabhängig auf der ganzen Welt Verbreitung gefunden zu haben. Chamisso berichtet von der Technik mit dem Wurfspeer zu werfen, wie auf den Sandwich-Inseln praktiziert: *„Ein anderes Schauspiel war uns verheißen – das Schauspiel volkstümlicher Waffenübungen von Fürsten und Edlen, eine Scheinschlacht, die nicht ohne Gefahr bei der raschen Leidenschaftlichkeit dieses Volkes, leicht zu einer wirklichen werden kann. Die Waffe ist [...] der Wurfspieß, der nicht mit erhobenem Arm wie von den Griechen, sondern mit gesenktem, längs der Erde, den Rücken der Hand einwärts, den Daumen nach hinten, geschwungen und von unten aufgeschleudert wird."*[209]

[209] Adelbert von Chamisso, *Reise um die Welt in den Jahren 1815-1818*, 1836, 2017 North Charleston, S. 117

6.2 Von Kinderspielen traditioneller Gesellschaften lernen

Jared Diamond hat Jahrzehnte seines Lebens bei sog. Steinzeitmenschen auf Neuguinea zugebracht. Er ist Anthropologe und Ornithologe und hat die traditionellen Grenzen der Wissenschaften überwunden und interessante Fragen gestellt, die ungewohntes Licht auf seine Objekte warfen: Die noch recht ursprüngliche Natur auf der Insel, die merkwürdigen Brauchtümer, die Wahrnehmung der Europäer durch die sog. primitiven Völker, die Konflikte zwischen Europäern und Eingeborenen und die gravierenden sozialen Veränderungen. Er hat u.a. ein Werk geschrieben, in dem er aufzuzeigen versucht, ob nicht auch wir „hochzivilisierte" Menschen von den „Primitiven" lernen könnten:

> *Selbst Kinderspiele sind in den Vereinigten Staaten in der Regel Wettbewerbe mit Gewinnern und Verlierern. In der traditionellen Gesellschaft Neuguineas ist das anders: Hier geht es im Spiel der Kinder nicht um Gewinnen und Verlieren, sondern um Kooperation.*
> *So beobachtete beispielsweise die Anthropologin Jane Goodall eine Gruppe von Kindern aus dem Volk der Kaulong in Neubritannien, denen sie eine Bananenstaude gegeben hatte, so dass jedes Kind eine Banane bekommen konnte. Die Kinder spielten weiter ihr Spiel. Statt eines Wettbewerbes, in dem jedes Kind sich um die größte Banane bemühte, schnitten die Kinder ihre Bananen jeweils in zwei gleiche Hälften, aßen die eine, boten die andere Hälfte einem anderen Kind an und erhielten von diesem im Gegenzug ebenfalls eine halbe Banane. Dann schnitt jedes Kind diese noch nicht verzehrte halbe Banane wiederum in zwei gleich große Stücke, aß eines der so entstandenen Viertel, bot das andere Viertel einem weiteren Kind an und erhielt von diesem wiederum im Gegenzug eine viertel Banane. Das Spiel durchlief vier oder fünf Zyklen: Der Bananenrest wurde in Achtel und dann in Sechzehntel geteilt und schließlich aß jedes Kind das Stückchen, das ein Zweiunddreißigstel der ursprünglichen Banane darstellte; das andere Zweiunddreißigstel gab es an ein anderes Kind weiter und schließlich aß es das letzte Zweiunddreißigstel einer anderen Banane von wiederum einem anderen Kind. Das ganze Ritual war Teil einer Übung, durch die Kinder in Neuguinea lernen, zu teilen und nicht den eigenen Vorteil zu suchen.*[210]

[210] Diamond, Jared, *Vermächtnis – Was wir von traditionellen Gesellschaften lernen können*, 2012, 2013 Ffm./New York, S. 110; für unseren Kontext sehr interessant: Diamond, *Guns, Germs, and Steel*, 1997 London, Teil III, Kap. 11-14: *From Food to Guns, Germs, and Steel.*

Überließe man den Erziehungswissenschaften die Aufgabe, die folgenden Generationen so zu erziehen, dass ihr soziales Verhalten nicht auf Konkurrenz basiert, kann man gewiss sein, dass dies durchzuführen und zuvor in curriculare Rahmen zu gießen, ungefähr so viel Zeit benötigt, wie Kleist ansetzt, um den Kreis vom Sündenfall zur Wiedererlangung des Paradieses zu schließen. Auch dies muss hier nicht als disqualifizierender Einwand gewertet werden. Das pädagogische Angebot, von den Kaulong zu lernen, enthält bestimmte Zielvorstellungen, die – was nicht irritierend sein muss – von eben diesem Stamm inzwischen kaum noch praktiziert werden dürfte.

6.3 Reemtsma und Goya

Der Schutzheilige Madrids ist der hl. Isidro Labrador, dem eine Kapelle ungefähr an der Stelle gewidmet ist, da der Legende nach der Heilige Isidro eine Quelle geöffnet habe. Isidro Labrador ist der Landarbeiter, der auch fast nur in dieser Arbeitskluft dargestellt wird. Dieses „proletarisch-bäuerliche" Merkmal ist auch der Charakter der Kleidung für einen Teil der Gläubigen an seinem Feiertag, dem 15. Mai. In Goyas Bild gibt es die kleine Gruppe von drei Jugendlichen in bäuerlicher Kleidung. Abgesehen von diesem Bild, das eine Nachzeichnung eines Wandgemäldes aus Goyas Haus, *Quinta del Sordo* ist, existiert ein 30 Jahre später gemaltes Bild nun aus der dunklen Schaffenszeit: *La Romería de San Isidro* (der Pilgerzug). Dieses Bild gehört ebenso in diesen Zusammenhang wie auch die Kriegsbilder, *Desastres de la guerra,* ursächlich im Zusammenhang mit den Guerillaaktionen nach dem französischen Überfall auf Spanien gemalt worden (1808-1813 – für die Spanier war es ihr Unabhängigkeitskrieg).

Abbildung 16: *Die Wiese von San Isidro*, 1788 von Francisco de Goya

Der Betrachter der Szene nähme in der Realität den erhöhten Punkt ein und käme damit auf Augenhöhe mit der Kuppel der Kirche *San Francisco El Grande* (links davon der Königspalast von Madrid mit einer Senke zwischen den beiden genannten Gebäuden). Es ist der Standpunkt eines *Kommandanten der Belagerung* wie auch des Bildbetrachters. Beide Betrachter haben unterhalb ihrer Position Teile der Bevölkerung Madrids, wie auf einem Sims, die jedoch zum Festtag des *San Isidro Labrador* auch entsprechend festlich gekleidet ist.
Die Komposition ist ikonographisch eine, welche formal für Belagerungen (z.B. einer Stadt) verwendet wird. Wie von einem der Stadt gegenüberliegenden „Feldherrnhügel" aus, wird das Feld der Kampfhandlungen (Ausfälle, Schiffsbrücke etc.) entfaltet.
Breitet der Betrachter seine Arme aus, kann es passieren, dass aus der militärischen einschließenden Bewegung ihr Gegenteil sich entfaltet, die ikonographische, durch das Bild erzeugte Bedeutung aufleuchtet: „Seid umschlungen [...]."[211]

[211] Schillers *Ode an die Freude* und ihre Vertonung durch Beethoven, der 4. Satz der neunten Symphonie. Wiederholt sei an Haydns Vertonung *Schöpfung* erinnert, diesmal des Kontrastes wegen,: an die Vernichtung der Welt; da die obige Geste des menschenfreundlichen Umarmens ein tiefes Wohlfühlen auslöst. M.E. ist dieser Effekt vergleichbar mit dem Text von Tolstoi, *Menschen, die hingerichtet werden*; Joseph Haydn, *Die Schöpfung*, Hob. XXI:2, 1798; Drei Quellen: *Buch Genesis*, das Buch der *Psalmen*, John Miltons, *Paradise Lost*; Oratorium: Genesis 1, 1-31; Psalm 19; Teil 2: Psalm 104, 27-30; Erster Teil: Tage 1-4 der Schöpfungsgeschichte; der Zweite Teil: fünfter und sechster Teil; letzter Abschnitt *Adam und Eva*; Erster Teil: 27. Terzett (Gabriel, Uriel, Raphael): Gabriel, Uriel: *Zu dir, o Herr, blickt alles auf. Um Speise fleht dich alles an. Du öffnest deine Hand, gesättigt werden sie.* Dann aber, zutiefst unzufrieden mit seiner Schöpfung vernichtet Jahwe alles. Musikalisch erfolgt eine (Grabes-)

Jan Phillipp Reemtsma wurde 1996 gekidnappt und verbrachte 33 Tage in den Händen von Entführern, die ein hohes Lösegeld erpressten. Er schrieb über seine Haft, angekettet an einen Heizungskörper. Seine beiden Bewacher trugen Masken und versuchten nicht zu sprechen. So entstand Reemtsmas Werk *Im Keller.*[212]

6.4 Ursprung der Sprache

Die Frage nach dem Ursprung der Sprache ist so zu beantworten, dass menschliche Sprache ein (erstes) Signalsystem in der Pflanzen- und Tierwelt zum Grunde hat. „Mehr noch, wir können drei Universalien unter den ausschließlich menschlichen Leistungen miteinander in Verbindung setzen: 1) die Anfertigung von Werkzeugen zur Herstellung von Werkzeugen; 2) das Auftauchen phonematischer, rein distinktiver Elemente, die keine eigene Bedeutung besitzen, sondern dazu dienen, bedeutungstragende Einheiten, nämlich Morpheme und Wörter, zu bilden; 3) das Inzest-Tabu. Sprache geht, wie z.B. von den Felsmalereien[213] ablesbar, diesen vorher."[214] Auch der „Aufbau ökonomischer, kooperativer und defensiver Bündnisse""[215] gehört zu diesem reflektierten kommunikativen Verkehr der Menschen. Interessanterweise existiert eine linguistische Untersuchung eben dieses Art-Gattungsproblems in dem Werk *Signs of the Inka Khippu – Binary Coding in the Andean Knotted String Records*: „In binär-gegensätzlich auftretenden Zeichen ist es der unmarkierte Teil, dessen häufigeres Vorkommen zur Markiertheit führt."[216] Das Gewöhnliche sei dem Inka (Herrscher, Volk, Sprache) eben das, was unauffälligerweise das Ungewöhnlichere hervorruft: Wenn es zutrifft, dass die meisten Aktivitäten des Menschen

---

Stille, nachdem Raphael noch sagt: „Du wendest ab dein Angesicht, da bebet alles und erstarrt. Du nimmst den Odem weg, in Staub zerfallen sie."

[212] Hamburg 1998, 2005. Er versuchte auch, anderes zu schreiben. Eine Art Erzählung, die er schon immer geplant hatte. Sie kam über einen ungeplanten Teil, den Beginn einer Analyse von Goyas *Wiese von San Isidro*, nicht hinaus. (Er hatte an fast allen Tagen das Buch über den Prado bei diesem großen, so ruhigen wie raffinierten Bild aufgeschlagen – Wonnen reiner Form in Tagen monströser Chaotik der Gefühle.) S. 206f.

[213] *Die Biologie als Kommunikationswissenschaft*, 1970/74 in: Roman Jakobson, Semiotik, S. 390.

[214] Jakobson, ebd.: *So bieten die frühesten Spuren der darstellenden Kunst für die Glottogonie einen plausiblen terminus post quem non.*

[215] Kohl, Kuba, Ivanoff, *Kunst der Vorzeit, Feldbilder aus der Sammlung Frobenius*, 2016 Mchn, Landon, NY.

[216] Urton, Gary, *Signs of the Inka Khipu*, (2003) 2005 Austin, Texas, S. 145 (eigene Übersetzung).

tagsüber, also bei Tageslicht, stattfinden, muss nicht explizit die Tageszeit angegeben werden, wenn gearbeitet, kommuniziert etc. wird. So könnte man sich vorstellen, dass der Trend, dass die Hälfte der Menschheit jetzt schon in Städten lebt, fortgeschrieben wird und damit auch die Nachtzeit ein größeres Zeitvolumen der Menschen beansprucht. Die sog. „natürliche" Wachzeit der Menschen – s. die Aktionen gegen Lichtverschmutzung – dürfte sich verändern und die „Nachtzeit" bliebe nur noch als der geringe naturbelassene Zeitraum im Bewusstsein der Menschen erhalten.

6.5 Überzeugendes der Logik (Aristoteles)

In der Kategorien-Schrift (7a, 7b) schreibt Aristoteles:

> *Lässt man […] nur den Terminus (Begriff) dieser Beziehung stehen, so wird man von dem gedachten Ding immer mit dieser Bezugnahme sprechen. Bezieht man z.B. den Sklaven auf den Herrn und lässt man unter Ausschaltung alles anderen, für den Herrn Akzidentellen* (eher zufällige, denn notwendige Eigenschaften; Re.), *wie dass er Zweifüßler, wissensfähig, Mensch ist, nur dieses stehen, dass er Herr ist, so wird man von dem Sklaven immer in dieser Beziehung sprechen. Denn der Sklave heißt so als Sklave des Herrn. […] Man beziehe Sklave auf Mensch und Flügel auf Vogel und schalte bei Mensch das Moment Herr aus, so kann man von Sklave nicht mehr mit Bezug auf Mensch sprechen. Denn wenn kein Herr ist, ist auch kein Sklave.*[217]

Leider folgte für Aristoteles aus seinen eigenen Worten nicht zumindest die Einsicht, dass das Verhältnis von Sklave und Herr ein ungerechtes ist und deshalb aufgelöst werden müsste. Er wäre dann nur von Menschen umgeben. Diese Einsicht fehlt aufgrund seiner gesellschaftlichen Schranken. Er lehrte und schrieb zu einer Zeit, da, laut Marx, die Gleichheit der Menschen noch nicht zu einem allgemeinen Vorurteil geworden war. Krieg oder Seeräuber spielten Schicksal, ob man frühzeitig sterben musste, als Sklavenhalter ein freies Bürgerleben führen konnte oder zu einem Instrument in den Händen eines Herrn wurde. Die Menschen nahmen das als Schicksalsschläge hin, wofür sie keine bessere Erklärung fanden. So hatte, wie zur Illustrierung der Auffassung vom Gattungswesen, der Mensch Thukydides in seinem berühmten Dialog der Athener mit den Meliern offen die imperiale Taktik der Athener beschrieben:

[217] Aristoteles, *Philosophische Schriften 1, Kategorien* (S. 18 f.; Paginierung der Gesamtausgabe: 7a, 7b).

Die Melier wurden gedrängt sich der Übermacht Athens anzuschließen, sie konnten auch darüber abstimmen oder nicht; die Konsequenzen einer Weigerung oder auch nur die Einnahme einer neutralen Haltung, wie von ihnen, den Meliern, angeboten, wurde nicht geduldet. So geschah das Vorhersehbare, d.h. das Übliche: Alle Männer wurden getötet, Frauen und Kinder in die Sklaverei verkauft.
Die Offenheit der Darlegung der Macht-Motive Athens und die tatsächlich demokratische Abstimmung in Athen, wie mit den Gefangenen nach der Eroberung der Insel verfahren werden soll, sind ungewöhnlich. Athen wollte die Melier, die sich als Abkömmlinge der dorischen Volksgruppe bezeichneten, überreden, dem attischen Seebund beizutreten; und wenn das politische Ziel nicht auf diese Weise zu erreichen war, dann wurde eben der Krieg erklärt. Getreu dem Motto: „Der Feind meines Feindes ist mein Freund", waren die Melier aus der zynischen athenischen Sicht „frei" sich zu entscheiden, wie sie ihre Zukunft sehen „wollten" – was sich entpuppte als zuzusehen, wer in der Ägäis der Hegemon werden soll; Varianten der Inhumanität wurden ausprobiert.[218]

6.6 Denken und Gedächtnis

Verstand schafft Leiden[219]

SOFJA *für sich*:

Sein Witz ist Schlangenstich! Laut: gezwungen:
Darf ich Sie etwas fragen?
Vermochten Sie wohl je, sei's auch nur im Versehn,
was Gutes auch von jemandem zu sagen –
wenn jetzt nicht mehr, vielleicht in Ihrer Kindheit Tagen?

TSCHATZKI:

Warum so weit zurück nur gehn?
Hier eine gute Tat: durch Schnee und Regen
Jag ich bei Tag und Nacht auf schlechten Wegen
Nach Moskau – nur um Sie zu sehn!
Und Sie empfangen mich mit strenger Miene
Wie eine frömmelnde Begine.
Ich werde lächelnd kaltgestellt.
Und dennoch lieb ich Sie mehr als die ganze Welt!

---

[218] Kagan, S. 4, chap. 4, *The Decisions for War* (432)

[219] Alexander Sergejewitsch Gribojedow (1795-1829), *Verstand schafft Leiden – Komödie*, 1970 Leipzig.

Kurze Pause.

Klingt denn nur kalter Spott aus meiner Rede?
Erschein ich als ein Menschenfeind?
Dann liegen Herz und Kopf bei mir in Fehde –
Denn niemals hab ich's bös gemeint!
Wohl lach ich über lächerliche Dinge,
doch gleich danach vergaß ich's schon …
Befehlen Sie indes, dass ich ins Feuer springe –
ich tu's im Augenblick und fordre keinen Lohn!

SOFJA:

Ja, gut, wenn Sie dabei verbrennen.
Wenn Sie sich aber retten können?

Tschatzki redet und redet und redet und ihm gilt nichts mehr als die menschliche Rede. Da Reden auch Missverständnisse erzeugen können, versichert er (in einer neuen Rede), dass solches nie seine Meinung war. Der Zusammenhang von Denken, Meinung einerseits und der Tat andererseits existiere ebenfalls nur in der Rede, denn weder Tschatzki noch Sofja wollen wirklich, dass sich Tschatzki als „Liebesbeweis" „verbrenne". Die kluge Sofja zeigt immerhin den Widerspruch auf. Die Thematik Krieg und Frieden verlangt aber irgendwann einmal, dass das Reden darüber zu einem Ende komme und gehandelt werde, den Krieg zu vernichten. Man ziehe Jaurès' „Krieg dem Kriege" heran, von dem zumindest gelernt werden kann, dass seine Auseinandersetzung mit dem Krieg nicht neue, kunstvolle Reden erzeugen soll. (Dies betrifft auch die vorliegende Schrift). Kants Bild der Gastwirtschaft „Zum Ewigen Frieden" neben dem Friedhof enthält die Provokation, das Denken auf seine Schwächen hin zu kritisieren, um zu einer *Abschaffung* des Krieges zu gelangen, so denn auch Kants Artikel Schritte auf dieses Ziel hin sind. Das große Resümee zu Kants durchdachten Vorschlag, wie denn der Ewige Frieden zu erhalten sei, endet mit drei Vorschlägen:

Erstens: Den Ewigen Frieden gibt es nicht, es sei denn, man denke an die Friedhöfe. Diese Möglichkeit ist als Satire ausgedacht, da man sich den Frieden als einen Gesellschaftszustand denkt, aber einen Ort der Toten präsentiert erhält. Aber selbst hier zeigte sich, dass dieser Frieden entscheidend gestört werden kann.

Zweitens: Will man beharrlich ein Erreichen des sozialen Friedens denken, so sagt Kant, dass er im Moment noch eine Utopie darstelle. Als Idee können wir ihn uns vorstellen und seine Rückwirkung auf uns eventuell sogar feststellen. Aber im Grunde rückt diese Variante den Frieden doch weiter weg von unserer

Realität, die wohl immer stärker an Interessen sich orientiert, die letztlich auch militärisch durchgesetzt werden wollen.
Drittens zeigt Kant noch eine Variante auf, die dem Leser sagt, er könne sich auch das Leben leichter machen und bequem in einem Gängelwagen und vor allem sicher, ohne dass irgendjemand Ansprüche stellt, den Tag einen guten Tag sein lassen.
Denn, wie die Figur Tschatzki zeigt, erleidet man doch allzu empfindliche Einbußen, wenn man Ungewohntes tut und ausgerechnet anfängt zu denken – eine Auffassung, die auch Hegel teilt und im Grunde alle hier erwähnten Personen. Wer also scheut selbst zu denken, begibt sich in die Abhängigkeit wie Kinder in einem Gängelwagen:[220]

> *Es ist so bequem, unmündig zu sein. Habe ich ein Buch, das für mich Verstand hat […]. Ich habe nicht nötig zu denken, wenn ich nur bezahlen kann; andere werden das verdrießliche Geschäft schon für mich übernehmen. […] Nachdem sie (die Vormünder, Re.) ihr Hausvieh zuerst dumm gemacht haben und sorgfältig verhüteten, dass diese ruhigen Geschöpfe ja keinen Schritt außer dem Gängelwagen, darin sie sie einsperrten, wagen durften: so zeigen sie ihnen nachher die Gefahr, die ihnen drohet, wenn sie es versuchen, allein zu gehen.*

Aber es geht nicht nur um die Selbstständigkeit des eigenen Kopfes, der allerdings nur scheinbar unangereichert ist, es geht auch darum, was in dem Kopf ansonsten als Vorurteil vorhanden ist oder um festgezerrte Interessen und vor allem um schon im Laufe des Lebens angeeignete Überzeugungen, die einer Kritik unterzogen werden müssten. Lernen und Neues lernen, Altes reparieren oder ersetzen, gefährdete Überzeugungen reifen lassen und mehrfach diskutieren.
So gibt es Konflikte, an deren Beseitigung keiner Interesse hat, sei es, weil man Waffen dorthin schicken oder Friedensehrungen feiern kann. Nicht allein Gutes und Progressives wird aufbewahrt – auch Schwelbrände.

[220] Kant, Werke VI, *Beantwortung der Frage: Was ist Aufklärung*? S. 481 ff., S. 53 ff.

Abbildung 17: *Denn das Leben ist die Liebe, Und des Lebens Leben Geist* (Goethe, Werke. Bd. 13, *Westöstlicher Diwan*, S. 91)

IV. Zusammen (und jeweils heillos zerstritten) und nicht getrennt gegen die Faschisten: Die Palästinensische Brigade *The Buffs*

7 Vorbemerkung

Es gab, gibt und wird es auch immer jene Menschen geben, so die nicht unbegründete Hoffnung der Menschheitsgeschichte entnommen, die sich kollektiv und als einzeln dem Frieden gewidmet haben, es tun und es tun werden. In diesem Fall zeigten solche Menschen, dass sie bereit waren, ihr Leben für den Sieg über den Faschismus zu opfern, ohne den eine Politik für Palästina keinen Sinn machen würde.

Als die Faschisten noch keine unmittelbare Bedrohung für die Bewohner Palästinas waren, übten sie ganz normale Nachbarhilfe. Ab dem Kriegsbeginn von 1939 wurden die Wolken dunkler. Juden, die schon einiges wussten, wie es ihren Glaubensgenossen in den faschistisch besetzten Ländern erging, meldeten sich in „Jüdischen Brigaden" für den Kampf im Rahmen der Britischen Armee. Palästina war britisches Mandatsgebiet. Solche *Jewish Brigades* werden in der Literatur behandelt.

Es ist nur scheinbar einfach zu verstehen, dass sich Juden gegen die deutschen Faschisten (nach der Eroberung Siziliens und Süditaliens durch die Britische Armee) eben dieser Armee anschließen wollten, obwohl diese britische Armee Mandatmacht des Völkerbundes war und zwischen ihr und Einreisewilligen und Unterstützern geschossen wurde.

Es ist auch nur scheinbar einfach zu verstehen, dass sich arabische Palästinenser der einzigen Armee, der britischen, anschließen konnten, um den Faschismus zu bekämpfen, obwohl doch Briten und Palästinenser aufeinander schossen, weil die Briten nicht weiteren jüdischen Immigranten eine „Heimstätte" (home) verwehrten.

Wovon aber hier die Rede ist, ist die Brigade *The Buffs*, die inzwischen als das ehemalige *Dänische Regiment* aufgelöst wurde. Diese Palästinensische Brigade bestand aus Kriegsfreiwilligen aus Palästina: arabische Palästinenser und jüdische Palästinenser. Sie ließen die traditionellen ethnischen, politischen Abgrenzungen hinter sich. Das sagt sich so leicht.

Dass diese Brigade alle möglichen Ehrungen verdient hätte, dürfte auf der Hand liegen. Man versprach, sich erinnern zu wollen und zu recherchieren. Es geschah aber nicht.[221]

7.1 Der sich selbst erzeugende und begründende Pessimismus

Angesichts der täglichen Nachrichten aus Palästina bzw. Israel und eingedenk der gemeinsamen Geschichte beider Völker, der arabischen und jüdisch-israelischen, scheint nur der Standpunkt des tiefsten Pessimismus eingenommen werden zu können. Fast alle zeitgenössischen Zeichen deuten darauf hin, dass hinsichtlich des Pessimismus beide Seiten übereinstimmen – in Worten wie in Taten. Beide Seiten, rückblickend auf die gemeinsame Geschichte, sehen eine Folge von Ereignissen (res gestae)[222], die sie nur darin bestärken können, die Abfolge dieser Ereignisse als eine Katastrophe zu *bewerten* (historia rerum gestarum); diese Geschichtsauffassung (historia) führt nun ihrerseits dazu, über eine Legitimation zu verfügen, den geschehenen Katastrophen weitere hinzuzufügen. Katastrophen werden in der politischen Auseinandersetzung zu Argumenten, die begründen sollen, weshalb mit dem ausgemachten Gegner nicht anders als bisher verfahren werden könne. Auf diese Weise begreifen sich beide Parteien als Opfer der Geschichte, die sie naturgewaltig, also unaufhaltsam in den Strudel der Gewalt hineinzieht. Dies aber ist das Ende von Politik, da Gewalt nicht mehr als eines der vielen möglichen Mittel betrachtet wird, das einem bestimmten politischen Zweck zu dienen habe, sondern umgekehrt: Das verselbstständigte Mittel *ist* Politik, d.h. Politik ist zur Gewaltpolitik verkommen. Die provokatorische Wirkung auf Beteiligte wie Außenstehende eines derartigen und folglich auch praktizierten Geschichtspessimismus bleibt: dass menschliche Geschichte kein Schicksal ist, da allein die Menschen für ihr Tun verantwortlich

---

[221] Immerhin erwähnt das Buch von Morris Beckman, *The Jewish Brigade – An Army with two Masters 1944-45*, 1998 Rockwell, NY, S. 24, „unser" (East Kent Regiment*) The Buffs*.

[222] Yehuda Bauer, *From Diplomacy to Resistance*, Philadelphia 1970, zeigt ein klares Bewusstsein dieser Differenz: Man kann als Chronist die Geschehnisse (res gestae) aufzeichnen, aber besonders gelegentlich der Darstellung zeitgenössischer Ereignisse wird deutlich, dass das Verhältnis des Historikers zur beschriebenen Geschichte ein reflektierendes sein muss; ein Standpunkt ist immer gegeben; er verlangt argumentativ dargelegt und reflektiert zu werden. Leider zeigt Bauer in diesem Punkt Inkonsistenz: Wenn er Unverständnis darüber zum Ausdruck bringt, dass die Briten die jüdischen militärischen Anstrengungen nicht honorierten, obwohl die Juden doch das einzige vertrauenswürdige Element in der ganzen Region wären („the only trustworthy element in the entire region", S. 222), so muss der Leser daraus schließen, dass es die Araber jedenfalls nicht waren; ein Beweis oder auch nur ein Beleg für diese Behauptung wird nicht erbracht.

sind. Man ist gezwungen, einen Punkt zu finden, an dem Kritik ansetzen kann, um Perspektiven eines anderen politischen Handelns gewinnen zu können. Geschichte erscheint als ein an sich schon kompliziertes Verhältnis: Geschichtliche Ereignisse (res gestae) sind Wirkungen eines Geschichtsverständnisses (historia) oder: *Die Ereignisse sind Ursachen für eine sich im Nachhinein erst einstellende Geschichtsauffassung* oder: Beides zugleich verstärkt sich und wirkt auseinander in dieser Wechselseitigkeit. Zudem bleiben die Widersprüche, die zu geschichtlichem Handeln und geschichtlichen Ereignissen führen, nicht auf diese beschränkt, sondern setzen sich fort in ihrer Reflexion (historia) wie gerade hier angesichts einer Geschichte, die uralte Wurzeln hat und gegenwärtig ist, fundamentale ethische Fragen aufwirft, emotionsgeladen ist und jedem Beteiligten und Fernstehenden eine Parteilichkeit abverlangt. Die ausgewählte Literatur spiegelt dies wider. Es gibt nicht *den* Stand der Forschung zum Thema, *den* Konsens einer scientific community herrschender Historiker, dem man sich bequem anschließen könnte. Das Thema verlangt die eigene Anstrengung der Urteilsbildung.
Der erste Ansatzpunkt der Kritik müsste die Folge der Geschehnisse selbst sein: Ist es überhaupt zutreffend, dass die Vergangenheit eine Kette von Begebenheiten ist, die in Gänze „Katastrophe“[223] genannt werden muss? Denn, ist dem nicht so, lohnt es sich den Grund herauszufinden, um eventuell doch handeln und sich damit aus der Passivität befreien zu können.

7.2 Palästina

7.2.1 Konstellationen und Kämpfe vor 1939 in Palästina

Unter den geschichtlichen Katastrophen sind nicht die Naturkatastrophen gemeint, sondern die, die in der Regel als bewaffnete, also militärische Auseinandersetzungen in die Geschichtsbücher eingegangen sind. Auch wenn Clausewitz als erster den Krieg als eine der vielen möglichen Formen der Politik theoretisch gefasst hat, so ist vor ihm natürlich immer schon strategisch und taktisch gehandelt worden. Kriegerische Auseinandersetzungen sind gewalttätige Formen des menschlichen Verkehrs, die dann gewählt werden, wenn nicht mehr *gesprochen*[224] werden soll. Entsprechend ist zu verstehen, dass beispielsweise 1938 Hitler und Chamberlain in München noch über die Zukunft der Tschechoslowakei *sprachen*, obwohl beide, wären sie schon militärisch hinrei-

[223] Man denke an Walter Benjamins *Engel der Geschichte*.
[224] In Anspielung auf Reemtsmas Buch *Die Gewalt spricht nicht*, 2002 Stgt.

chend vorbereitet, mit Waffengewalt gehandelt hätten. Aber schon am 18. März 1938, drei Tage nachdem sich deutsche Truppen in Prag einquartiert hatten, *sprach* derselbe Chamberlain, dessen Name als Synonym für *Beschwichtigungspolitik* in die Geschichtsbücher eingegangen ist, in Birmingham öffentlich von einer geänderten Deutschlandpolitik, die auf ein *ironclad*, ein eisenhartes Handeln eingestellt sei. Als dann Hitler-Deutschland Polen mit Waffengewalt überfiel, reduzierte Nazi-Deutschland die Politik auf das militärische Handeln weltweit. Die allgemeine Katastrophe war da.
In Palästina herrschte schon vor und verstärkt nach der Übernahme des Völkerbundmandats durch die britische Regierung eine kontinuierliche Folge von gewalttätigen Auseinandersetzungen zwischen einerseits den ansässigen und eingewanderten Juden und andererseits den arabischen Palästinensern, wobei nicht übersehen werden darf, dass zwischen palästinensischen Gruppierungen, zwischen jüdischen Organisationen, zwischen den britischen und jüdischen sowie den britischen und palästinensischen Parteiungen ebenfalls die politische Auseinandersetzung auch mit Waffengewalt geführt wurde und allein die Auseinandersetzungen zwischen arabischen Brüdern mehr Tote kostete als zwischen Arabern und Juden. Die politische Hauptkonfliktlinie, der Hauptwiderspruch, verlief jedoch zwischen den palästinensischen arabischen und jüdischen Parteien. Dennoch: Im September 1940 entstand eine britische militärische Einheit, die ausschließlich aus arabischen *und* jüdischen Soldaten bestand: *The Palestine Buffs*.

7.2.2 Krieg als Lösung politischer Probleme

In Palästina wurde kaum noch gesprochen. Eine jede Fraktion oder Gruppe oder ein jeder Kampfverband sah nur kriegerische „Lösungen". Um sich eine Meinung zu bilden, könnte – falls dies keine Zumutung und nachvollziehbar ist – das autobiographische Zeugnis der Ruth Lubitsch vorerst genügen:

> *(In der Nacht) Wir gelangen auf eine kleine Lichtung inmitten der Schonung. [...] Einige haben Schirmmützen andere Kaffias. Also auch Araber?! Ist das möglich? Es ist das erste Mal, dass ich Araber und Juden zusammen sitzen sehe. Im Kibbuz kennen zwar alle Mustafa, der Gemüse liefert und auch zwei andere Araber, die zu Baruch, dem Verwalter kommen. Aber keiner außer Baruch und seinen Mitarbeiterinnen spricht mit ihnen.*[225]

[225] Lubitsch, Ruth, *Ich kam nach Palästina*, 1988 Berlin, S. 13.

7.3 Das Militär

7.3.1 Das britische Militär: **The Buffs**

Ihre Regimentsgeschichte[226] weist die *Buffs* als ein ganz besonders ruhmvolles und altes Regiment aus. Es wurde 1572 gegründet, um die Spanier in den Niederlanden – daher auch *Holland Regiment* genannt – zu bekämpfen. Im Jahre 1689 durfte sich das Regiment aufgrund der Verbindungen der britischen und dänischen Königshäuser (Königin Anne von England und Prinz Georg von Dänemark) auch *Prince George of Denmark's Regiment* nennen. Entsprechend dieser Traditionen wurde 1941 heimlich in London ein Rekrutierungsbüro für Dänen eingerichtet, die dann im Regiment der *Buffs* kämpften.
Buffs waren im Zweiten Weltkrieg in Nordafrika, auf Sizilien, in Italien, Frankreich, Belgien, Holland, Deutschland, Griechenland, auf Malta, Rhodos und Skarpanthos, in Burma, Malaysia, Hong Kong, auf den Philippinen, in Singapur, im Irak und in Syrien im Einsatz. Sie bekamen unter anderem auch seit 1936 eine Aufgabe in Palästina zugewiesen (1st und 2nd *Buffs*), wo sie den arabischen Aufstand (1936-1939) unterdrücken sollten. Im Jahr 1939 wurde eine *Middle East Reserve Brigade* im Rahmen der 8. Armee gebildet, in die die 1st *Buffs* integriert wurden, um in Ägypten eingesetzt zu werden. Anfang 1940 wurden die *Buffs* zurück nach Palästina beordert. Als am 10. Juni Italien in den Krieg eintrat, wurde Palästina zu einem immer wichtigeren möglichen Kriegsschauplatz, da nun der Mittlere Osten nicht nur vom Osten her vom französischen Vichy-Irak und -Syrien bedroht wurde, sondern auch vom Westen her von den Italienern und den Deutschen, die aus dem später von den Deutschen besetzten Griechenland und aus den eroberten Gebieten im Kaukasus bedrohlich näher kamen. Deutsche Flugzeuge bombardierten häufiger Palästina. Auch italienische Flugzeuge warfen Bomben ab, um die Araber zu einem Befreiungskampf gegen die Engländer zu stimulieren (womit sie allerdings bei den palästinensischen Arabern auf wenig Verständnis stießen).

7.3.2 Arabisch-Jüdische militärische Einheiten

Im zweiten Kriegsjahr zeichnete sich für die Alliierten eine äußerst bedrohliche militärische Lage ab: Einerseits bedrohte Mussolini die Levante und Ägypten mit ihren Positionen in Eritrea und Äthiopien und andererseits deutete sich Hitlers Strategie an, über Nordafrika und Ägypten oder – nach dem Angriff auf

[226] *Historical Records of The Buffs Royal East Kent Regiment (3rd Foot) formerly designated The Holland Regiment and Prince George of Denmark's Regiment*, 1919-1948 von Colonel R.B. Knight, O.B.E.; London, The Medici Society 1951.

die Sowjetunion (22. Juni 1941) über die Ukraine zum Kaukasus, durch die Türkei (deren Widerstand nicht hoch veranschlagt wurde) zu den irakischen Ölfeldern – bis nach Persien vorzudringen, um auch diese Ölfelder unter deutsche Kontrolle zu bringen sowie die Engländer von ihren überseeischen Kolonien durch die Beherrschung des Suez-Kanals abzuschneiden. Dies führte zur Bildung der 9. britischen Armee, die eine Front von Indien bis Syrien zu halten hatte. Sie sicherte zusammen mit den Sowjets 1941 den Iran und erwog, sich eventuell aus dem Irak und von der türkischen Grenze bis auf die Levante zurückzuziehen. Entsprechend empfahlen britische militärische Kreise, eine Politik einzuleiten, die sowohl die Araber zu ihren natürlichen Verbündeten machen sollte als auch die Juden, die nur an der Seite der Briten einen aussichtsvollen Kampf gegen die Achsenmächte führen könnten.

Dies führte u.a. für die Situation in Palästina dazu, dass *Palästinenser* – und zwar ausdrücklich Juden und Araber getreu den Formulierungen des Weißbuches (s.w.u.) – für eine militärische Beteiligung unter einem britischen Kommando rekrutiert werden sollten.[227] Im Herbst 1939 war schon eine Pioniereinheit gebildet worden, die Gräben in Nordfrankreich aushob. Trotz des Widerstandes von Weizmann[228] schrieben sich auch Juden in diese Einheit ein, die dann zum Einsatz an die Westfront kam, sich nach der deutschen Eroberung – trotz ihres non-kombattanten Status zum Teil mit Waffen versehen und den Hafen von St. Malo verteidigt hatte – auf kleinen Schiffen nach England retten konnte (Mai/Juni 1940), daraufhin in den Mittleren Osten geschickt wurde, wo sie in dem 51. Kommando der 9. Armee in Eritrea kämpfte.

Des Weiteren hatte das britische Militär Juden die Möglichkeit geboten, an der Seite britischer Soldaten in technischen Einheiten zu dienen (Oktober 1939); diese Rekrutierung erhielt die Unterstützung der *Jewish Agency*.

Hinsichtlich dieses Punktes ist Bauer nebulös[229]: Zutreffend bezeichnet er diese Einheiten als *Palestinian*; damit ist aber *im Sinne des britischen Militärs* klar, dass es arabisch-jüdische Einheiten sind; die Intervention der *Jewish Agency*,

---

[227] Morris Beckman, *The Jewish Brigade: An Army With Two Masters 1944-45*, Rockville Centre, NY 1998, S. 24, kommentiert dies so: [...] *the Palestine High Commissioner, Sir Harold MacMichael had stubbornly (sic!) adhered to the policy of parallel Jewish and Arab recruitment to Palestine units.*

[228] Weizmann, Chaim (1847-1952), Biochemiker, Palästina wurde 1948 frei, Briten gaben ihr Mandat zurück und im Jahr 1949 wurde Weizmann Präsident des 1948 gegründeten Staates Israel. Es gab zuvor Kämpfe, da die Zusicherungen der Balfour-Deklaration, Stück für Stück zurückgenommen wurden. In der Balfour-Deklaration 2.11.1917) taucht der ominöse Ausdruck *national home* (nationale Heimstätte) auf, ein diplomatisches „Unding", dem keine Wirklichkeit entspricht und auf jeden Fall dafür sorgt, dass es interpretiert wird und die Menschen für ihre Deutung zu sterben bereit waren.

[229] Yehuda Bauer,, op. cit., S. 80.

keine jüdischen Soldaten außer solchen des technischen Dienstes, an die Westfront zu entsenden, war erfolgreich, so dass insgesamt keine *Palestinian,* also *palästinensische,* Formationen dort eingesetzt wurden; stattdessen beschloss man, *Palestinians,* also auch jüdische Palästinenser, auszubilden, die dann ihr Training zu einem Zeitpunkt abschließen würden, da das Kriegsgebiet sich auf den Mittleren Osten ausweiten würde; m.a.W.: Es ist Vorsicht im Umgang mit dem Begriff *Palestinian* geboten, da er leicht – wie hier von Bauer – synonym mit *jüdische Palästinenser* gleichgesetzt wird, wobei dann, weil der Begriff ein politischer ist, der das britische Mandatsgebiet bezeichnet, alle nicht-jüdischen Bürger des Gebiets ausgeschlossen werden.[230]

Manche mögen all dies für kleinkariert halten, aber gerade, wenn es um nationale Selbstständigkeit geht, zählt jedes Komma und Nationalisten gäben für dieses Komma ihr Leben (der kleine Ausschnitt von Ruth Lubitsch erhält in dem damaligen Kontext ihrer Auswanderungszeit von 1929 lebensbedrohlichen Sprengstoff).

Was reguläre Kampfeinheiten betraf, so sah die britische politische und militärische Führung vor, zunächst eine Infanterieeinheit zu bilden. Sie sollte *im Interesse des esprit du corps*[231] den Namen eines berühmten britischen Regiments tragen. Es lag nahe, dass der Name der *Buffs* gewählt wurde. Diese Einheit war nicht Teil des regulären Regiments der (1st) *Buffs.* Die Beziehungen zu den *Buffs* erschöpften sich darin, dass eine Zahl von Instrukteuren der *Buffs*, die nach Proporz aus allen in Palästina stationierten britischen Einheiten entnommen wurden, diese Soldaten trainierten. Das dann *Palestine Buffs* genannte Regiment erhielt ein eigenes Abzeichen und Schulterklappen mit der Aufschrift *Palestine Buffs.*[232] Bis zum Ende des Jahres 1942 wurden fünfzehn Kompanien gebildet. Glaubt man den öffentlich zugängigen Quellen, so wurden die *Palestine Buffs* in der Cyrenaika und in Ägypten eingesetzt, einem Gebiet, das bis zum Sieg der Alliierten in El-Alamain im November 1942, ein Brennpunkt mi-

[230] Yehuda Bauer, op. cit., S. 84 ff.

[231] Ebd., S. 80

[232] Ebd., S. 80. Der Verfasser der Regimentsgeschichte der *Buffs* lässt es nicht an Deutlichkeit fehlen, dass die *Palestine Buffs* nichts mit dem ehrwürdigen Regiment der *Buffs* zu tun haben: „[...] the *Palestine Buffs* with whom, contrary to general supposition, the *1st Buffs* had no connection" (ebd.). Das an sich, was das jüdische militärische Engagement betrifft, äußerst detailreiche Werk von Bauer (1970) spielt die Bedeutung dieser Einheit herunter und informiert unzutreffend: „[...] pitiful (sic!) plan to raise two battalions (one Jewish and one Arab (sic!), on a „parity" basis, within the framework of a British regiment), there is no knowing for the time being. At any rate, it is a fact that on August 6, 1940, the war secretary informed Parliament of the creation of such units within the Kentish regiment of the Royal Fusiliers (the *Buffs*)", (S. 89).

litärischer Entscheidungskämpfe war.[233] Dort soll ihre Aufgabe darin bestanden haben, Wache zu schieben; entgegen zeitgenössischer Urteile, dass sie dort „vitale“ Aufgaben übernahmen, wird auch heute noch in britischen und israelischen Kreisen über gemeinsame arabisch-jüdische Beteiligungen im Rahmen der britischen Armee so geurteilt, dass es sich um untergeordnete Aufgaben gehandelt habe: Tätigkeiten als Fahrer, Pioniere, Arbeiter, Transporteure.[234] Auf jüdischen Druck hin wurde im Mai 1941 das Paritätsgebot aufgehoben und die Möglichkeit eröffnet, den Anteil der jüdischen Soldaten zu erhöhen.[235] Am 6. August 1942 erfolgte ein weiterer Schritt im Sinne einer „Aufweichung“ des Paritätsgebots: Dem britischen Parlament wurde vom Kriegskabinett angekündigt, dass im Rahmen eines *Palestinian Regiments separate* arabische und jüdische Batallione geschaffen würden.[236] Es gab keine einheitliche jüdische Meinung in Bezug auf die Möglichkeit, im Rahmen der *Palestine Buffs* am Krieg teilzunehmen. Die im Jahre 1942 erfolgten Diskussionen im *Yishuv*, der jüdischen Gemeinde Palästinas, ist nicht identisch mit der Auffassung, die die Zionistische Weltorganisation (de facto gleichzusetzen mit der *Jewish Agency for Palestine*) politisch gegenüber US-amerikanischen und britischen Politikern vertrat. Zu einem Zeitpunkt, da das deutsche Afrika-Korps noch Alexandria in Ägypten bedrohte und bei einem Sieg in kurzer Zeit in Palästina einmarschie-

---

233 Die Homepage „*The Zionist Century*“ (The Department for Jewish Zionist Education) spricht von „Jewish companies attached to the East Kent Regiment” – eine typische Ungenauigkeit bzw. Verfälschung, da es nun einmal keine rein-jüdischen Kompanien in den *Buffs* gegeben hat.

234 homepages.force9.co.uk; dieselbe Meinung vertritt auch Bauer (1970, S. 219): „[...] roles that did not inspire men who had turned out for war against Hitler.” Trotz dieser scheinbaren Bedeutungslosigkeit bzw. mangelnden Attraktivität erhöhte sich zum einen gewaltig die Zahl der Freiwilligen (Mitte 1942) und zum anderen rechnete der Yishuv selbst mit einem deutschen Angriff vom Süden her, also über Ägypten nach Palästina, entgegen der vorherrschenden britischen Meinung, nach der die Deutschen vom Norden über Griechenland die Levante besetzen würden; diese jüdische Auffassung führte zu recht umfangreichen Maßnahmen, den Süden Palästinas militärisch zu sichern, was gleichfalls die *Buffs* in Ägypten bzw. in der Cyrenaika nur eben wenige hundert Kilometer näher am Feind entfernt taten.

235 Vorausgegangen war – offensichtlich auf Druck der *Jewish Agency* – ein Brief vom 22. April 1942 von Lewis Namier, Historiker, an Lord Moyne (ab 1932 Lord); Kriegsministerium), dringendst die Parität aufzuheben; er betont, „their (the Jews’) claim to self-defence raises a moral problem which the Jewish Agency submit for the consideration of His Majesty’s Government“ (Bauer, 1970, S. 142, vgl. auch Fn. 18, S. 399).

236 Zusätzlich sollte die Stärke der “Supernumerary Police Force” (als militärisches Reservebatallion vorgesehene offizielle Polizeieinheit) auf 1.500 Mann erhöht werden. Zutreffend schätzt Bauer diese Vorgänge als entscheidende Schritte zur Gründung einer eigenen jüdischen Brigade ein (Bauer, 1970, S. 219 f.).

ren konnte, wurde laut Bauer[237] in der jüdischen Gemeinde eine „Debatte um die Präferenzen" der Form der Kriegsbeteiligung geführt. Da allen klar war, dass die eigenen Verteidigungsmittel wie die (Untergrundorganisation) *Palmach* der *Haganah* oder die Polizeikräfte wie die *Supernumerary Police Force* hinsichtlich Zahl, Ausbildung und Bewaffnung viel zu schwach waren, bestand die Chance für eine Verteidigung des Landes nur in einer Beteiligung im Rahmen der regulären britischen Armee. Von den vielen Fraktionen votierte nur *Hashomer Hatzair*, die marxistisch orientierte Partei (1942 aus der Kibbuz-Vereinigung *Artzi* hervorgegangen) und der linke – „B" – Flügel der *Mapai* (Palästinensische Arbeiterpartei) für eine Beteiligung in den *Palestine Buffs*. Sie stellten ihre zu Beginn des Krieges geäußerten Bedenken zurück, als sie noch einer eigenen Landesverteidigung im Sinne der Stärkung der Untergrundarmee *Haganah* den Vorzug gaben. Dennoch, die Mehrheit wollte eine militärische Beteiligung unter jüdischem Kommando, was nach dem Krieg die Optionen offenließ, eventuell gegen Araber und Briten militärisch vorgehen zu können, weil sie u.U. dazu gezwungen würden. So ruhte die Hoffnung auf der eigenen *Haganah*, die auch weiter im Untergrund bleiben musste, um nicht von britischen Inspektoren kontrolliert werden zu können.[238] Die Geschichte des Regiments der „Palestine Buffs" ist ungeschrieben, da trotz seines militärischen Erfolges die nationalistisch orientierte Nachwelt allein schon den Gedanken an eine arabisch-jüdische Einheit als „inopportun" betrachtet.[239]

---

[237] Bauer, 1970, S. 176 f.

[238] Was sich erst ab April 1942 änderte als britische Instrukteure und Geld – halblegal – die *Palmach* unterstützten. Dies währte solange bis die Gefahr einer deutschen Bedrohung vorüber war; dann wurde die *Palmach* wieder zur Untergrundarmee.

[239] *The Department for Jewish Zionist Education* behauptet auf seiner Homepage (jajz-ed.org.il/100/concepts/d1), dass es schon 1940 den Juden gestattet gewesen sei, sich in rein jüdischen Kompanien zu organisieren, die den *Buffs* zugeordnet gewesen seien. Hierfür gibt es in der Literatur keinen Beleg. Es wird auch der Rekrutierungshintergrund beleuchtet: Jüdische Untergrundorganisationen, unzufrieden mit der seinerzeitigen defensiv ausgerichteten Politik der *Haganah*, gründeten 1937 eine eigene Organisation, die *Etzel, I.Z.L.* oder auch *Irgun Zeva'i Le'umi* genannt, also die *Nationale militärische Verteidigungsorganisation.* Diese Organisation beging Racheakte an Arabern und nach dem Erscheinen des (brit.) Weißbuches von 1939 führte sie Angriffe gegen die britische Mandatsregierung durch. Nach Kriegsausbruch erklärte *Etzel* einen Waffenstillstand (was zu einer weiteren Abspaltung führte, *Lohmei Herut Yisrael* wurde gegründet und wollte den Kampf gegen die Briten u.U. sogar mit Hilfe der Achsenmächte fortführen; s.w.u.). Mitglieder von *Etzel* – Menachim Begin war ihr Kopf – traten den palästinensischen Einheiten der Britischen Armee bei und später der Jüdischen Brigade. Der britische Hochkommissar in Palästina erwähnt sie zuweilen. Im April 1940 schreibt er (Quelle am Ende dieser Fußnote; Re.), dass sich viele Freiwillige meldeten, dass im Dezember 1939 das erste Korps gebildet werden konnte, es in Sarafand (palästinensisch-arabisches Dorf im Südlibanon) ausgebildet wurde und sechs Wochen später auf dem Weg

Die *Palestine Buffs* als Teilformation der britischen 8. Armee ist nicht zu verwechseln mit zwei weiteren militärischen Einheiten. Es gibt eine Reihe von Publikationen über die Jüdischen Brigaden im Zweiten Weltkrieg, jüngst in deutscher Übersetzung das Buch von Howard Blum *Ihr Leben in unserer Hand.*[240] Dort gibt es einen kurzen Hinweis auf die *Palestine Buffs*: „Anstatt den Forderungen der *Jewish Agency* nachzukommen (d.h., eine eigene Truppe aufzustellen; Re.), erlaubte die Regierung Juden den *Buffs* beizutreten, dem königlichen Infanterie-Regiment von Ost-Kent, das in Palästina stationiert war. Allerdings bestanden die Briten darauf, dass genauso viele Araber wie Juden rekrutiert

---

nach Frankreich war und dass schließlich in nächster Zukunft ein zweites Korps gebildet werde. Er vergisst nicht zu erwähnen, dass diese Einheit unter den Juden nicht populär wäre, die ein rein jüdisches Bataillon favorisierten. Zudem erwähnt er, dass die Rekrutierung von Arabern langsamer vonstattenginge, was damit erklärt wird, dass es a) eine Feindpropaganda gäbe, die Araber würden in den ersten Reihen kämpfen müssen, um dann von den Deutschen gefangen genommen zu werden und b) dass Araber schlechte Erinnerungen an Kriegsbeteiligungen unter der Türkenherrschaft besaßen. Beckman begründet sinkende jüdische Rekrutierungszahlen folgendermaßen: Jüdische Soldaten des nordafrikanischen Kriegsgebiets hatten nach Rommels Rückzug Waffen gesammelt, nach Palästina gebracht, wo sie in Kibbuzim versteckt wurden; Briten führten Razzien durch, um die Waffen aufzuspüren, was sogar zu einer Meuterei (Hungerstreik) der Juden in den nordafrikanischen Hilfseinheiten führte (Beckman, 1998, S. 32 f. und 151) mit der weiteren Folge, dass am 29. April 1943 die *Jewish Agency* zeitweilig ihre Rekrutierungsbüros schloss (Näheres hierzu s.w.u.).
Quellenangabe: The *Confidential British Foreign Office political correspondence: Palestine and Transjordan*, 1940-1946, University Publications of America, Bethesda Md. 1994; 35 Mikrofilme; hier: Confidential-Nr. 116.

[240] München 2002; aus dem Amerikanischen; Titel der Originalausgabe *The Brigade. An Epic Story of Vengeance, Salvation and World War II*, 2001 New York. Im Jahre 1941 wurde der *Palmach* (hebräisches Akronym für *Pluggot Machatz, Schock-Kompanie vgl. Mussolinis Arditi; Re.*), das Elitekorps der *Haganah*, u.a. von Yitzhak Sadeh (Landsberg) gegründet. Sie bestand aus neun Kompanien und wurde von Captain Orde Wingate, britische Armee, in Palästina ausgebildet. *Palmach*-Einsätze waren Palästina (Schutz vor einer möglichen Invasion der Achsen-Mächte), Ägypten, Libanon und Syrien (Operation *Exporter*). Die *Haganah* (Hebräisch für „Verteidigung") war die zionistische militärische Organisation für die palästinensischen Juden von 1920 bis zur Staatsgründung 1948, als sie in der israelischen Armee (*Tzva Haganah le-Ysra'el*) aufging. Die *Haganah* stand in Opposition zu den terroristischen Organisationen der *Irgun* (*Etzel*: *Zvai Leumi*) und *der Stern-Gruppe* (*Etzel*, *LEHI*). Die *Stern-Gruppe*, unter der Führung von Menachim Begin, mit einer kleinen terroristischen Splittergruppe *LEHI* (Kämpfer für die Freiheit Israels) sahen auch während des Zweiten Weltkrieges die Briten als ihren Hauptfeind an. Auch nach der Versenkung des Schiffes *Patria* (1940) mit jüdischen Flüchtlingen an Bord durch die Splittergruppe von *Stern* (*Etzel in Israel*) führte sie ihre Angriffe auf Briten und britische Einrichtungen fort; die Explosion auf dem Auswanderungsschiff *Struma*, 1942, blieb unaufgeklärt; am 5. November 1944 wurde Lord Moyne (der sich ursprünglich geweigert hatte, die Flüchtlinge der Str*u*ma nach Palästina verbringen zu lassen) in Kairo von *Etzel/Stern*-Leuten ermordet. Die *Stern-Gruppe* hörte zwar

würden. So umsichtig diese Gleichstellung politisch auch sein mochte, die Praxis sah anders aus. Als die *Buffs* im August 1942 schließlich in der Kolonialtruppe, den drei Bataillonen des Palästina-Regiments, aufgingen, gehörten mehr als dreimal so viele Juden wie Araber zur britischen Armee."[241] Die Korrektur ist hervorzuheben, dass die *Palestine Buffs* eine eigenständige Einheit im Rahmen der Achten Armee war, dass es nicht zutreffend ist, dass allgemein für die in Palästina stationierten Teile der 1st und der 2nd *Buffs* Rekruten zu gleichen Teilen Araber und Juden angeworben wurden. Es ist auch nicht aussagekräftig, ob nach dem August 1942 mehr Juden als Araber „in der Kolonialtruppe"[242] waren, da schon zuvor Araber und Juden, will man ethnische und religiöse Abstammungen in Betracht ziehen, sich in den militärischen Formationen der Alliierten befanden. Deutlich wird zudem, dass die wenigen Arbeiten über die *Palestine Buffs* bis heute von nationalistischen Stereotypen geprägt sind: Keiner kann belegen, dass etwa die Briten eine Art „paritätische Zwangsrekrutierung" vorgenommen hätten. Die Briten konnten es nicht und sie taten es nicht; die *Buffs* rekrutierte sich aus Freiwilligen; keiner kann behaupten, diese Einheiten hätten sich nicht „bewährt" oder: Es habe Konflikte innerhalb der Einheiten als Fortsetzung alter Streitigkeiten gegeben. Da die Quellen überwiegend britisch und jüdisch-israelisch sind, gilt die später gebildete rein jüdische Gefechtseinheit, die *Jüdische Brigade*, als *der* palästinensische und – synonym verstanden – zugleich als *der* jüdische Beitrag im Kampf gegen den Hitlerfaschismus par excellence, gemessen an dem jedes andere Engagement nicht vom „wahren Geist" erfasst sein kann. Keine Arbeit, die die *Palestine Buffs* erwähnt, hält es für bedeutsam, dass zwei scheinbar verfeindete Gruppierungen problemlos und erfolgreich gemeinsam kämpfen konnten. Keine Arbeit deutet an, dass Probleme von außen – wie oben gesehen von der *Jewish Agency* – in diese Form eines Regiments hineingetragen wurden oder wenn doch, ob sie irgendeine Wirkung gezeitigt hätten. Die *Palestine Buffs* scheinen nur eine marginale his-

---

1940 offiziell auf zu existieren, da sie keinem Kommandeur mehr unterstand, nachdem die *Haganah* in Kooperation mit den Briten viele Mitglieder verhaftet hatte. Die restlichen Mitglieder waren nun „frei". Getreu der primitiven Logik „der Feind meines Feindes ist mein Freund" nahm diese *Stern-Gruppe* (*Etzel* in Israel) noch 1940 Kontakte zu den italienischen und deutschen Faschisten (in Italien bzw. im Libanon) auf (Bauer, 1970, S. 131 ff.).

241 Bauer, ebd., S. 17

242 Eine irreführende Bezeichnung: Der offizielle Auftrag, Palästina militärisch zu sichern, wurde von den beiden Abteilungen der *Buffs* wahrgenommen; diesen *Buffs* waren andere Einheiten zugeordnet, darunter: Hauptquartier bildete die 18. (Jerusalem) Brigade, die 1st Bedfordshire und Hertfordshire (aus dem 77. Regiment) bis 1939; die Britische Armeeführung unterschied zwischen britischen Einheiten und *Dominion Troops*; solche Einheiten stammten aus den britischen Kolonien in Afrika, Australien, Indien und Neuseeland etc. Die zivile Behörde hieß *Colonial Office*.

torische Notiz wert zu sein, wenn der aufrechte Forschergeist sie nicht ganz verschweigen kann.

7.4 Jüdische militärische Einheiten

Die Geschichtsschreibung hat sich besonders der jüdischen Brigade, bestehend aus drei Infanteriebataillonen, gewidmet[243], die als eine eigenständige, also explizit *jüdische* Einheit auf Seiten der Alliierten kämpfte. Alle anderen militärischen Einheiten, die aus jüdischen Soldaten und britischen Offizieren bestand, galten den meisten Juden nur als Vorläufer einer anzustrebenden rein jüdischen Formation, die unter der jüdischen Fahne kämpfen würde. Diese vielfältigen Einheiten waren Hilfstruppen (supporting bzw. ancillary units) mit nicht-kombattantem Status; daneben gab es auch kleinere wie die von den Briten ausgebildeten Fallschirmspringer[244], die in Deutschland oder auf dem Balkan eingesetzt werden sollten (1943). Die *Jewish Agency* hatte es sich zur Aufgabe gemacht, die politische Anerkennung dieser militärisch aktiven Kämpfer gegen die Nazis als explizit „jüdische" zu erreichen und sie im Rahmen eigenständiger Einheiten zu organisieren. Damit wurde das weiterreichende politische Ziel verfolgt, die Entstehung eines Kerns einer künftigen jüdisch-israelischen staatli-

[243] So auch das zitierte Werk von Blum, 2002. Es ist zu beachten, dass selbst offizielle militärische Einheiten nicht immer ganz klar definiert sind. Man kann argumentieren, dass die *Jewish Brigade* „heimliche" Vorläuferformen kannte. So gab es beispielsweise 1943 eine kleine militärische Arbeitseinheit *Brick* in Palästina, über die es aufschlussreiches, handschriftliches Dokumentenmaterial gibt (*Confidential* vom 10. Juni 1943). Hier heißt es, dass diese Einheit, die für Landemanöver vorgesehen war, dem *Palestine Regiment* entstamme, dass ihre Mitglieder allem Anschein nach ausschließlich aus Juden bestanden. Es wird kein lokaler arabischer Protest erwartet, wenn es sich nicht um allzu viele Juden handeln würde und wenn diese von vielen britischen Soldaten umgeben seien: „Eine kleine Anzahl macht wahrscheinlich nicht viel aus, Hauptsache sie benehmen sich anständig" („small numbers probably wouldn't matter anywhere provided they behaved themselves"). Auch Beckman (1998, S. 17) berichtet von quasi-jüdischen Einheiten wie die, die im Sommer 1940 als Spionageeinheit auf dem Balkan eingesetzt wurde. Von derartigen „Einheiten" sind zwei dokumentiert: Eine Sabotagegruppe für den Einsatz auf dem Balkan (7 Personen, Sommer 1940) und eine Marinesabotagegruppe (25 Personen, Februar 1941) aufgestellt. Als militärische „Einheiten" bezeichnen jüdisch-israelische Quellen solche Gruppen, die, ohne Uniform und oft ohne von den Briten mit Waffen ausgestattet zu sein, aus britischer Sicht „scouts", „Kundschafter", und deshalb im Falle ihrer Gefangennahme nicht durch die Genfer Konvention geschützt waren. Sie „halfen" der britischen Armee bei mehreren Einsätzen wie auch z.B. beim Kampf gegen das Vichy-Syrien. Neben den jüdischen gab es auch arabische „scouts".

[244] Bauer (1970) erwähnt insgesamt 31 Soldaten, die in der Mehrzahl 1944 über dem Balkan abgesprungen sind (S. 278).

chen Armee zu bewirken. Der Kampf gegen den Faschismus erhielt auf diese Weise eine besondere, nationalistische Note, da selbst der Einsatzort jüdischer Soldaten ausschließlich Palästina (s. Die Verteidigung des *national home*) sein sollte, was das britische Militär und die britische Regierung auch entsprechend verstanden und als einen potenziellen politisch-militärischen Konflikt auffassten: Ein solcher „Kern" wäre nichts anderes als eine aus dem Untergrund aufgetauchte Haganah, deren politische Legitimation seit ihrem Bestehen durch den Kampf gegen arabische Freischärler und britische Mandatsmacht gegeben war. Erhielte sie nun die von den Briten zu gewährende offizielle Anerkennung als militärischer Partner im Kampf gegen Nazi-Deutschland und überließe man ihr auch das gewünschte Operationsgebiet Palästina, wäre ein politischer und eventuell gar militärischer Konflikt mit der arabischen Bevölkerung – womöglich noch während der Kriegszeit – und erst recht nach dem Krieg mit der britischen Mandatsmacht vorprogrammiert. Andererseits hat der Wunsch nach einer anerkannten Streitmacht auch seinen besonderen historischen Grund: Seit den noch vagen Ideen von Theodor Herzl[245] über eine jüdische Nation, die als Staat in Argentinien, Palästina oder Ostafrika gegründet werden könnte, ist mit dem Begriff des „Zionismus" untrennbar verbunden das Bestreben, einen jüdischen Staat zu errichten, der keinesfalls religiös, sondern säkular legitimiert sein sollte, um Juden weltweit Sicherheit im Rahmen einer staatlichen Organisation geben zu können, da alle anderen im Laufe der Geschichte den Juden „gewährten Garantien" eben letztlich nichts garantiert hatten. Von daher erklärt es sich, dass trotz mannigfacher Bemühungen ein arabisch-jüdisches Palästina anzustreben[246], doch der dominante jüdische politische Wille einen eigenen jüdischen Staat anstrebte und zwar ohne politische Beteiligung von (ansässigen) arabischen Palästinensern. Gemäß dieser Vorstellung scheint es nur logisch zu sein, auch eine militärische Beteiligung gegen Nazi-Deutschland funktional auf dieses Ziel hin auszurichten und an die Bedingung zu knüpfen, eine eigenständige Einheit aufzustellen, die unter der jüdischen – identisch mit der heutigen israelischen – Fahne kämpft. Hinzu kam das Motiv, gegen Hitler kämpfen zu wollen, versklavte Juden zu befreien und angesichts der faschistischen Gräueltaten

[245] *Der Judenstaat. Versuch einer Lösung der Judenfrage* von 1896; *Der Judenstaat,* 1902 (Neuaufl. 1985 Königstein/Ts.); sein Buch unter dem Eindruck der Dreyfus-Affäre geschrieben.

[246] Als ein Beleg, stellvertretend für viele, die Gemeinsamkeit zwischen Arabern und Juden zu unterschiedlichen Phasen der arabisch-jüdischen Beziehungen suchten, sei eine Stimme zitiert: "Other, minor Zionist figures went further than Epstein (Yitzhak Epstein aus Palästina, 1862-1943, auf dem Baseler Zionistischen Kongress von 1905; Re.) in their calls for Jewish-Arab cooperation. Dr. Nissim Malul, a Safad-born intellectual who worked in the Palestine Office in Jaffa from 1911, felt that the Zionists should learn Arabic and merge with the Arabs on the basis of a joint 'Semitic nationalism'"; in: Benny Morris, *Righteous Victims – A History of the Zionist-Arab Conflict, 1881 – 2001*, 2001 New York, S. 58.

Rache zu üben. Dieser Kampf war in mehrfacher Hinsicht nicht ungefährlich: Im Mai 1941 gerieten 170 palästinensische Juden bei Kalamata auf Kreta in deutsche Gefangenschaft. Schließlich gab es noch das schon erwähnte Motiv, den bewaffneten Kampf als Vorläufer eines jüdisch-staatlichen Kampfes zu führen. Alle drei Motive sind nicht deckungsgleich und schon gar nicht in jeder geschichtlichen Phase – erst recht nicht während des Krieges – harmonisch zu lösen. Der antifaschistische Kampf der Juden ist allein deshalb schon nicht mit dem antifaschistischen Kampf im Rahmen der Internationalen Brigaden im Spanischen Bürgerkrieg zu vergleichen.[247]

Die Briten waren sehr sensibel, Waffen an Nicht-Armeeangehörige weiterzugeben und jüdische Verteidigungsorganisationen „aufzuwerten", besonders wenn es sich um die Untergrundarmee, die *Haganah*, handelte, da die Briten kein Präjudiz schaffen wollten im Sinne einer Vorwegnahme staatlicher Organisiertheit der Juden. So ging beispielsweise die Mandatsverwaltung mit Gewalt gegen den „Rekrutierungszwang" der *Haganah* vor, woraufhin die *Jewish Agency* aus Protest zeitweilig ihre Rekrutierungsbüros schloss (Mai bis Juli 1943). Erst nachdem die deutsche Bedrohung der Levante vorüber war und sich ein Sieg der Alliierten abzeichnete, änderte sich die Situation zugunsten der Einrichtung einer eigenständigen jüdischen Einheit unter dem Oberbefehl der britischen Armee. Der Gründung dieser Einheit wurde von der britischen Regierung entsprochen unter dem Vorbehalt, dass diese Brigade nur in Europa und nicht in Palästina kämpfen dürfte.[248]

Eine „Jewish Brigade" hatte schon seit Kriegsbeginn Churchills Unterstützung gefunden.[249] Im Oktober 1939 schlug er vor, einige tausend palästinensische Juden[250] zu rekrutieren, um die dortige britische Garnison für den Einsatz in

---

[247] Bauer, 1970, spricht u.E. oft zurecht von dem symbolischen Charakter vieler jüdischer Kampfeinsätze: „elevated to the level of a symbol, [...] nourished the longing for Jewish independence" (S. 281 f.).

[248] Beckman, 1998, S. 42. Im Unterschied zu anderen palästinensischen Einheiten, die die Schulterklappe *Palestine* trugen, war das Uniformabzeichen der *Jüdischen Brigade* der Schriftzug *Jewish Infantry Brigade Group* (Englisch und Hebräisch), blau auf weißem Grund; wenig später wurden die Schulterklappen ersetzt durch die Wörter *Jewish Fighting Force*.

[249] In *Triumph and Tragedy* (The Second World War) schreibt Churchill unter dem Datum des 26. Juli 1944 das, was er schon zu Anfang des Krieges über eine mögliche Jüdische Einheit dachte: I will consult the King about this proposal that the force should have its own flag. I cannot conceive why this martyred race, scattered about the world and suffering as no other race has done at this juncture, should be denied the satisfaction of having a flag."

[250] Etwa 5.000 Juden wurden in Ägypten ausgebildet und anschließend nach Norditalien gebracht, wo sie zum ersten Mal Holocaust-Überlebenden begegneten; insgesamt sollen ca. 27.000 Juden in der britischen Armee gedient haben. Zu diesen Anstrengungen kamen noch solche materieller Natur: Die Produktion von Anti-Panzerwaffen in einer jüdischen Fabrik.

Europa zur Verfügung zu haben.[251] Die *Jewish Agency* schlug vor, eine Division jüdischer Soldaten aufstellen zu lassen, was in britischen militärischen Kreisen im Prinzip Unterstützung fand, jedoch aus den erwähnten politischen Gründen – Furcht vor einer bewaffneten Einheit, die nach dem Krieg Araber oder Engländer oder beide angreifen würde – behindert wurde. So geschah es nach vielen diplomatischen Anstrengungen und Ärgernissen – z.B. einer vorläufigen Ablehnung in der Debatte des Oberhauses am 25. November 1941 und internen Querelen zwischen Weizmann und Ben-Gurion[252] –, dass erst 1944 offiziell *die* „Jewish Brigade" in einer Stärke von 5.500 Mann gegründet wurde und in Italien zum Kampfeinsatz kam. Der Zeitpunkt ist symptomatisch: Nach dem Tode Roosevelts, der noch kurz vor seinem Tod die arabischen Regierungen dahingehend beruhigte, dass für Palästina keine Regelung vorgesehen sei, an der nicht die arabische Seite beteiligt würde, trat mit Truman ein Präsident das Amt an, der die neueren britischen Vorschläge eines „Commonwealth" aufgriff und damit einen weiteren Stein wegnahm, der den Weg zu einem Staat Israel behinderte. Die britische Regierung befand sich militärisch in einem abzusehenden Endkampf gegen Nazi-Deutschland, der, bevor noch die Alliierten in der Normandie landeten, von Sizilien aus durch Italien mit absehbarem Erfolg auf Berlin geführt wurde. Das bedeutete, dass ein Kriegsschauplatz in der Levante überhaupt nicht mehr in Frage kam, was wiederum für die palästinensische jüdische Gemeinde eine Umwandlung der Untergrundarmee *Haganah* in eine Verteidigungsarmee obsolet machte. Eine solche Armee hätte naturgemäß

[251] Benny Morris, Righteous Victims – A History of the Zionist-Arab Conflict, 1881 – 2001, 2001 New York, S. 167. Morris spielt interessanterweise die Bedeutung dieser rein jüdischen Brigade herunter – genau entgegengesetzt zur Bedeutung, die ihr Blum verleiht – und schreibt: *But it was not until September 1944 that Churchill at last pushed down Whitehall's throat the decision to set up a Jewish Brigade, with its own distinctive blue-and-white flag. The formation saw action in Italy during the dying months of the war.*

[252] Ben-Gurion favorisierte eine Politik ohne Rücksicht auf die britische Meinung, wohingegen Weizmann bis in die Begrifflichkeit hinein – er sprach von einem „jüdischen Commonwealth in Palästina – der zionistischen Bewegung eine eher realistischere politische Richtung geben wollte. Der Konflikt zwischen den beiden Männern spitzte sich 1942 in den U.S.A. zu, blieb zunächst ungelöst, bis Ben-Gurion in Palästina seine Position durchsetzen konnte. Relevant in unserem Zusammenhang sind die praktischen Implikationen der bewaffneten Verteidigung Palästinas: Gemäß Ben-Gurions Auffassung kam nur eine von Großbritannien unabhängige Armee in Frage, deren gegenwärtige Funktion durch ihre künftige, der Erkämpfung eines jüdischen Staates u.U. gar in einer militanten Auseinandersetzung mit England, definiert werde. Politische Rückendeckung erwartete er von den U.S.A. und dem politischen Gewicht der dort lebenden 5 Mio. Juden, die angesichts der zu erwartenden Millionen aus Europa flüchtender Juden nicht umhin könnten, ihnen in Palästina eine Heimat zu garantieren. Eine weitere Implikation bestand in der „Lösung, eine jüdische Majorität in Palästina dadurch herzustellen, dass „sofort zwei Millionen Juden einwandern sollten (sic!).

zu einer heftigen arabischen Gegenreaktion geführt, die nun nicht mehr als wahrscheinlich schien, ließe man jüdische Einheiten auf dem europäischen Kriegsschauplatz agieren. Im Grunde wurde ein weiteres Mal der *Jewish Agency* kein Entgegenkommen gezeigt, die auch teilweise mit Widerstand reagierte[253], zumal der von der Etzel-Gruppe weiterhin geführte Kleinkrieg gegen britische Einrichtungen in Palästina, der in dem Mord an Lord Moyne – ausgerechnet einem Freund Churchills – gipfelte, dem Zionismus international ungeheuren Schaden zuführte; so blieben von den ursprünglichen Wünschen der Jewish Agency symbolische Elemente wie solche der militärischen Insignien einer jüdischen Truppe übrig. Auch in der jüdischen Gemeinde Palästinas gab es einen Wandel: Bestand zuvor die Generallinie darin, jüdische bewaffnete Einheiten nicht außerhalb Palästinas zum Einsatz kommen zu lassen, so änderte sich die politische Linie ab 1943 nicht zuletzt aufgrund der nun vielfach erfolgten Bestätigung des Holocaust und des bekannt gewordenen (ersten) Aufstandes im Warschauer Ghetto dahingehend, dass es einsichtig wurde, in Europa kämpfen zu müssen, um Juden zu befreien und zum Aufstand zu organisieren.[254]

Die Gründung der Jewish Brigade setzte voraus, dass die Soldaten zuvor eine Ausbildung erhalten haben mussten, die für jene Region in der Regel in Ägypten oder in der Cyrenaika stattfand.[255] Die Bezeichnung Palestine Company oder *Palestine Brigade* kann – je nach Gesichtspunkt – als Vorläufer der *Jewish Brigade* gesehen werden. De facto handelte es sich aber nur um zwölf Kompanien, die als Teile der 8. Britischen Armee aus Rekruten und Freiwilligen aus

[253] Gruenbaum, Exekutivkomitee der *Jewish Agency*; Gründe waren: Widerwillen, dass Juden selbst als Eroberer den Nazis begegnen würden (sic!), dass es eine typisch britische List sein, nun am Ende des Krieges eigene Soldaten zu schonen, um Juden den Platz zu überlassen und dies für kaum noch zu erwartende militärische Opera-tionen.

[254] Das Hauptquartier der britischen Armee in Kairo äußerte seinen Widerstand gegen die Errichtung einer *Jewish Brigade*, da es befürchtete, dass alle in Ägypten tätigen jüdischen Soldaten sich für einen Einsatz in einer solchen Brigade melden würden und „vital auxiliary roles vakant blieben. Dies erwähnt Bauer (1970, S. 349), obwohl er selbst solche militärischen Aufgaben als unwichtig und unattraktiv für die kampfeswilligen Juden eingestuft hatte (s.w.o.).

[255] Ihre Bezeichnung lautete offiziell *Palestine Regiment*; in der Antwort auf den oben zitierten Brief wird ans Kriegsministerium berichtet, (1) dass das *Palestine Regiment* aus Palästina nach Ägypten und in die Cyrenaika geschickt würde, (2) dass das *Erste Jüdische Bataillon* von Palästina in die Cyrenaika geschickt würde (*Confidential*, 18. Juni 1943). Als Vorläufer der *Jüdischen Brigade* sind wohl u.a. zu zählen: No. 5 Water Transport Company, Nos. 5 and 6 Palestine Motor Companies, Nos. 178 and 462 GT Company, 468 GT Company und 1039 Port Operating Company.

Palästina gebildet wurden und die auf ihren Schulterklappen die Aufschrift *Palestine* trugen.[256]

7.5 Nationale arabisch-jüdische militärische Einheiten

Weniger bekannt ist die *TJFF*, die *Trans-Jordan Frontier Force*. Sie wurde vom Hochkommissar der britischen Mandatsregierung über Transjordanien am 1. April 1926 gegründet, um die bis dahin bestehende palästinensische Gendarmerie zu ersetzen.[257] Ihre Aufgabe war es, die nördlichen und südlichen Grenzen Transjordaniens zu sichern. Sie wurde zusammengesetzt aus Arabern, wobei diese arabischen Palästinenser etwa zur Hälfte der *Arabischen Legion* entstammten. Die *Arabische Legion* stand unter dem Oberbefehl von Amir Abdullah von Transjordanien. Die *TJF*F unterstand dem Hochkommissar mit Sitz in Jerusalem. Die *Arabische Legion* verlor auf diese Weise nicht nur Personal, sondern auch bestimmte Waffen (Maschinengewehre, Artillerie etc.). Die *TJF*F wurde somit zum Bestandteil der Britischen Armee. Sie bestand aus drei Kavallerie-Schwadronen (je 120 Mann) und einem Kamelschwadron sowie sechs Reservetruppen (190 Mann). Die Soldaten rekrutierten sich aus Fellachen, Sudanesen; Juden und Araber dienten in den technischen und administrativen Abteilungen. Ein Viertel der Gesamtstärke bestand aus Tscherkessen, einer kleinen muslimischen Ethnie aus Transjordanien. Die höheren Offiziersränge hatten Briten inne, alle anderen Offiziere waren palästinensische Araber, Tscherkessen, syrische Araber, Sudanesen und Juden. Amir Abdullah fungierte als Ehren-Colonel der *Trans-Jordan-Frontier Force*. 1929 half die *TJFF*, den arabischen Aufstand zu unterdrücken; eine später erfolgte Aufgabe bestand darin, die jüdische Einwanderung zu kontrollieren. Ab 1930 geschah die Umwandlung der berittenen in motorisierte Abteilungen. Zu dem Zeitpunkt bestand die kleine Armee aus 980 Männern, davon 28 Juden. Ein Jahr später übernahm die neu gegründete *Desert Patrol* die Aufgabe, die Wüstengebiete zu sichern. 1933 war *die TJFF* in Zerqa (Transjordanien), Ma'an (Transjordanien), Beison (Palästina), Samakh (Palästina) und Rosh-Pinah (Palästina) stationiert; eine weitere motorisierte Kompanie wurde gegründet und die Truppenstärke bis zum Ausbruch des Kriegs (Ende 1940) erhöht. Die *Jewish Agency* (die von Chaim Weizmann 1929 gegründete Institution zur politischen und finanziellen Unter-

[256] Dokumente befinden sich unter der Registraturnummer WO 169 im „Public Record Office" in Kew, London.

[257] Der *Report by His Britannic Majesty's Government to the Council of the League of Nations on the Administration of Palestine and Trans-Jordan* für das Jahr 1926 weist aus, dass die TJFF von der palästinensischen Regierung und der britischen Regierung finanziert wurde.

stützung der Juden) warb ab 1933 kontinuierlich um Mitglieder für die *TJFF*. Im Zweiten Weltkrieg wurde das motorisierte Regiment dazu ausersehen, sich *Kingcol* (Teil der *Habforce*[258]) anzugliedern, um Aufgaben im Irak zu übernehmen; andere Teile der *TJFF* übernahmen die Sicherung der syrischen Grenze gegen einen möglichen Einmarsch der Achsenmächte. Die *TJFF* trainierte auch die künftigen Streitkräfte Syriens und des Libanon. 1942 wurden andere Teile an die türkische Front verlegt für den Fall, dass sich die Türkei den Deutschen und Italienern anschloss. Wieder andere Aufgaben wurden im Persischen Golf und in Syrien übernommen.[259]

Bei Kriegsende sollten die erneut einsetzenden Gewalttätigkeiten zwischen Juden und Arabern kontrolliert werden. Die Übernahme dieser Aufgabe rief heftige Ressentiments hervor, so dass schließlich 1948 die TJFF aufgelöst wurde. Viele Soldaten wurden in die Arabische Legion (die spätere jordanische Armee) eingegliedert.[260]

Im Rahmen der britischen Transjordanien-Politik wurde 1921 ursprünglich eine Polizeieinheit, die *Arabische Legion* (*Al-Jaish Al-Arabi*), gegründet. Ihr Kommandeur war der Leutnant Frederick Gerard Peake. Die Aufgabe der *Arabischen Legion* bestand darin, die Stammesfehden im Mandatsgebiet unter Kontrolle zu bringen und die Dörfer vor den Überfällen von Beduinen zu schützen. Peakes Nachfolger wurde 1939 Major John Bagot Glubb („Pasha Glubb", später General; Kommandeur der Legion von 1939-1956), der ab 1930 in der Le-

---

[258] *Habforce* war die Bezeichnung für die Verbände, die im Juni 1941 Vichy-Syrien angriffen. Es handelt sich um diese *Habforce*, von der Bauer, 1970, S. 159 f., berichtet: „[...] a small detachment of Arabists (als Araber gekleidete und Arabisch sprechende Juden; Re.), under the command of Yisrael Ben-Yehuda (Abdu), crossed the border to Beirut and Damascus. The unit was, apparently, unable to organize and operate until the capture of those cities by the Allied forces. However, with their capture, two men of the unit crossed the front lines and carried out sabotage operations in Aleppo."

[259] Der britische Bericht aus Amman über die politische Situation in Transjordanien vom 4. August 1942 (über den Monat Juli 1942) bemerkt, dass es nicht gelungen sei, zusätzliche Abteilungen aufzustellen, weil man keine geeigneten Rekruten finden konnte (*Confidential*, 1942, S. 61). Der Grund lag nicht am mangelnden Interesse von Freiwilligen, sondern in der körperlichen Verfassung der überwiegend aus Fellachen bestehenden Rekruten. Im Gegenteil, es wird hervorgehoben, dass Trans-Jordanien das einzige arabische Land sei, in dem Schlangen von Freiwilligen vor den Rekru-tierungsbüros standen und abgewiesen werden mussten (vgl. *Confidential*, 1942, S. 71, *A Periodic Report on Trans-Jordan*). Beckman berichtet, dass in der Endphase des Krieges die Yishuv-Bewegung in Palästina ihren Einfluss geltend machte, die Rekrutierung jüdischer Soldaten zu verhindern, um geeignete junge Männer für den Aufbau und die Sicherung des Landes zur Verfügung zu haben, zumal besonders viele *Sabras*, in Palästina Geborene, in der Brigade dienten (Beckman, 1998, S. 95).

[260] Insgesamt dienten an die 23.000 Araber in britischen Armeeeinheiten.

gion diente.[261] Als im April 1941 der pro-faschistische Rashid Ali al-Qailani die Macht im Irak ergriff und die irakische Armee die britischen Kräfte am Flughafen von Habbaniya belagerte, organisierten die Briten die sog. *Habforce*[262], um ihre belagerten Truppen zu entsetzen und eine genehme Regierung einzusetzen. Zusammen mit dieser *Habforce* griff die Arabische Legion an, besiegte ein Fort bei Rutbah, ließ Truppen zur Sicherung der Pipeline und Kommunikationswege zu Palästina zurück und bewegte sich mit der schnell zusammengesetzten Abteilung mit dem Namen *Kingcol* auf Habbaniya zu. Trotz Attacken deutscher Messerschmitts wurde der Feldzug erfolgreich beendet, nachdem Bagdad eingenommen werden konnte. Anschließend griff die *Habforce* Vichy-Syrien an, um einer deutschen Invasion zuvorzukommen.[263] Am 14. Juli wurde der Waffenstillstand unterzeichnet. Das anfängliche Misstrauen der Briten gegenüber der *Arabischen Legion* wich im Verlauf des Feldzuges dem Respekt vor ihrer Leistung, so dass die Legion weiter ausgebaut wurde.[264] Teile der Arabischen Legion wurden später trotz der Freien Französischen Regierung, die nun in Syrien herrschte, in Syrien eingesetzt, dann auf dem Sinai (gegen Rommels Bedrohung); geplant war ihr Einsatz in Persien (gegen Stammesunruhen als Folge des sowjetisch-britischen Einmarsches), evtl. auf dem Balkan oder Italien. Schließlich wurde sie in Palästina stationiert und übernahm Sicherungsaufgaben in Persien, Syrien, Haifa, Rafah und Akkaba; mehrere Bataillone dienten im Irak auf weitere drei Jahre.[265]

---

[261] Glubb schrieb mehrere Bücher u.a.: *The Story of the Arab Legion*, 1948, *Britain and the Arabs*, 1959, *The Empire of the Arabs*, 1963, *Syria, Lebanon, Jordan*, 1967. 1956 entließ ihn König Hussein von Jordanien aufgrund nationalistischer Ressentiments; die Legion verschmolz mit der Nationalgarde, beide Teile bildeten die neue *Jordanische Armee* unter Ali Abu Nawwar, Husseins persönlichem Adjutant. Mit Glubb dienten weitere 36 britische Offiziere. Im jüdisch-israelischen Unabhängigkeitskrieg bildete die *Arabische Legion* die einzige arabische Einheit, die in jeder Hinsicht ihrem Kriegsgegner gewachsen war.

[262] Sie bestand aus: *The Household Cavalry Regiment*, *The Royal Wiltshire Yeomanry*, *The Warwickshire Yeomanry*, 1st Battalion of the Essex Regiment, 237th Battery, Royal Artillery (60th Field Regiment), a troop of Royal Artillery 2-pounder anti-tank guns.

[263] Später wurde die *Habforce* von der 10th *Indian Division* unterstützt.

[264] Gründung eines zweiten Regiments im September und eines dritten im November 1941. Die Truppenstärke wurde im Jahre 1946 auf 6000 reduziert. Der Hochkommissar von Palästina berichtet 1940 (*Confidential*, 1940, S. 99), dass die arabischen Regierungen bereit wären, mindestens vier Divisionen der irakischen Armee der Britischen Armee zur Verfügung zu stellen, falls das Weißbuch von 1939 implementiert und in Palästina eine Selbstverwaltungsregierung vorgesehen würde.

[265] Eine Abteilung der *Arabischen Legion* nahm an der Siegesparade in London teil.

7.6 Die supranational kämpfenden Soldaten zweier Nationen

Diese Überschrift gibt sich den Anschein, als sei durch die Etablierung der Buffs schon ein politischer Vorgriff auf einen palästinensischen möglich, weil wir nur das Urteilsvermögen Außenstehender besitzen, sagen könnten, dass es doch zumindest in der Stunde der Not so oder so ähnlich dieses Land von zwei Nationen besiedelt sein könnte. Die Schweiz bestehe doch auch aus mehreren Ethnien, die sich primär als Schweizer Bürgerinnen und Bürger verstünden.
Nun, es ist falsch gedacht, da nicht analytisch betrachtet die Geschichte und mit ihr die Erwartungen an die Zukunft der Ethnie und der Ethnien berücksichtigt werden. Die Hoffnungen und Erwartungen der in diesem Land Lebenden und Arbeitenden können nur als heimliche und ausgesprochene Wünsche letztlich nur von diesen Menschen zu gestaltenden Lebensbedingungen geschaffen werden.
Der Spruch: „Wenn Eure Britische Majestät Selbstverwaltung in Palästina, wo wir Araber noch immer die Mehrheit der Bevölkerung ausmachen, vorsehen, dann könnt Ihr über vier Divisionen in Eurem Krieg gegen die Achsenmächte nach Belieben verfügen" könnte das unterschwellig wirkende Motiv großer Teile der arabisch-stämmigen Bevölkerung sein – vermutlich nur für den, weltpolitisch kurzen, betrachteten Zeitraum von etwa 1930 bis 1950.
Damit sind diese in den militärischen Einheiten praktizierten Gemeinsamkeiten nicht getilgt oder zu Mühen ohne Lohn verschwendet worden. Es scheint auf als Hoffnungslicht, das sich irgendwann in ganz anderen Bereichen stärker manifestieren könnte.
Das „Motto" könnte auch anders verstanden werden, als nicht unbedingt wörtlich und ernst zu nehmende Drohung. Zumindest scheint durch, dass Großmächte (wie damals Großbritannien), wären sie klug und würden unter anderem auch an das Öl denken, gut beraten wären, uns Araber nicht zu vergessen oder in Unmündigkeit zu halten und zu behandeln.
Argumentieren wir ausschließlich vom Standpunkt des Militärhistorikers und versuchen die Unmöglichkeit, die den militärischen Kampf leitenden politischen Motive analytisch auszublenden, so könnte die explizite Beteiligung jüdischer und arabischer Soldaten historisch „erklärt" werden mit dem vermeintlich einleuchtenden Ergebnis, dass es eine Kontinuität gegeben habe von der Zeit des Ersten Weltkriegs bis zu der des Zweiten. Denn auch im Ersten Weltkrieg kämpften jüdische Einheiten unter Führung der britischen Armee, um *Eretz Ysrael* von der ottomanischen Herrschaft zu befreien.[266] Gegen Ende März

[266] So schon im Dezember 1914 von Vladimir Jabotinsky und Yosef Trumpeldor vorgeschlagen.

1915 gab es schon 500 jüdische Freiwillige (die zuvor aus Palästina nach Ägypten deportiert worden waren). Ein jüdisches Maultier-Korps (650 Soldaten) wurde 1915 an die Gallipoli-Front gesandt und im August 1917 wurde offiziell ein jüdisches Regiment geschaffen (Teil des 38. Bataillons der *Royal Fusiliers*). Im April 1918 verschmolz es mit dem 39. Bataillon der *Royal Fusiliers*, von denen die Hälfte aus Freiwilligen amerikanischer Juden bestand. Im Juni 1918 wurde das 38. Bataillon nach Palästina geschickt und nach Kriegsende demobilisiert.[267] Doch die gleiche Erscheinung, jüdische Kampfeinheiten auf Seiten der britischen Armee, ist trügerisch: Nur eine *politische* Analyse lässt die Differenzen erkennen. Sicherlich sind einige politische Faktoren von relativem Bestand wie die an eine militärische Beteiligung geknüpfte Erwartung, wenn schon nicht die „Belohnung" für den verdienstvollen Kampf nach Kriegsende in Form einer Staatsgründung zu erhalten, so doch diesem zionistischen Ziel einen großen Schritt näherkommen zu können. Dieser politischen Kontinuität entspricht die Gründung der *Jüdischen Brigade*. Andererseits besteht eine wichtige Differenz in der Tatsache des in der Zwischenkriegszeit entstandenen arabischen Nationalismus – ob nun als Reaktion auf den Zionismus hervorgebracht oder aufgrund der allgemeinen weltpolitischen Lage (man denke allein an Indiens Anti-Kolonialismus-Kampf) oder aus Gründen interner arabischer Entwicklungen, die Stammesfehden zu überwinden. Dieser arabische Nationalismus veränderte ganz wesentlich den ersten Faktor der „Beziehung zwischen einer Kolonialmacht und der im Mandatsgebiet ansässigen Bevölkerung" wie aus der zur selben Zeit entwickelten Politik arabischer Staaten, ein (auch militärischer) Bündnispartner Großbritanniens zu sein, ersichtlich ist. Die Tatsache aber, dass der herrschende arabische und jüdische Nationalismus sich in dieser Kriegssituation mit supranationalen Formen vertrug, ist ein Novum in der Geschichte. Dies kann u.E. nicht damit erklärt werden, dass die militärischen Einheiten wie *The Palestine Buffs* oder die *Trans-Jordanian Frontier Force* nichts anderes gewesen wären als aus Kolonialsoldaten zusammengesetzte britische Regi-

---

[267] Außerdem gab es die pro-britische und anti-türkische Spionageorganisation *Nili* in Palästina. Später, ab dem Mai 1936 existierten quasi-autonome jüdische Organisationen, die von der britischen Mandatsregierung toleriert wurden: die *Jüdische Siedlungspolizei*, die *Jüdische Hilfspolize* und die *Special Night Squads*. Derselbe Verfasser, Yehuda Bauer (op.cit., S. 13f.), der den Briten seit Bekanntgabe des Weißbuchs von 1939 eine dezidiert pro-arabische Politik vorwirft, erzählt zugleich von der mit britischer Hilfe erfolgten Aufstellung der *Supernumerary Police Force* (schon im Juni 1936 aus 22.000 Polizisten bestehend), die sich vornehmlich aus Juden der *Haganah*-Bewegung rekrutierte; dabei handelte es sich bei dieser Polizeieinheit nicht nur um Dorf- und Stadtpolizisten, sondern wenig später um mobile Einheiten mit gepanzerten Fahrzeugen. Einschränkend muss aber gesagt werden, dass eine solche Polizeieinheit, wie oben schon ausgeführt, auch aus arabischen Palästinensern gebildet worden war.

menter (*Dominion Troops*), denn das hieße, den politischen Hintergrund dieser Zusammensetzung auszuklammern sowie das politische Bewusstsein der kämpfenden Soldaten, die miteinander kooperieren mussten, um erfolgreich zu sein und um zu überleben. Es handelt sich um eine neue Form, die, in gewissem Sinne „idealtypisch", in der Bildung einer arabisch-jüdischen Brigade von „supranational kämpfenden Soldaten zweier Nationen" ihren Ausdruck fand. Im Hinblick auf diese neue Qualität sind quantitative Berücksichtigungen sekundär, ob beispielsweise es mehr arabische oder jüdische Soldaten oder umgekehrt in diesen Einheiten gegeben habe oder nicht.[268]

Die politische Bedeutung der Existenz einer jüdischen Brigade unter jüdischer Fahne zählte, was auch allen Zeitgenossen in ihrer Tragweite evident war. Allein die Existenz von zwei Typen der militärischen Form, der rein jüdischen (*Jüdische Brigade*) und der zu gleichen Teilen zusammengesetzten *Palestine Brigade* sowie – in einem modifizierten Sinne – der *Trans-Jordan Frontier Force* und nicht zu vergessen solche Einheiten wie die tschechoslowakische, die zu 90 % aus palästinischen Juden bestand (s.w.u.), spiegelt zwei politische Strömungen wider: Die nationalistische, die sich bis heute als die historisch siegreiche erwies und die „supranationalistische", die die Koexistenz der beiden Bevölkerungsteile Palästinas bedeutete und tendenziell geeignet war, den Nationalismus, eine der fürchterlichsten Quellen menschlicher Zerstörungskraft, zu überwinden. Hierzu nur eine Stimme zu zitieren, ist bedenklich, besonders wenn es sich um die Stimme eines britischen Politikers handelt, da unvermeidlich Verallgemeinerungen erzeugt werden, die den vorherrschenden Tendenzen der britischen Politik nicht gerecht werden. Der Kommissar der Woodhead Commission[269] (im April 1937 in Palästina tagend), Thomas Reid, bemerkte gegenüber einem Vertreter der *Jewish Agency*, dass es keine weise jüdische Politik sei, den zionistischen Gedanken weiter zu verfolgen, denn dabei handele es sich um denselben Nationalismus, den die Britische Regierung Hitler vorwerfen würde. Die Lösung des jüdischen Problems bestünde darin, den Gedanken der Assimilation zu verfolgen, so wie es die Bolschewiki[270] täten. Dies hätte ein Vertreter der britischen Regierung auch arabischen Politikern sagen können. Dies hätte auch ein britischer Politiker der eigenen Regierung sagen können.

---

[268] Dies gilt auch für die *Jewish Brigade*: Es ist von sekundärer Bedeutung, ob ihr Kampf im von Kesselring besetzten Norditalien einen bedeutenden oder marginalen Einfluss auf die Kriegsführung der Alliierten gehabt habe oder nicht.

[269] Diese Kommission beschäftigte sich mit allen technisch-praktischen Aspekten der Palästina-Verwaltung; auch mit Grenzziehungen. Dies auf der Grundlage der Peel-Commission. Diese legte 1937 einen ausführlichen Bericht zum Mandatsgebiet vor und schlug zum ersten Mal vor, Palästina in jüdische und arabische Teile zu zerschneiden.

[270] Morris, 2001, S. 156.

Eine erste Korrektur eines geschichtspessimistischen Standpunktes muss vorgenommen werden: Die Chronik der historischen Ereignisse (res gestae) ist keinesfalls eine Folge von Katastrophen, die sich durch die Uniformität schrecklicher Ereignisse auszeichnen. Es gab einen politischen Willen aufgrund einer politischen Einsicht, angesichts des von Nazi-Deutschland angezettelten Weltkrieges die eigenen, besonderen politischen Differenzen als Nebenwidersprüche zu erkennen, an ihrer Überwindung zu arbeiten und sich dem Hauptwiderspruch, dem Kampf gegen Nazi-Deutschland mit seinen Verbündeten zu stellen. Auch wenn diese Unternehmungen nicht den beabsichtigten Erfolg hatten, kaum noch das Kriegsende überdauerten und bald neue Katastrophen, „Trümmer“[271], hinzukamen, so ist doch von einem überlegeneren Geschichtsbewusstsein (historia) zu reden, politische Maßnahmen zu ergreifen, die auf eine bessere, friedlichere Zukunft ausgerichtet sind. In diesem Sinne konnte beispielsweise schon am Vorabend des Krieges, auf der Konferenz im Saint James Palast im Februar 1938, von der arabischen Delegation, trotz all ihrer Obstruktionspolitik, ihre Auffassung vernommen werden, dass die „Einwanderung von Juden bestenfalls eine Frage arabischer humanitärer Hilfe im Sinne einer Lösung des (jüdischen) Flüchtlingsproblems sei, keinesfalls jedoch ein Recht der Juden auf Einwanderung“ bestünde. Niemand ging auf diese Möglichkeit ein, die arabische Seite beim Wort zu nehmen, um das Leben vom Tode Bedrohter zu retten.[272]

7.7 Großbritanniens: Widersprüche à la „a national home“

Die geopolitische Lage der Levante und des Nahen und Mittleren Ostens vor dem Ersten Weltkrieg war gekennzeichnet durch konfligierende Interessen der Großmächte England, Frankreich, Russland und Deutschland. Die englischen Interessen waren offensichtlich: Die Sicherung der See- und Landwege zu ihren Kolonien auf dem indischen Subkontinent und im Fernen Osten. Erst als in den dreißiger Jahren des 19. Jhs. der Sharif von Mekka, Mohammed Ali von Ägypten, die ottomanische Herrschaft in (dem später so bezeichneten) Trans-

[271] Man denke beispielsweise an den Krieg Englands gegen die griechischen Kommunisten; dieser Kampf wurde noch *nach* der Kapitulation der deutschen Streitkräfte auf Kreta sogar unter Inanspruchnahme deutscher bewaffneter Einheiten geführt!

[272] „[...] the entry of Jews into Arab states, including Palestine, was at most a humanitarian question of Arab aid in the solution of the refugee problem, not a question of a Jewish right to any immigration whatsoever“ (Bauer, 1970, S. 31 f.). Der Verfasser kommentiert lediglich, dass „es auf dieser Basis unmöglich sei, eine Verständigung zu finden“ („On this basis it was impossible to reach an agreement.“).

jordanien mit stillschweigender Unterstützung der Franzosen absetzte und diese Region somit zu einer französischen Interessensphäre zu werden drohte, entstand eine für die weitere Zukunft neue, politisch virulente Situation. Großbritannien und Russland kamen den Ottomanen zur Hilfe, den Franzosen wurde nur noch gestattet, in Jerusalem als Beschützer der katholischen Bürger zu fungieren. Trotz dieser Pazifizierung des Konfliktes geriet Transjordanien immer mehr zum Spielball imperialistischer Interessen. Um die Jahrhundertwende erreichte die deutsche Diplomatie engere freundschaftliche Kontakte zum Ottomanischen Reich, was wiederum Großbritannien beunruhigte, das entlang ihrer Kommunikationswege zu ihren Kolonien Schutzabkommen mit vielen arabischen Führern ausgehandelt hatte und diese Wege bedroht sah, zumal auch noch die Deutschen die Eisenbahnlinie Damaskus-Medina, die durch diese Region führte, bauten. Zum Schutz der Bahnlinie wurden ottomanische Truppen eingesetzt, die von den ansässigen Arabern als Besatzungsmacht angesehen wurden, was es wiederum bei Ausbruch des Weltkrieges den Briten leicht machte, sie zum Aufstand gegen das ottomanische Reich zu bewegen. Diese Politik übernahm Sir Henry McMahon, Hochkommissar von Ägypten, der mit dem haschemitischen König Hussein korrespondierte und ihm anscheinend einen arabischen Staat von Damaskus bis zur arabischen Halbinsel in Aussicht stellte, wenn er die Ottomanen bekämpfte (allerdings gab es auch erheblichen arabischen Widerstand gegen eine haschemitische Herrschaft). 1916 wurde der Aufstand ausgerufen, finanziell, mit Militärberatern (der berühmteste war der legendäre Lawrence von Arabien) und Waffen von England unterstützt Sodann taten die Briten das, was imperialistische Mächte tun: Sie steckten einträchtig mit Franzosen und Russen ihre jeweiligen Interessensgebiete ab (Übereinkunft von Sykes-Picot, 1916). Diese Gewaltmaßnahme stellte in dieser Region ein Pulverfass dar und legte dazu die brennende Lunte, die nur noch von einer beliebigen Partei ergriffen werden musste, um einen Brand zu entfachen, der ohne abzusehendes Ende die Region zerstören würde: Nicht nur der Sharif von Mekka wurde düpiert, nicht nur das Verhältnis der rivalisierenden Königshäuser der Haschemiten und Nashashiben wurde schärfer, nicht nur die spätere Mandatsübernahme von Palästina und Transjordanien durch die Engländer belastet; es konnten auch in der Folgezeit die deutsche und die deutsch-italienische faschistische Politik von dieser Problemlage profitieren. Neben vielen weiteren Konflikten, die hierdurch überhaupt erst entstanden oder die, latent vorhanden, geschürt wurden, sorgte zusätzlich die Balfour-Erklärung von 1917 für einen weiteren Anlass, Spannungen zu erzeugen. In dieser Erklärung wurde den Juden „a national home" versprochen (s.w.o.). Dies führte zu heftigen arabischen und jüdischen Protesten, da der arabischen Bevölkerung ihre Zukunft in Form eines Nationalstaates verwehrt zu sein schien und die Juden die gegenteilige Lesart verstanden, dass ihnen lediglich eine „Heimstätte“, aber kein „Staat“ in Aussicht gestellt wurde. In der Tat ist die Formulierung „national home“, die auch das Weißbuch von 1939 übernahm und zum eisernen Bestand der britischen Politik der Kriegsjahre wurde, eher ein Beispiel für ein Oxymoron, denn „national“ steht in Widerspruch zu „Heim“ und beides zusammen ergibt „sinnvollen Unsinn“. Wird es unter logischem Gesichtspunkt betrachtet, so stellt dieser Ausdruck eine Paradoxie dar, denn das eine widerspricht dem anderen, ohne ein sinnvolles Ganzes bilden zu können. Mit der Balfour-Erklärung wurde zudem die Einwanderungsquote von Juden erhöht, so dass sich die arabische Lesart durch die politische Praxis bestätigt sah, dass nämlich über das Recht, über ihr Land zu verfügen, andere entschieden. Dabei machte es letztlich keinen Unterschied, ob es sich dabei um Ottomanen, Deutsche, Italiener, Briten, Franzosen oder Juden handelte.

Nach dem Ersten Weltkrieg erhielt Großbritannien das Völkerbundmandat für dieses Gebiet, das dann 1921 in Transjordanien (Land westlich des Jordans) und Palästina (östlich des Jordans) gespalteten wurde. Abd Allah ibn al-Hussein wurde als Emir von Transjordanien eingesetzt und 1928 wurde das Land in die Unabhängigkeit entlassen (Großbritannien gab 1946 das Mandat für Transjordanien auf.).

Der Völkerbund erkannte weder die Thronbesteigung des wahabitischen Königs Faisal in Syrien an noch die von Abdullah als König von Irak, woraufhin Abdullah zweitausend Stammeskrieger nach Damaskus in Bewegung setzte. Auf der schnell von Großbritannien eingerichteten Konferenz von As Salt konnte der arabische Widerstand gegen eine Machtausweitung der Wahabiten unter Ibn Saud genutzt werden, um diese Inthronisierungen ungültig zu machen und beide Länder als französische bzw. britische Mandatsgebiete auszuweisen. Der britische Hochkommissar bot Abdullah die Führung von Transjordanien (und viel Geld) an, der daraufhin seinen Einmarsch nach Syrien stoppte. Seinem Bruder Faysal wurde die Position des Königs von Irak angeboten, doch die Franzosen nahmen Faysal von Syrien den Thron mit Gewalt. Der Völkerbund beugte sich den Großmächten und akzeptierte auch die Grenzziehung zwischen Transjordanien und Palästina. Transjordanien erhielt eine getrennte arabische Verwaltung, den Kern einer künftigen Armee, die schon erwähnte *Trans-Jordan Frontier Force*, vorläufig aber noch unter britischem Oberbefehl stehend (mit der besonderen Aufgabe, das Land gegen wahabitische Überfälle zu sichern) und die besondere „Vergünstigung“, dass hier keine Juden einwandern durften. Diese geschickte britische Politik in Transjordanien, sich der Loyalität des haschemitischen Herrschers Abdullah zu versichern, machte sich bis in den Zweiten Weltkrieg hinein bezahlt: Die ausgebaute *Trans-Jordan Frontier Force* wurde zum Bestandteil der *Arabischen Legion* (die dem Emir unterstand) und

kämpfte mit Auszeichnung unter britischem Oberbefehl u.a. gegen das pro-faschistische Regime des Rashid Ali al-Qailani von Irak (s.w.o.)[273] sowie das Vichy-Regime in Syrien (Operation „Exporter", 1941). Nach 1945 wurde aus ihr die jordanische Armee gebildet, die wenig später die einzige ernsthafte Bedrohung Israels darstellte. Konflikte der rivalisierenden imperialen Mächte Großbritannien und Frankreich in Bezug auf das Gebiet des Nahen bzw. Mittleren Ostens erfuhren nach den Siegen in Stalingrad und Nordafrika mit dem de Gaulle-Lyttelton-Abkommen (25. Juli 1941) eine Wende: Die Schaffung einer arabischen Liga sollte auf den Weg gebracht werden, was einer Zurückdrängung des französischen Einflusses (auf Syrien und den Libanon) gleichkam. Die arabischen Staaten Ägypten, Syrien, Libanon, Irak, Transjordanien, Saudi-Arabien und wenig später Jemen unterzeichneten eine entsprechende Konvention (22. März 1945 in Kairo). Eine Auswirkung dieser Verständigung auf die Bildung einer Arabischen Liga unter Einschluss von Palästina bestand in einer neuen politischen Konzeption für die Zukunft dieses Landes. Im Dezember 1943 wurde seitens der Briten ein Alternativplan vorgelegt, der entweder eine Teilung im Sinne einer Zweistaatlichkeit oder eine Kantonisierung im Sinne eines arabischen Staates mit relativ autonomen jüdischen Enklaven vorsah. Selbst größere, der *Jewish Agency* in London zugestandene Gebiete (Negev, Gaza-Streifen, Teile Transjordaniens) hatte schon zuvor, im Vorfeld der Konzeptionierung des Planes, Weizmann in einem Gespräch mit Churchill (31. März 1943) abgelehnt. Auch der überwiegende Teil des *Yishuvs*, der jüdisch palästinensischen Gemeinde, stimmte weiterhin für die jüngst entwickelte maximalistische und utopistische Forderung Ben-Gurions und lehnte es kategorisch ab, mit Arabern über abzugrenzende Gebiete in Verhandlungen eintreten zu wollen wie es Engländer und Amerikaner wünschten. Man setzte auf große Einwanderungsströme, die dann das fait accompli einer numerischen Überlegenheit der Juden in Palästina schaffen sollten. Die anglo-amerikanische Reaktion bestand darin, eine Lösung des Problems auf das Ende des Krieges zu vertagen.
Seit Beginn des Zweiten Weltkrieges war die Welt – vorläufig – für die beiden Kolonialmächte England und Frankreich wieder aufs Beste eingerichtet. Versuche, den Briten etwa pro-arabische oder pro-zionistische Motive ihrer Politik zu unterstellen[274], verkennt die simple Weisheit einer imperialen Macht, nämlich sich keiner anderen nationalen Politik zu verschreiben, möge sie noch so vernünftig sein oder sich gar humanitären Prinzipien verpflichtet wähnen: Es gel-

[273] Unmittelbar bevor Bagdad erobert wurde, gab es am 1. und 2. Juni 1941 fürchterliche Pogrome gegen die ansässigen Juden.

[274] So die Intention des Werkes von Yehuda Bauer, 1970, das den Briten mit der Balfour-Erklärung eine pro-zionistische und mit dem Weißbuch eine pro-arabische Politik unterstellt und diesen Wandel erklären will.

ten letztlich ausschließlich die eigenen nationalen Interessen. Veränderungen der nationalen Interessen einer imperialen Macht erscheinen zuweilen als partiell identisch mit solchen anderer Länder, sind es jedoch dem Wesen nach nie. Solche Veränderungen lassen in den abhängigen Ländern oft genug Hoffnungen entstehen wie etwa bei den Juden, bei einer Labour Regierung nach 1945 geneigteres Gehör zu finden als bei den Konservativen, eine Illusion, weiter nichts.[275]

7.8 Selektive Interessenlagen (Geschichte)

Bislang könnte allein aus dem bisher gelesenen Text eine jede Behauptung, z.B. in der Form einer besonderen politischen Meinung, seine Bestätigung finden können. Interessierte müssten sich allerdings fragen, wie bedeutsam die vorgenommene Selektion für eine Erklärung geschichtlicher Ereignisse ist:
Schlagzeilen sind nicht identisch mit „wichtig", „bedeutungsvoll" oder „erklärungsbedürftig" oder „geeignet". So könnte man sich die Schlagzeile heraussuchen, die besagt, dass „IRA, während sich England im Kriegszustand mit Nazi-Deutschland befand, z.B. eine britische Fabrik zur Herstellung von Geschützen zu sprengen versuchte."[276]
Man sollte nicht vergessen, dass alte Konflikte wie die zwischen der britischen Kolonialmacht und der irischen Opposition, der IRA, noch unter der Oberfläche des Weltkrieges schwelten: So gab es auch das Unternehmen der IRA, eine britische Fabrik zur Herstellung von Geschützen zu sprengen.[277] Entsprechend

[275] Wer das auch heute noch nicht verstanden hat, wie einst Saddam Hussein von Irak, der allem Anschein nach geglaubt hatte, von der US-amerikanischen Regierung für den Krieg gegen den Iran mit Geld und Waffen versorgt zu werden, dass also diese Willfährigkeit bedeute, sich Meriten verdient zu haben, die ihn berechtigen, das korrupte Regime in Kuwait zu bekriegen etc., stürzt binnen kurzer Zeit ab zu einem Status eines weltweit geächteten Schurken – wenn es der imperialen Macht so passt und nicht etwa, weil ein Überfall auf ein fremdes Land an sich verachtenswert wäre und gegen die UN-Charta verstieße.

[276] „Diese IRA", empört man sich: „Während sich England im Kriegszustand mit Nazi-Deutschland in einem Kampf auf Leben und Tod befand, dann ausgerechnet eine britische Fabrik zur Herstellung von Geschützen zu sprengen versuchen, beweise doch nur, wie irrsinnig so manche politische Splittergruppe ist." Es ist richtig, es ist sogar noch schlimmer: Aus der Weltgeschichte, in der wir alle Akteure sind, bemerken wir, wenn wir uns schon umschauen, wie viele „Irre" es gibt. Nun aber zuallererst, Irre aufzuspüren und hinter Gitter zu bringen, macht aus der gesäuberten Geschichte eine für Irres sehr attraktive.

[277] S. *Historical Records of The Buffs Royal East Kent Regiment (3rd Foot) formerly designated The Holland Regiment and Prince George of Denmark's Regiment*, 1919-1948 von Colonel R.B. Knight, O.B.E.; London, The Medici Society 1951.26. Der Vergleich mit der *Irish Republican Army* (*Provosionals*), die ihren Kampf weiter gegen England führt(e) bis die ganze

gab es auch jüdische Splittergruppen, die ihren alten Kampf gegen die Mandatsmacht Großbritannien fortsetzte.[278] Zur Ehre der antifaschistischen Kämpfer sei gesagt, dass die Mehrheit bildende, geheime Untergrundarmee, die „special squads“, in der zweiten Hälfte des September 1939 alle gegen Briten und Araber gerichteten Aktivitäten einstellten. Die alten Konflikte blieben auch während des Kriegs – und danach – latent vorhanden: Kaum dass der Krieg wenige Wochen vorbei war, brachen sie wieder auf – wie der Bericht eines Magazins aus Tel Aviv anlässlich der Feierlichkeiten zum Geburtstag von König George zu entnehmen ist.

Es soll hier der Versuch unternommen werden, dem Leser die Möglichkeit zu geben, so weit wie möglich durch eigene Urteilsbildung, die Frage beantworten zu können, wie arabische und jüdische Menschen, die beide jeweils über unendlich viele Gründe verfügen, den anderen als geborenen Feind zu betrachten, in ihrer überwältigenden Mehrheit diesen Streit begraben konnten. Sollte auch nur ansatzweise für die hier gewählte historische Situation eine Antwort gefunden werden können, so dürfte schon der „Schatten eines Ansatzes“ gegeben sein, Lösungsmöglichkeiten für die zeitgenössische und die sich abzeichnende zukünftige Feindschaft aufspüren zu können. Man darf nicht vergessen: Es geht bei dem bisher Dargestellten um mehr, als dass angesichts des von den Faschisten angezettelten Weltbrandes die palästinensische Bevölkerung ihre eigenen Kriegsbeile vorläufig vergrub, um zunächst den alle bedrohenden Feind zu bekämpfen. Viele Araber und Juden haben durch die Praxis des gemeinsamen Kampfes, in dem sie Seite an Seite, der eine für den anderen, ihr Leben einsetztend, bewiesen, dass die nationalen, religiösen, ethnischen etc. Differenzen ein Nichts waren.

> *Es ist bedauerlich, dass jüdische Soldaten so unauffällig während der Geburtstagsparade zu Ehren von König George, die auch eine Siegesparade war, in Erscheinung traten. Dem Publikum wurde Gelegenheit gegeben, die Kriegsteilnehmer zu bejubeln. Zweifellos bildete das farbenprächtige Kamel-Korps der Arabischen Legion die Attraktion der Parade. Aber es ist schon merkwürdig, dass die*

Insel "rein irisch" ist, drängt sich deswegen auf, weil in den Pamphleten der Etzel-Gruppe "Etzel in Israel" diese IRA oft als vorbildlich zitiert wird.

[278] Auch die Position Ben-Gurions, am 28. Februar 1940 geäußert, drückt Bedenkliches aus: „For us, war on the White Paper now takes precedence over anything else" (Bauer, op. cit., S. 74); dies wurde zu einer Minderheitenmeinung, zumal allen klar war, dass es für diese Politik auch kein internationales Verständnis geben würde; als Konsequenz einer völlig mangelnden Unterstützung für eine derartige Position wollte er aus dem zionistischen Exekutivkomitee ausscheiden, was ihm nicht gewährt wurde, woraufhin er nach England und anschließend in die USA reiste.

Arabische Legion und die Transjordan Frontier Force, deren Kriegsteilnahme doch von so geringem Umfang waren, die Parade so dominieren durften wie sie es taten. Die Zuschauer gewannen den Eindruck, dass nur diese farbenprächtig gekleideten Soldaten Palästinas Beitrag zum Krieg darstellten.[279]

Um diese andere, supranationalistische Meinungsbildung zu ermöglichen, sei eine Beschränkung vorgenommen auf nur ein Dokument britischer Politik. Die allgemeinen politischen Linien der Konfliktparteien im britischen Mandatsgebiet sind weiter oben mehr oder weniger deutlich skizziert. In gröbster Verallgemeinerung könnte behauptet werden, dass die Hauptlinie der arabischen Politik an dem erwachenden Nationalismus festgemacht werden könnte, der sich gegenüber den Juden und den Briten dergestalt auswirkte, dass sie sich weder von einer sich abzeichnenden jüdischen zugewanderten und wachsenden Bevölkerung majorisieren lassen, noch diesen nationalen Wunsch irgendeiner Macht und schon gar nicht der britischen anheimstellen wollten. Die dominante jüdische Politik wollte aufgrund der Tatsache, dass trotz aller Assimilationsversuch[280] Judenverfolgungen, Pogrome jederzeit überall stattfanden und stattfinden würden[281] und deshalb im Rahmen einer Welt, die sich zu Nationalstaaten formierte, auch nur ein nationalstaatliches Gebilde Schutz versprechen könnte, eine zionistische Politik mit dem Ziel eines israelischen Staates verfolgen, was aus ihrer Sicht die einzig logische Antwort schien. Die britische Politik, erfahren mit komplizierten Verhältnissen weltweit, die eingespannt wurden, um britischen Reichtum durch ein ausgedehntes Kolonialsystem zu garantieren, war flexibel genug, auch das Mandat über Palästina für eigene Zwecke zu nutzen. Dies geschah auf die Weise, die demokratische Selbstorganisation der palästinensischen Kräfte zu fördern und dies nach einem gut austarierten Proporzsystem von Palästinensern arabischer und jüdischer Herkunft.

Andererseits erscheint auf den ersten Blick die von Großbritannien praktizierte politische Option im politischen Rahmen der Verpflichtungen, die sich aus

[279] 17. August 1945; nach Beckman, 1998, S. 140.

[280] Auch hier ist unendlich viel zu berichten, deshalb sei nur kurz auf eine „kasuistische" Begebenheit oft mit Todesfolge in Spanien verwiesen zu einer Zeit, da ganz Spanien von den „Mauren" befreit war und den Juden die Alternative gestellt wurde, zum katholischen Glauben überzutreten oder zu verschwinden (bzw. Schlimmeres zu erdulden). Die Juden, die zum „rechtmäßigen Glauben" übertraten, galten daraufhin als besonders verfolgenswert, da man ihnen ja misstrauen musste, weil sie ja freiwillig ihren Glauben nicht aufgegeben hätten.

[281] In der in Frage kommenden Zeit war es nach dem Attentat auf Zar Alexander II. zu fürchterlichen Pogromen gekommen, die die erste Auswanderungswelle nach Palästina auslösten; die Juden in Deutschland galten als besonders assimiliert, sie selbst betrachteten auch Deutschland als ein aufgeklärtes, rechtsstaatliches System und dennoch geschah hier der Holocaust.

dem Mandat des Völkerbunds ergaben, recht fortschrittlich, da nationalistische Bestre-bungen von Arabern wie Juden bekämpft wurden, um die gemeinsame Nutzung, Verwaltung, Verteidigung etc. in den Vordergrund zu stellen. Allerdings war dies nur ein *Instrument* der imperialen Politik in Fortführung der alten Kolonialpolitik. Es war nur Mittel zum Zweck, die britische Hegemonie über eine pazifizierte Region zu besitzen, deren so beschaffener Zustand den pragmatischen, auf englisch-nationalen Nutzen ausgerichteten Zielen dienlich zu sein habe. In dieses Konzept passten natürlich keine Unabhängigkeitsbestrebungen, die auf lange Sicht in der Region zu Konflikten führen würden. Die Logik dieser imperialistischen Politik Großbritanniens verbietet natürlich erst recht, dass Unabhängigkeitswünsche die konfliktreiche Gestalt einer militärischen Organisation annehmen. Britische Politik war in diesem Punkt entsprechend kategorisch: Eine jüdische Armee aufzustellen, wie es zionistische Kreise, die *Jewish Agency*, besonders in den U.S.A. und natürlich in Palästina anstrebten, sollte auf keinen Fall toleriert werden.[282] Hierüber wurde auch mehrfach Verständigung mit der Regierung der Vereinigten Staaten erzielt. Dass dieses Konzept, den jüdisch-arabischen Konflikt in Israel so lange Krieg herrschte „auszusitzen", keine Sicherung der künftigen Zustände in dieser Region bot, war allen Beteiligten bewusst. Der hier oft zitierte und auch kritisierte Yehuda Bauer verwendet in seinem Werk häufig eine Metapher, die die Lage der britischen Regierung treffend zum Ausdruck bringt: „sitting on the fence" – man versucht, auf dem Zaun zu sitzen, aber man wird irgendwann, spätestens nach dem Ende des Krieges, herunterfallen. Die „fortschrittlich" genannte Politik ist nur in ihrer möglichen Wirkung fortschrittlich. Als imperiale Politik Großbritanniens ist sie Ausdruck von Hilflosigkeit. So sind dann auch Äußerungen zu verstehen, dass das sich abzeichnende politische Scheitern auch schon einmal bequemerweise, weil die Stereotype auf der Straße und den Stammtischen liegen, dem „Weltjudentum" angelastet wird.[283]

Zur Charakterisierung dieser Konzeption britischen hegemonialen Denkens sind besonders zwei Dokumente wichtig: die Balfour-Deklaration (1917) und das Weißbuch (The British White Paper von 1939). Wie schon erwähnt erschien in der Balfour-Deklaration dieser ominöse Begriff des „national home", der jüdische Interessen, besonders die aus den USA beschwichtigen sollte, um

[282] So z.B. mit aller Deutlichkeit noch am 30. Juni 1943 von Eden (*Confidential*, S. 29) zum Ausdruck gebracht, obwohl, wie gesehen, diese Politik zu diesem Zeitpunkt schon von der Praxis der Militärführung aufgeweicht wurde.

[283] *Memorandum of the Minister of Aircraft Production*, Mitglied des Kriegskabinetts, vom 1. Juli 1943: "I think we shall be missing the essential point about the present situation in Palestine unless we treat it as part of the wider problem of World Jewry." (*Confidential*, S. 53).

damit zugleich eine Beeinflussung der US-amerikanischen Politik durch die zahlreichen amerikanischen jüdischen Wählerstimmen vorzunehmen. Diese Formulierung wurde auf der Konferenz des Völkerbundes von San Remo (1922) übernommen und von der britischen Regierung zur Grundlage ihrer Palästina-Politik gemacht. In der Interpretation der strittigen Formulierung machte Churchill in seiner Eigenschaft als Sekretär der britischen Kolonialbehörde am 3. Juni 1922 die Lesart publik, nach der auf keinen Fall darunter zu verstehen sei, dass der Bevölkerung von Palästina ein jüdischer Nationalismus auferlegt werden könnte, sondern dass lediglich die weitere Entwicklung der jüdischen Gemeinschaft mit Unterstützung von Juden der ganzen Welt befördert werden sollte; all dies soll im Sinne eines Zentrums zu verstehen sein, an dem Juden aus religiösen und ethnischen Gründen ein Interesse finden könnten, was sie mit Stolz erfüllen dürfte.[284] Dieser weiterhin bekämpfte Begriff des „national home" für Juden wurde explizit im Weißbuch wieder aufgenommen und der von Churchill angedeutete Weg näher präzisiert: „Die Regierung seiner Majestät ist nicht in der Lage vorauszusehen, welche verfassungsmäßige Form genau die Regierung von Palästina wählen wird; das Ziel wird jedoch Selbstverwaltung sein. Die britische Regierung wünscht, dass letztlich ein unabhängiger palästinensischer Staat entstehe. Er soll ein Staat sein, in dem zwei Völker, Araber und Juden, die Regierungsmacht mit einander teilen und zwar auf eine solche Weise, dass wesentliche Interessen einer jeden Seite von beiden beachtet werden."[285] Mit dieser politischen Absichtserklärung, die auf Feindschaft stieß

[284] [...] it meant not [...] the imposition of a Jewish nationality upon the inhabitants of Palestine as a whole, but the further development of the existing Jewish community, with the assistance of Jews of other parts of the world, in order that it may become a centre in which the Jewish people as a whole may take, on grounds of religion and race, an interest and a pride. All diese wohlklingenden politischen Verlautbarungen hatten auch einen simplen finanziellen Hintergrund: Die britische Regierung war der Auffassung, dass jüdisches Kapital weiterhin in diese Region fließen werde, was letztlich den arabischen Palästinensern ebenfalls zugutekäme, was wiederum der Zufriedenheit der arabischen Bevölkerung und damit der Stabilität der Region wie letztlich den britischen Kolonialinteressen nützlich wäre. Dies wurde in Churchills Weißbuch von 1922 niedergelegt; außerdem wurden „zumutbare" jüdische Einwanderungsquoten für Palästina festgelegt.

[285] Artikel IV: „His Majesty's Government are unable at present to foresee the exact constitutional forms which government in Palestine will eventually take, but their objective is self-government, and they desire to see established ultimately an independent Palestine State. It should be a State in which two peoples in Palestine, Arabs and Jews, share authority in government in such a way that the essential interests of each are shared." Dies bestätigt gleichfalls das Memorandum des Außenministers vom 12. Juni 1940: „in the absence of direct agreement between the Arabs and the Jews" (*Confidential*, S. 215). Im Anhang befindet sich ein Telegramm von Viscount Halifax an die Marquise von Lothian (Washington), in dem versucht wird deutlich zu machen, dass „das Schicksal der Zivilisation vom Ausgang des

und Feindschaft hervorrief, beherrschte Großbritannien das Mandatsgebiet. Die seit 1933 verstärkte jüdische Zuwanderung[286] und die damit verbundene Steigerung des Landkaufs durch diese Flüchtlinge führte zu der bislang stärksten arabischen Reaktion, die in den Jahren von 1936 bis 1939[287] die Form eines Aufstandes nahm. Die britische Regierung entschied, eine Kommission unter Leitung von Lord Peel nach Palästina zu entsenden, um Lösungsvorschläge für die nun offenen Konflikte zu erarbeiten. Im Juli 1937 legte Lord Peel seinen Abschlussbericht vor, der die Teilung Palästinas vorsah, was bedeutete, dass ein jüdischer Staat möglich erschien. Diese Möglichkeit basierte auf der Vorstellung, eine Landkarte zu zeichnen, die „gesäuberte", „ethnisch reine" Gebiete von Arabern und Juden auswies, was natürlich implizierte, dass besonders viele arabische Palästinenser „umgesiedelt" werden mussten.[288] Dies heizte die palästinensisch-arabische Stimmung an, da den arabischen Palästinensern deutlich wurde, dass ihrem Wunsch nach nationaler Selbstständigkeit nicht nur nicht entsprochen wurde, sondern darüber hinaus noch eine eventuelle Realisierung an die Bedingung einer jüdischen Zustimmung geknüpft war. Die jüdische Reaktion drückte ebenfalls ihre Enttäuschung über die britische Position aus, da weder ein Schritt in Richtung auf eine Souveränität ihres „national home" gemacht wurde noch eine Regelung über Einwanderungen (bzw. Einwanderungsquoten) akzeptabel erschien, da diese über eine von den Briten fixierte Quote hinaus von arabischer Zustimmung abhängig gemacht wurde. Ihre Reaktion fand ihren Niederschlag in einem dreizehn Punkte umfassenden „Aktionspa-

Krieges abhängt und dass die deutsche Behandlung der Juden mit aller Deutlichkeit belegt, dass die bessere Zukunft des Judentums vom Sieg der Alliierten abhängt."

286 Die Zahl der jüdischen Einwanderer stieg von 12.553 im Jahre 1932 auf 66.172 im Jahre 1935.

287 22.4.1936 -12.10.1936 Generalstreik; 1937-1939 Aufstand.

288 Genau dieser u. E. zentrale Punkt wird von Bauer (1970, S. 8) nicht erwähnt und stattdessen eine Vermutung über eine „class of Arab intelligentsia" angestellt. Diese avisierte Politik, mittels Vertreibung ethnisch reine Gebiete zu schaffen, bis heute praktiziert, denkt man an die deutsche Jugoslawienpolitik unserer Zeit, löste allein schon bei den zahlenmäßig schwachen deutschen Kolonisten Entsetzen aus. Obwohl Hitler öffentlich bekundet hatte, dass der Jude an sich unfähig sei, ein politisches Staatswesen zu führen, sahen sich die meisten deutschen Kolonisten – mit deutschem Pass – plötzlich in der Situation, Bürger eines real existierenden jüdischen Staates werden zu können; da sie um die Judenverfolgung in Deutschland wussten – und sie guthießen – befürchteten sie nun ihrerseits, in die Position von Opfern zu geraten, die den Repressionen eines Staates ausgesetzt sind, der „natürlich", da sie nur über das positivistische Denkschema „Staat = Repression" verfügten, sie so behandeln würde wie der deutsche Staat mit seinen ausgemachten Opfern verfuhr. Dass sich die jüdische Gemeinde in Palästina nicht getreu dem Nazi-Stereotyp gegenüber der deutschen Gemeinde verhielt, bedeutet für Nazis nicht, ihr Stereotyp zu ändern, da sich dann „der Jude verstellt und umso gefährlicher ist" (Ralf Balke, *Hakenkreuz im Heiligen Land*, Erfurt 2001).

pier“, das von Ben-Gurion und Weizmann kurz nach der Londoner Konferenz aufgesetzt wurde und dessen Charakter die paramilitärische Vorbereitung einer staatlichen Verfassung der jüdischen Gemeinde war.[289] Die Verhandlungen selbst sowie die politischen Kontroversen der streitenden Parteien um die Punkte des Weißbuches und der Peel-Kommission versuchten die deutschen Faschisten für einen Propagandafeldzug gegen die britische Kolonialpolitik zu nutzen mit dem Tenor einer jüdisch-britischen Verschwörung gegen die Araber.[290]

Hitlers Armee überfiel Polen. Großbritannien wurde in den Krieg hineingezogen. Es war nicht ausgemacht, ob Juden oder Araber oder gar beide diesen Moment als eine „Gunst der Stunde“ betrachten würden, das Mandat eventuell gar mit Hilfe der Achsenmächte abzuschütteln und unter sich die Entscheidung herbeizuführen, wem das Land Palästina gehören sollte. Weder überfielen Araber die Juden, noch Juden die Araber; auch nutzte keine Seite den Krieg der Achsenmächte gegen England, um ihrerseits die Engländer aus der Levante zu vertreiben und „ethnisch reine“ Gebiete einzurichten. Zionistische Kreise hatten noch kurz zuvor mit der Stimme Ben-Gurions das primäre Ziel aller Juden formuliert, das Weißbuch mit allen Mitteln zu bekämpfen und nun verhielten sich die palästinensischen Juden bei Kriegsausbruch so „als existierte das Weiß-

---

[289] (1) Keine Beteiligung an Regierungsinstitutionen wie im Weißbuch vorgesehen, (2) Gesetzesverstöße in Bezug auf Einwanderung und Siedlungsaktivitäten, (3) Widerstand mit Gewalt gegen Entwaffnungsmaßnahmen, (4) Entwicklung von Seefahrtfähigkeiten (Befestigungseinrichtungen in der Umgebung der Hafenstadt Haifa) und Ausbau einer Verteidigungsindustrie („für uns selbst und die Briten“), (5) Ausbildung der Jugend unter einer zentralen Führung, (6) Förderung der Luftfahrt, (7) Trennung der „legalen“ (der *Supernumerary Police Force*) von der illegalen *Hagana*, (8) Aufbau eines illegalen Pressewesens, (9) Aufbau einer Verwaltung mit dem Ziel der Machtübernahme, (10) jüdische Herrschaft über Jerusalem und Stopp der britischen Einmischung in Tel Aviv, (11) Förderung lokaler Industrien, (12) Konsolidierung des *Yishuv* mit dem Ziel einer Kriegserklärung an die Implikationen des Weißbuches, (13) allgemeine und spezielle (landwirtschaftliche und militärische) Mobilisierung der Jugend.

[290] Detaillierteres ist in dem Buch *From Diplomacy to Resistance – A History of Jewish Palestine 1939-1945*, von Yehuda Bauer (hebräisch, Sifriat Poalim 1966, englisch, Philadelphia 1970) zu finden; britische Diplomaten suchten für die Prinzipien des Weißbuchs auf der Konferenz in London (Saint James Conference, London Anfang 1939) um Unterstützung seitens arabischer Regierungen – Saudi-Arabien, Irak, Jemen und Transjordanien – nach, erfuhren jedoch zu ihrer Überraschung, dass nach der Ablehnung durch den Mufti von Jerusalem (der als persona non grata – da bekannter Nazi-Sympathisant – nur durch einen Stellvertreter in London repräsentiert war) auch die von der Peel-Kommission konsultierten arabischen Regierungen ihre Zustimmung nicht publik machen wollten, so dass insgesamt das Unternehmen der Peel-Kommission zum Scheitern verurteilt war zumal auch die jüdische Gemeinde überwiegend Widerstand ankündigte.

buch nicht".[291] Die Entwicklung in Palästina verlief also dergestalt, dass nach Kriegsausbruch Frieden zwischen allen verfeindeten Lagern herrschte. Paradoxerweise rief dieser Zustand wiederum Unfrieden hervor, denn das Weißbuch hatte im Artikel 10 (4) vorgesehen, dass im Falle „peace and order have been sufficiently restored", das Volk von Palästina einen entscheidend weiteren Schritt zur Selbstverwaltung machen könne. Die Führer der arabischen Länder und Parteien wiesen die Vertreter der britischen Regierung häufig darauf hin, dass die Zeit des Handelns gekommen sei. Da aber die britische Regierung beschloss, erst das Ende des Krieges abzuwarten, fühlten sich die Araber, wie schon öfter in der Geschichte der Beziehungen ihrer Länder zu den Briten von ihnen getäuscht. Dies machte einige sogar anfällig für die deutsche Propaganda, die in ihren Berliner Arabischsendungen diese Situation weidlich ausnutzte, wovon die *NSDAP-Landesgruppe Palästina* auf lokaler Ebene ebenfalls profitieren konnte.[292] Diese komplizierten politischen Konstellationen hatten nicht nur lokale Auswirkungen: Britische Politiker wussten um die weltweiten Auswirkungen der britischen Politik. Eine jüdische Unzufriedenheit mit den Briten würde die große und einflussreiche jüdische Gemeinde in den U.S.A. zum Druck auf den amerikanischen Verbündeten motivieren können, zum Nachteil

---

[291] Bauer, 1970, S. 83: „At that time, propaganda emphasizing the war against Hitler was carried on in the Jewish community in Palestine, as if the White Paper did not exist. In September 1939 a popular muster was organized in which more than 136,000 men and women were enrolled [...]"

[292] Rolf Balke, Hakenkreuz im Heiligen Land – *Die NSDAP-Landesgruppe Palästina*, Erfurt 2001. Der Verfasser erwähnt, dass schon 1936 die arabischen Palästinenser gefordert hätten, dass die Palästina-Deutschen – Mitglieder der NSDAP und Nicht-Mitglieder – Embleme der Nazipartei tragen sollten, um Verwechslungen mit den jüdischen Siedlern zu vermeiden (ebd., S. 73). Die deutsche Gemeinde in Palästina rekrutierte sich aus Mitgliedern einer württembergischen, pietistischen Templergemeinde (gegründet 1861) und weiteren, eingewanderten Kolonisten. Die Kolonie wies einen außergewöhnlich hohen Organisationsgrad von 17 % NSDAP-Mitgliedern auf (ebd., S. 69). Seit 1938 wurde in Deutschland ein arabischsprachiges Programm gesendet mit der Ausrichtung, Partei für die arabische Seite gegen die britische (Mandats-) Politik zu ergreifen. In Palästina gelangte die *Jewish Agency* beispielsweise aufgrund abgehörter Telefonate zur Erkenntnis, dass Araber von Mitgliedern der deutsch-evangelischen Gemeinde an Waffen aufgebildet würden (ebd., S. 91). 1939 berichtete der Britische Geheimdienst, dass die nachrichtendienstlichen Aktivitäten des offiziell als Vertreter des *Deutschen Nachrichtenbüros* tätigen Dr. Reicherts – in Wahrheit ein SD-Agent – ein gefährliches Ausmaß erreicht haben sollten, da er Einfluss bei den Arabern ausübte, die dem Kreis um den Mufti Hadj Amin El-Hussein zuzurechnen seien, um einen erneuten arabischen Aufstand mit Geld und Maschinengewehren zu unterstützen (ebd., S. 119); Fakt ist jedoch, dass die deutsche Unterstützung der Araber ausschließlich propagandistischer und finanzieller Natur (Unterstützung des Muftis von Jerusalem, der ein Bewunderer Hitlers war und zweimal mit ihm persönlich konferierte) war, die militärische ist Ausdruck von Befürchtungen zu werten.

britischer politisch-militärischer Beweglichkeit überfällige Entscheidungen zu treffen; arabische Unzufriedenheit wirkte sich aus auf Araber in Europa, besonders auf den Balkan, auf den Nahen Osten, Nordafrika und – so befürchteten es britische Politiker – dass auch andere Kolonialvölker des Britischen Imperiums wie die (muslimischen) Inder in den palästinensischen Ereignissen einen Modellfall für die britische Umgehensweise mit ihren eigenen Emanzipationsbestrebungen sehen könnten, da sie in Kontakt mit den arabischen Palästinensern standen; bei all dem muss dieses enge Verhältnis von Politik und militärischen Direktiven beachtet werden, denn die militärische Macht Großbritanniens bestand schließlich zum großen Teil aus kolonialen Hilfstruppen. Eine generelle, historische Veränderung des (post-)kolonialen Zustandes stand auf der weltpolitischen Agenda, Entscheidungen wurden jedoch aufgrund der Kriegsereignisse aufgeschoben.

Die erste Prüfung der geschichtspessimistischen These ergab ein differenziertes Bild: Die Katastrophen der geschichtlichen Ereignisse (res gestae) fallen ins Auge und verursachen unwillkürlich reflexartig eine Verallgemeinerung, die als ein erstes, primitives (theoretisches) Geschichtsbewusstsein (historia rerum gestarum), in diesem Fall als geschichtspessimistische These, ihren Niederschlag findet. Die Betrachtung der konkreten Ereignisse, das Festhalten von Differenzen, produziert ein realitätsgetreueres Abbild des Ganzen des Geschichtsprozesses. Besonders die unterschiedlichen, praktizierten Lösungen solcher katastrophalen Ereignisse müssen eine ihnen gerecht werdende Berücksichtigung erfahren. Dies gebietet erst recht dann eine um Objektivität bemühte Geschichtsbetrachtung, wenn solche Kämpfe gegen den Automatismus gerichtet sind, der beständig dafür sorgt, dass die eine Gräueltat die andere zwangsweise, als Kausalnexus, nach sich zieht und es den Subjekten der Geschichte erleichtert, sich vom Strudel der Ereignisse mitziehen zu lassen. Dieser ersten Korrektur müsste also eine zweite folgen, die, aufs engste mit der ersten zusammenhängend, das Verständnis von Geschichte selbst thematisiert. Vieles von dem liegt den bis hier beschriebenen „Begebenheiten" zugrunde: Man kann als Araber nicht zusammen mit Juden in einer Einheit kämpfen, wenn das Bewusstsein diese Gemeinschaftlichkeit nicht zulässt. Im Folgenden soll deshalb eher die konkrete tägliche Praxis der Menschen in Palästina beleuchtet werden, so dass die Urteilskraft des Lesers selbst die Schlüsse ziehen kann, dass es sich bei vielen Ereignissen auch um den Ausdruck eines anderen Geschichtsbewusstseins handelt, dem es um eine zukunftsfähige Politik geht, in diesem Falle handelt es sich um nicht weniger als die Überwindung der Grenzen des Nationalismus.

7.9 Tägliches Handeln in Palästina

Seit wenigen Jahren sind die geheimen Dokumente des Britischen Außenministeriums der Öffentlichkeit zugänglich.[293] Sie enthalten ausschließlich die politische Korrespondenz. Das heißt, dass alle Themen explizit militärischer Natur an das von Churchill gegründete War Office ergingen. Die Dokumente umfassen alles, was dem Hochkommissar in Palästina/Transjordanien wichtig erschien, nach London gesendet zu werden: Berichte von Spionen, Auszüge aus Magazinen, Monatsberichte zur Lage im Mandatsgebiet, Einfluss des Wetters auf die Landwirtschaft usw. Die Warnung des Herausgebers und Mikrofilmproduzenten (lexisnexis) – „The pages in this volume are too tightly bound for all words to be reproduced in entirety" – erhält geradezu eine tiefere Bedeutung. Ohne in Pathos zu verfallen, gewinnt ein Leser doch zunächst den Eindruck, der, geschichtstheoretisch ausgedrückt, einem Pessimismus das Wort redet: Was dort alles reproduziert worden ist, kann kaum in Worte gefasst werden, da jedes berichtete Ereignis Produkt einer Vielfalt unterschiedlichster politischer Strömungen und Auswirkungen ist, also einen gefährlichen Hintergrund hat, der die Ereignisse explodieren lassen kann. Ein erster Versuch der Entwirrung des Chaos politischen Handelns lässt das bekannte fatale Reiz-Reaktions-Muster von Gewalt und Gegengewalt als Erklärung geschichtlichen Handelns aufscheinen. Auch weitere analytische Versuche führen nicht zu einem abschließend zufriedenstellenden Ergebnis.
Ein für die Zukunft Palästinas wichtiges Dokument stammt vom Britischen Hochkommissars Harold MacMichael,[294] das hier etwas ausführlicher als Zitat zu Wort kommen soll. Der Hochkommissar bezieht sich einleitend auf seinen letzten Bericht, in dem die Ereignisse in Palästina bis zum 20. August beschrieben sind. Der jetzige Bericht umfasst die Ereignisse ab dem 20. August 1939.

„1. Der britische Hochkommissar für Palästina, Harold MacMichael, schrieb unter dem Datum des 29. Dezembers 1939 einen 37 Seiten langen Bericht an

[293] *Confidential British Foreign Office political correspondence: Palestine and Transjordan*, 1940-1946, University Publications of America, Bethesda Md. 1994; 35 Mikrofilme (abgekürzt als "Confidential").

[294] Ihre Bezeichnung lautete offiziell *Palestine Regiment*; in der Antwort auf den oben zitierten Brief wird ans Kriegsministerium berichtet, (1) dass das *Palestine Regiment* aus Palästina nach Ägypten und in die Cyrenaika geschickt würde, (2) dass das „Erste *Jüdische Bataillon* von Palästina in die Cyrenaika geschickt würde (*Confidentia*, 18. Juni 1943). Als Vorläufer der *Jüdischen Brigade* sind wohl u.a. zu zählen: No. 5 Water Transport Company, Nos. 5 and 6 Palestine Motor Companies, Nos. 178 and 462 GT Company, 468 GT Company und 1039 Port Operating Company.

seinen Vorgesetzten Malcolm MacDonald aus dem Kolonialministerium, der hier in Auszügen wiedergegeben zu werden verdient:[295]

2. (*Bezug auf mögliche arabische Reaktion bei einem Kriegsausbruch*) Dass Feindseligkeiten in Kürze ausbrechen würden, wurde der Öffentlichkeit durch die angeordnete Brief- und Telegraphiezensur am 26. August deutlich. Dieser ominöse Schritt rief am folgenden Morgen (den 27. August) bei den beiden arabischen Tageszeitungen *Al Difa'a* und *Falastin* eine sofortige und positive Reaktion hervor. Beide brachten in großer Ausführlichkeit die Parlamentsreden von Mr. Chamberlain und Lord Halifax. Es gab auch ein fühlbares Interesse an Vorsichtsmaßnahmen gegen Luftangriffe bei der arabischen Bevölkerung (*des Weiteren wird berichtet, dass die angekündigten beiden Feiertage zu einem Sturm auf die Banken und Geschäfte führten, was von Stunde zu Stunde besorgniserregender wurde*).
Diese schlimmen Entwicklungen spiegelten sich in der arabischen Lokalpresse wider. *Falls Krieg ausbricht*, so schrieb *Falastin* am 27. August, *dann wird es ein Krieg zwischen den totalitären und den demokratischen Regimes sein und dabei wäre es für die Araber gut, vorläufig die Politik von Großbritannien und Frankreich ihnen gegenüber außer Acht zu lassen und zwischen den beiden Ideologien zu wählen.* Aufgrund ihrer Traditionen und ihrer Geschichte neigen die Araber zu den Demokraten *Abe*r, so schloss der Verfasser, *lasst uns hoffen, dass eine arabische Unterstützung in der gegenwärtigen Krise die westlichen Mächte auch dazu bringen werde, uns unsere vollen Rechte zu geben*. Während der folgenden vier Tage schnellte der Verkauf der arabischen Zeitungen auf phänomenale Zahlen hoch (für Palästina) und die arabische Stimmung stieg und fiel mit den Gezeiten der Nachrichten, die Frieden oder Krieg in Aussicht stellten. Aber der Einmarsch der Deutschen in Polen am 1. September zerstreute die letzten Hoffnungen auf Frieden – Hoffnungen, die von der Mehrheit der arabischen Bevölkerung dieses Landes sehnlichst gewünscht wurden.

3. Sobald jedoch der Krieg unausweichlich erschien, sprach sich die arabische Meinung für eine Unterstützung Großbritanniens aus. Am Tage des deutschen Überfalls auf Polen wurden arabische Abgeordnete bei den Bezirksämtern in Jaffa und Nablus vorstellig – in Jaffa, um anzubieten, einen Trupp arabischer ziviler freiwilliger Arbeitskräfte für die A.R.P.[296] und andere dringende Aufga-

[295] *Confidential (etc.)*; die Mikrofilmrollen sind nach Jahreszahlen geordnet; die Dokumente sind pro reel (Rolle) durchnummeriert; dieses Dokument aus dem Jahre 1939 trägt die Seitenzahl 67-104; das Dokument selbst ist in nummerierten Abschnitten – 44 an Zahl – gegliedert.
[296] Air Raid Precaution - Schutz vor Luftangriffe.

ben zu organisieren; in Nablus, um die Dienste ihrer Landsleute im Bezirk von Samaria uneingeschränkt Groß Britannien im Falles eines Krieges zur Verfügung zu stellen.
Die britische Kriegserklärung an Deutschland vom 3. September war der Auslöser weiterer Zeichen arabischer Unterstützung. In Jerusalem boten mir die Führer der Defence Partei die volle Zusammenarbeit ihrer Mitglieder an. In Beersheba und Gaza, Jaffa, Ramalha und Jerusalem, Nablus, Tulkarm, Jenin und Tarshiha im Galilea und Acre-Bezirk meldeten sich Delegationen bei den Distriktbeamten, um ihre Sympathie und Unterstützung für die Sache der Alliierten zum Ausdruck zu bringen. Viele andere derartige Mitteilungen erreichten mich per Telegramm oder Brief, von Individuen oder Körperschaften, einschließlich der Kuratoren Haram es Sherif in Jerusalem, der moslemischen Ulema von Majdal im Unterbezirk von Jaffa und von Fakhri Abdul Hadi, einem berüchtigten Banditen von 1936[297], dessen Segenswünsche im Namen des Dorfes Arrabeh, nahe Jenin, übermittelt wurden.

4. Eine weitere interessante Reaktion seit dem Kriegsausbruch war der überraschend auftauchende spontane Appell in der arabischen Presse, dass angesichts der Gefahr, die Palästina drohte, die ihrerseits ein Resultat der deutschen Bedrohung von Freiheit und Liberalität für die ganze Welt war, die Araber in Palästina sich nicht nur auf die Seite der Alliierten schlagen, sondern auch ihre lokalen Probleme beiseiteschieben sollten, um ihre Rolle in dem Weltkonflikt zu spielen in der Hoffnung, dass, sollte Gerechtigkeit triumphieren, sie auch angemessen für ihre Loyalität belohnt werden würden.
Einige Tage später wurde dieser Appell in deutlichere Sprache gefasst, etwa in dem Sinne, dass jetzt die Zeit gekommen sei, dass alle ihre lokalen Probleme beiseitelegen, ihre Feindschaften begraben und sich mit aller Macht auf die größeren Probleme der Welt konzentrieren sollten.
[...] Berlin reagierte mit einem Angriff auf die christlich orientierte *Falastin* und stigmatisierte ihre Eigentümer als bezahlte britische Agenten und willfährige Objekte britischer Einschüchterungspolitik. Diese Angriffe waren nicht ohne repressive Folgen; an zwei aufeinanderfolgenden Tagen in Haifa und Nazareth wurden Zeitungsverkäufer von Hooligans auf offener Straße angerempelt und die Zeitungen zerrissen. Es handelte sich jedoch nur um eine kurzlebige Reaktion [...]
Dennoch, sowohl *Falastin* als auch *Difa'a* (Namen zweier Zeitungen) ließen sich nicht durch diese unangenehmen Erfahrungen von ihrer mutigen Kampa-

[297] Das erste Jahr (Generalstreik) der arabischen Aufstände.

gne gegen den arabischen Terrorismus abschrecken. Bei zwei Gelegenheiten nahmen sie kein Blatt vor den Mund.
Die erste ergab sich nach einem Mordanschlag auf Mr. Lewis, den Direktor des Veterinärmedizinischen Krankenhauses in Jerusalem am 30. September in der Nähe eines arabischen Dorfes auf dem Ölberg. *Es ist die Pflicht der arabischen Presse*, schrieb *Falastin*, *unser Bedauern auszusprechen und mit deutlichen Worten zu erklären, dass derartige Ereignisse in keinerlei Beziehung zu den Problemen unseres Landes stehen, sondern schädlich sind für unser Land [...]. Wir sind davon überzeugt, dass die zivilen und militärischen Behörden unseren Kommentar gebührend prüfen und zu der Auffassung gelangen werden, dass unsere Nation nichts mit solchen Morden zu tun ha*t. Diesem Kommentar folgte wenige Tage später ein starker Artikel – ebenfalls im *Falastin* – in dem der ehrliche Wunsch nach Frieden unter den Arabern zum Ausdruck gebracht wurde, gefolgt von einem Appell, alle Meinungsverschiedenheiten und alle lokalen Probleme zu begraben; es wurde zudem dazu aufgerufen, unter dem Schutz der Regierung Komitees einzurichten, die Blutfehden zwischen den Dörfern befrieden sollten.
Die zweite Gelegenheit betraf einen kaltblütig ausgeführten Mord an drei Arabern in den Außenbezirken von Nablus, die am 20. Oktober erschossen wurden, als sie gerade ihre morgendliche Ramadan-Mahlzeit in ihrem Haus einnahmen. Sowohl *Al Difa'a* als auch *Falastin* verurteilten diese politisch motivierte terroristische Tat, die noch nicht einmal davor zurückscheue, den heiligen Monat des Ramadan zu verunreinigen, indem Mörder gedungen wurden, um persönliche Rechnungen zu begleichen. *Lange haben wir über solche Taten den Mantel des Schweigens gehalten*, schreibt *Al Difa'a. Sie widerstreben dem arabischen Charakter und stehen im Gegensatz zu den Lehren des Islam. Aber dieses Schweigen wurde genutzt zum Schaden des Landes; die Lehren des Gottes sind machtlos. Der heilige Monat des Ramadan, während dessen Zeit Arabern und Muslimen Krieg zu führen verboten ist, ist in Palästina mit Blutvergießen begonnen worden. Wir in Palästina sind dabei, die Sympathien der arabischen Welt zu verlieren. Falastin* schrieb im gleichen Stil. *In der Vergangenheit appellierten wir immer wieder an die arabischen Herrscher, unsere Sache zu unterstützen. Jetzt appellieren wir an sie, den Arabern zu helfen, Rache und Bosheit zu vergessen.*

5. Aber allmählich, im Verlauf des Oktobers und Novembers, wurde die arabische Meinung – und ich möchte hinzufügen, gleichermaßen auch die britische und jüdische – zunehmend beschäftigt mit den verwirrenden Ereignissen des, wie man so dachte, *merkwürdigen Krieges* [...]
[...] Hitlers Kredit fiel immer tiefer und schließlich, als der Britisch-Französisch-Türkische Pakt unterzeichnet wurde, schien den meisten eine mögliche Gefährdung Palästinas durch den Krieg weit entfernt; und als auch die Verei-

nigten Staaten ihr Waffenembargo aufhoben und ihre Quellen von Kriegsmaterial den kämpfenden Demokratien öffneten, da verlor Hitler in ihren Augen den Ruf, den er so lange genossen hatte, ein Mann des Schicksals zu sein. Gegenwärtig ist es wahrscheinlich zutreffend zu sagen, dass die arabische Bevölkerung von Palästina in ihm einen schon dem Untergang geweihten Mann sehen und mehr daran interessiert sind zu erfahren, *wie* er enden wird als *wann* […]
6. Vom palästinensischen Standpunkt betrachtet erwischte der Krieg die Juden überraschend. Alle lokalen jüdischen Führer befanden sich auf der Genfer-Konferenz […][298] entsprechend waren sowohl die Juden als auch die Araber zeitweilig führerlos in Palästina.
Es war nur natürlich, dass alle Juden des Landes sich sofort bereit erklärten, die Alliierten zu unterstützen; sie stellten ihre Erbitterung bezüglich der politischen Differenzen mit der jüngsten britischen Politik hintan. Es ging nicht so sehr darum, dass wir und die Franzosen wegen unserer Garantie Polen gegenüber Maßnahmen ergriffen, sondern darum, dass wir kämpften, um das Nazi-Regime zu zerstören mit all dem, was es für das Judentum bedeutete.
Um die Spannungsgeladenheit dieses einhelligen Gefühls zu illustrieren, scheint mir nichts besser geeignet zu sein als eine Passage aus der Rede von Dr. J.L. Magnes, dem Präsidenten der Hebräischen Universität von Jerusalem zu zitieren. Er sprach am 29. Oktober zu seinen Studenten anlässlich der verschobenen Eröffnung des Herbstsemesters:

> *Was ist passiert? Satan ist im Freien. Die Inkarnation des Teufels sitzt auf dem deutschen Thron. Das Prinzip des Bösen ist Fleisch geworden. Der Teufel hat seinen Krieg von der Kette losgelassen und wer vermag jetzt noch sich zurückzulehnen und nicht Partei zu ergreifen – mit dem Teufel zu sein oder gegen ihn? Ich scheue vor der Blasphemie zurück zu sagen, dass unsere Seite die Seite Gottes ist und dass wir auserwählt sind. Aber was ich sage ist dies: Der Teufel kann jetzt von allen Menschen erblickt werden.*

Dieser Appell wirkt umso dramatischer, wenn man bedenkt, dass Dr. Magnes noch im vergangenen Jahr ein Kriegsdienstverweigerer war.

7. Die Worte von Dr. Magnes sind ohne Zweifel repräsentativ für die innersten Regungen der Juden bei Kriegsausbruch […]
Für die Juden hat der Krieg die Qualität des persönlichen Horrors, was ein Nicht-Jude kaum ermessen kann. In Palästina lebt die am dichtesten zusammenlebende jüdische Gemeinde der Welt. Entsprechend gibt es nur wenige Ju-

[298] 21. zionistischer Kongress in Genf im August 1939; Re.

den in Palästina, in deren Leben die Tragödie von Verwandten und Freunden, die unter den Händen der Nazis leiden, nicht hautnah gegenwärtig ist – seien sie in Polen, Österreich, Böhmen, Mähren oder in Deutschland. Sie empfinden diese von den Nazis ausgeübte Behandlung [...] umso schmerzhafter als sie in Palästina unter britischer Herrschaft sind

Das zweite Gefühl ist ein politisches und es rührt von den jüdischen Erinnerungen des letzten Krieges her. Damals war die jüdische Kraftanstrengung nicht weniger von ganzem Herzen auf Seiten der Alliierten gegen Deutschland geleistet worden; 1917 wurde dies mit der Balfour-Declaration belohnt. Der Ausbruch der gegenwärtigen Feindseligkeiten rief sofort Erinnerungen von 1917 wach; von Anfang an war eine unterschwellig vorhandene Entschiedenheit bei all den Maßnahmen zu verspüren, die die jüdischen Organisationen unternahmen, um den Alliierten jüdische Unterstützung zu geben: Ihre sofort gegebenen spontanen Hilfsangebote sollten den jüdischen Stempel tragen. Juden sollten sich als Freiwillige melden und zwar als Juden und nicht als Polen oder Tschechen oder gar als Palästinenser. Sobald wieder Frieden herrscht, hätten die Juden zurecht zu fordern – was einige Zeitungen taktlos eine zweite Balfour-Declaration nannten – die eine Passage enthalten müsste, die die politische Linie des Weißbuches vom vergangenen Mai korrigieren müsste.

8. Dennoch, die jüdische Demonstration von Loyalität vor und nach der Kriegserklärung hätte nicht spontaner und prompter sein können [...]. (Es wird Ben-Gurion zitiert, der auf dem Zionistischen Kongress die Formulierung brachte: *Bekämpfung des Weißbuchs aber Freundschaft mit Großbritannien.*).

Einer der Vorschläge (*der palästinensischen Vertreter der Jewish Agency*; Re.) bestand in dem Vorschlag, für Juden aus Palästina eine Mobilisierung vorzunehmen. Sie schätzten, dass die mögliche militärische Stärke 40.000 Männer ausmachen würde und schlugen vor, dass man schon Vorsorge treffen könnte, sie militärisch auszubilden. Zusätzlich gäbe es noch Ärzte, Ingenieure und andere Techniker, deren Dienste für das nationale Aufgebot genutzt werden könnten.

Die Vertreter der *Jewish Agency* empfahlen außerdem, dass einige ortsansässige industrielle Einrichtungen in Fabriken umgewandelt werden könnten, die Munition, militärisches Gerät und andere kriegsrelevante Materialien herstellen könnten.

Einige Tage vor Ausbruch der Feindseligkeiten versammelten sich in Tel Aviv, in der Nähe des Polizeihauptquartiers, eine große Zahl von Juden, um sich als Rekruten für Notdienste zur Verfügung zu stellen; am Tag des Kriegsausbruchs erließ der Exekutivausschuss der *Jewish Agency* einen Appell, der – im Anschluss

an eine Solidaritätsadresse des *Yishuv*[299] mit der Sache der Alliierten – alle Juden Palästinas dazu aufrief, die Reihen zu schließen und als ein geschlossenes Volk dem englischen Volk und der britischen Armee vollste Unterstützung zu geben.
Am folgenden Tag strich die hebräische Presse einen ähnlich lautenden Appell des Dr. Weizmann heraus und neben zahlreichen Telegrammen jüdischer Loyalität gab es auch ein an den König gerichtetes vom Obersten Rabbi für Palästina. Die Antwort des Königs auf dieses Telegramm, die das Londoner Radio brachte, erfreute sehr die hiesige jüdische Gemeinde. [...]
Es ist bemerkenswert, dass es seit Kriegsausbruch keine jüdischen terroristischen Überfälle gegeben hat, noch ist die Stimme des unabhängigen jüdischen Senders in Palästina gehört worden. All dies ist umso erwähnenswerter, da noch am 26. August zwei britische Polizeiinspektoren, Mr. Cairns und Mr. Barker, die gerade Ausschreitungen der Revisionisten [...][300] untersuchten, mit einer Zeitbombe mitten im Geschäfts- und Wohnviertel Jerusalems ermordet wurden.

9. (Der *Yishuv* registrierte weibliche und männliche Freiwillige zwischen 18 und 40 Jahren, die der jüdischen Gemeinde oder dem britischen Militär zur Verfügung stehen würden; die Freiwilligen mussten sogar eine medizinische Untersuchung absolvieren; so wurden an die 134.000 Personen erfasst.) Aber diese lobenswerte Unternehmung besaß nach Auffassung der Alliierten den entscheidenden Nachteil, dass die *Jewish Agency* der Militärbehörde folgerichtig nahe legte, dass diese der britischen Krone gemachten Angebote an die Bedingung geknüpft sein sollten, dass die Freiwilligen als Juden und in erkennbar jüdischen Einheiten ihren Dienst für Palästina ausüben sollten. Diesem Wunsch wurde ganz entschieden nicht entsprochen[301], eine Weigerung, die vom Jüdischen Sprecher als eine Diskriminierung der Juden als Juden bezeichnet wurde, indem er darauf hinwies, dass es Polen und Tschechen erlaubt worden sei, nationale Armeen in Frankreich zu bilden und – er griff zum letzten Strohhalm – dass sogar die Zyprioten als rein-zypriotische Einheit der R.A.S.C.[302] organisiert und als solche Teil der britischen Streitkräfte in Ägypten wären.

---

[299] Die jüdische Gemeinde; unterschieden wird zwischen der *Alten Yishuv*, der alten in Palästina ansässigen Gemeinde, die dem religiösen Studium gewidmet war und von wohltätigen Gaben lebte und der *Neuen Yishuv*, die mit der modernen, säkular ausgerichteten Gemeinde identifiziert wird und aus späteren Immigranten besteht.
[300] Name einer jüdischen Partei zionistischer Ausrichtung, 1925 von Jabotinsky gegründet, die für die beschleunigte Errichtung eines Staates Israel eintrat; sie stand in Opposition zu der von Weizmann verfolgten moderaten Richtung.
[301] Im Original: *This demand was necessarily refused* [...]

Den jüdischen Freiwilligen wurde aber nicht nur von den britischen militärischen Behörden eine Abfuhr erteilt. Im Verlaufe des Oktobers wurden vom tschechoslowakischen Generalkonsulat in Jerusalem Maßnahmen eingeleitet, alle geeigneten Bewerber gleich welcher Nationalität mit Wohnsitz in Palästina für den Dienst in der tschechoslowakischen Armee in Frankreich zu registrieren. Als erstes Ergebnis gibt es schon ein tschechoslowakisches Kontingent aus Palästina in Frankreich und ein weiteres wird folgen. Das Personal dieses Kontingents umfasst ungefähr 90% jüdische Freiwillige; aber auf ausdrücklichen Wunsch von Dr. Beneš wurde dem hiesigen Wunsch, diese Einheiten offiziell als jüdische anzuerkennen nicht entsprochen und die Freiwilligen verließen dieses Land als Tschechoslowaken. Der Wunsch von Dr. Beneš wurde etwas später in London von Dr. Weizmann wohlwollend aufgenommen und öffentlich gutgeheißen.

10. Ich freue mich mitteilen zu können, dass der Wunsch nach freiwilligen Rekruten für gewisse Hilfsdienste in der Armee mit Dienst in Palästina oder anderswo sowohl von Arabern als auch von Juden gut aufgenommen wurde. Diese Freiwilligen befinden sich zurzeit in der militärischen Ausbildung in Sarafand und sind, soweit ich informiert bin, in einem guten Zustand für die Aufgaben, die für sie vorgesehen sind.
Was die Juden betrifft, so haben sich die Militärbehörden darauf verständigt, dass in der Regel jüdische Rekruten von der *Jewish Agency* erfasst werden. Diese Regelung schließt aber nicht aus, dass sich nicht auch einzelne Juden zur Erfassung unmittelbar an die Militärbehörden wenden können, wenn sie dies wollen. Entsprechend ist die *Jewish Agency* dagegen, dass Juden außerhalb Palästinas und der angrenzenden Länder für militärische Aufgaben eingesetzt werden. Sie waren auch dagegen, dass gemischte Einheiten, für die Juden und Araber nach Bedarf vorgesehen wären, zusammen den Dienst verrichteten. Angesichts dieser Behinderungen entschied man sich, dass die Rekrutierung von Juden ohne das Mitwirken der *Jewish Agency* vonstattengehen sollte. Im Falle, dass eine größere Zahl von Juden sich zum Militärdienst unabhängig von der *Jewish Agency* melden würden, verständigten sich die Militärbehörden darauf, zur ursprünglichen Regelung – wie oben beschrieben – zurückzukehren, aber erst dann, sobald die Agency ihre vorbehaltliche Klausel betreffs der gemischten Einheiten und des allgemeinen Militärdienstes hinsichtlich der Rekrutierung für britische Einheiten widerrufen hätte.

[302] Es handelt sich hierbei um eine Hilfstruppe der britischen Armee (Royal Army Support Corps).

[…]

28. Aus Gründen einer strukturierten Ordnung habe ich die arabischen und jüdischen Ereignisse und Reaktionen getrennt behandelt; aber ich muss hinzufügen, dass diese Ordnung nur der Lesbarkeit dient, aber keine Betonung der Einseitigkeit oder gar Animositäten der zwischen-ethnischen Beziehungen für den hier in Frage kommenden Zeitraum impliziert. Der politische Antagonismus zwischen den beiden Gemeinschaften existiert weiterhin bezüglich der Themen, die die Zukunft Palästinas betreffen. Aber der Kriegsausbruch und die Bewusstwerdung der fürchterlichen Wirkung, die er sowohl auf die Araber als auch auf die Juden haben wird, führte dazu, dass viele auf beiden Seiten überzeugt sind, dass es jetzt nicht an der Zeit sei, der britischen königlichen Regierung Schwierigkeiten zu machen. Dies ist verbunden mit einem Gefühl des Überdrusses, besonders auf arabischer Seite, aufgrund des so lange währenden Chaos, unter dem das Land gelitten hat, was wiederum dazu führte, dass sich eine klare Tendenz bei dem überwiegenden Teil der Bevölkerung abzeichnet, sich von dem Thema „Palästina-Politik“ abzuwenden und sich immer stärker ihren eher normalen Beschäftigungen zu widmen. Das Resultat sind viele ermutigende Zeichen des erneuerten Kontaktes zwischen Arabern und Juden und ich bin froh sagen zu können, dass es unter diesen veränderten Bedingungen eine Vermischung der beiden Ethnien gegeben hat, gegen die keiner etwas einwendet und die viele heimlich begrüßen. Arabische und jüdische Kaufleute kooperieren und dort, wo das Leben der ärmsten Teile der Bevölkerung beider Gemeinden empfindlich betroffen ist, gab es Zeichen der Freundlichkeit und sogar der gegenseitigen Sympathie besonders während der schwierigen Tage im September und zu Anfang des Oktobers als die Bedürftigen beider Ethnien die Not der zeitweiligen Lebensmittelknappheit zu spüren bekamen.
Es gab auch gemeinsame Anstrengungen von Vertretern der arabischen und jüdischen Zitrusindustrie, um mit den Problemen des Versands fertigzuwerden; so empfing ich eine gemeinsame Abordnung zu diesem Problem; sie waren nicht nur bereit, mit der Regierung zu kooperieren, sondern auch miteinander. Sie sind noch nicht zu einer detaillierten Abmachung über die Kooperation gekommen, aber die Tatsache, dass sie sich auf einer freundschaftlichen Basis trafen und dass sie sich überhaupt trafen, bedeutet Einiges. Ich möchte ungern übertreiben und die Bedeutung dieser Annäherung[303] als ein Omen für die Zukunft bewerten und beschränke mich daher darauf nur das wiederzugeben, was sich tatsächlich ereignet hat.“

[303] Im Original unterstrichen.

7.10 Abschließende Reflexion

Natürlich wäre es naiv, den Standpunkt des Geschichtspessimismus zu kritisieren, indem man zur Überzeugung gelangen könnte, das Übel zukunftsorientierter Politik läge eben in der *Betrachtung* der Geschichte, woraus zu folgern wäre, sich von dem Alb der Geschichte zu befreien und nur „nach vorne zu schauen", als wäre eine Zukunft ohne Vergangenheit zu haben und die Leugnung, Ignorierung, der berühmte „Schlussstrich" unter die Vergangenheit, bedeute Befreiung für eine ganz andere, bessere, da von der Last der geschichtlichen Ereignisse „befreite" Zukunft. Wenn allerdings, wie zu Anfang gesagt, zwei Völker, das palästinensisch-arabische und das jüdische, beide auf die Geschichte zurückblickend sagen können, es handele sich um eine Anhäufung von Katastrophen, dann sind beide in Pessimismus oder gar Zynismus vereint, eine Position, die moralisches Handeln ausschließt. Es gibt keine Möglichkeit, sich von der Vergangenheit zu befreien, da sie schon in der Gegenwart enthalten ist, die ihrerseits die Zukunft determiniert. So bleibt nur der Ausweg, angesichts der überwiegend katastrophalen Vergangenheit beider Völker, die Souveränität des politischen Handelns zurückzugewinnen. Es bleibt also das Problem, „wie" mit Geschichte umgegangen werden könnte, wobei die Zielsetzung über vernunftgemäße Einsicht hergestellt werden muss: Die Freiheit politischen Handelns zu bewahren.

Hegels Geschichtstheorie ist die schon zu Anfang eingeführte begriffliche Unterteilung in *historia rerum gestarum* und *res gestas* zu verdanken.[304] Die erstere nennt er die *subjektive* Seite der Geschichte, Geschichte als Geschichtserzählung; letztere nennt er die *objektive*, das *Geschehene*. Beides zusammen ist Geschichte. Der geschichtlich handelnde Mensch lässt sich von der „Theorie", also von seinem Geschichtsverständnis, leiten während er handelt. Ist sein theoretisches Verständnis reduziert auf die Verallgemeinerung dessen, was bisher geschehen ist, so enthält dies keine Befreiung von der Kette der Geschehnisse, er handelt unfrei. Hegel geißelt jene, die Politik nur im Sinne einer *Revitalisierung* des Alten, Vergangenen betreiben. Sie zünden *ihre Flamme an der Fackel eines erschlafften Dämons an* und können daher *nur kalte und bei ihrer Einmischung in Politik und Zwecke nur eingeschränkte und wirkungslose Fanatiker werden*; mithin vermögen sie *nur eine Erinnerung vergangener Zeiten* zu geben, womit sie *die gegenwärtigen [...] noch mehr verwirren, aber nicht andere Zeiten herbeiführen.*[305] Derartige Ereignisse sind nach Hegel nicht geschichtsbildend; die Geschichte der Menschen ist die der Freiheit, die auch die Anstrengung impliziert,

304 *Vorlesungen über die Philosophie der Geschichte*, Ffm., Werke 1970, Bd. 12, S. 83.

305 *Der Geist des Christentums und sein Schicksal*, 1789-1800, Ffm., Werke, Bd. 1, S. 295.

sich in Teilen von der Vergangenheit loszulösen, um Neues zu schaffen. Die Idee der Freiheit kommt nach Hegel vornehmlich in den „Heroen“ wie Alexander, Caesar, Napoleon etc. zum Ausdruck, die zwar meinen, ihre eigenen, partikularen Ziele zu verfolgen, in Wahrheit jedoch das „listige, vernünftige“ Geschäft der Idee der Freiheit betreiben, so werden sie in Wahrheit zu *Geschäftsführern des Weltgeistes.*

Nun kann nicht behauptet werden, dass es in der hier betrachteten geschichtlichen Epoche in der palästinensischen Region *Geschäftsführer des Weltgeistes* gegeben habe, die visionär und durch ihre bewegenden Taten geschichtlich Neues geschaffen hätten – falls man Hegels geschichtsphilosophischen Überlegungen überhaupt folgen will. Fast alle geschichtlichen Ereignisse (res gestae) und die sie steuernden politischen Vorstellungen über die Taten und Ereignisse (historia rerum gestarum) scheinen dem klassischen nationalen Gedankengut des 19. Jahrhunderts verhaftet zu sein.

Hegel spricht aber in seinen zitierten *Vorlesungen über die Philosophie der Geschichte* nicht nur allgemein von *historischen Individuen*, die auftreten, wenn sich die *Fortbildung, das Weiterschreiten verknüpft mit einer Herabsetzung, Zertrümmerung, Zerstörung der vorhergehenden Weise der Wirklichkeit*, sondern trifft Aussagen für die bürgerliche, gegenwärtige Zeit, in der zwar noch *Weltgeistpersonen* wie Napoleon auftreten, aber auch grundlegend anderes passiert: *Dies ist besonders ein wesentliches Moment unserer Zeit, wo die Menschen wenig mehr durch Zutrauen und Autorität zu etwas herbeigezogen werden, sondern mit ihrem eigenen Verstande, selbständiger Überzeugung und Dafürhalten den Anteil ihrer Tätigkeit einer Sache widmen wollen.*[306]

Wollen wir eine pessimistische Welt- und Geschichtsauffassung nicht teilen, da eine solche Position implizieren würde, dass sich die Menschen ihrer Verantwortung für ihre vergangenen und künftigen Taten entledigen könnten, da alles unterschiedslos „schwarz eingefärbt“ ist; wollen wir aber auch nicht dem – von Hegel durchaus mitverursachten – Vorurteil folgen, nach großen Persönlichkeiten zu suchen, die den Weltgeist repräsentieren, so müssen wir schlicht nach dem suchen, was Hegel für das *besonders wesentliche Moment unserer Zeit* hält. Die Behauptung ist die, dass während der Kriegszeit viele durchschnittliche Araber und Juden das von Hegel verlangte Geschichtsbewusstsein erlangten: Sie verstanden die Kriegsereignisse als einen Kampf, übertrieben einfach ausgedrückt, als einen Kampf zwischen Gut und Böse, der nicht an nationalen Grenzen Halt macht; sie wussten, dass die Nazis besiegt werden mussten, sonst gäbe es weder für sie individuell, noch für ihre Parteizugehörigkeit, ihr vorhandenes oder erwünschtes Land noch für die Menschheit eine lebenswerte Zu-

[306] Ebd., S. 37

kunft. Wer der Auffassung ist, es handele sich bei der hier diskutierten Konfliktüberwindung des nationalen durch ein supranationales Bewusstsein lediglich um eine lokal palästinensische Einmaligkeit, die keinerlei Verallgemeinerung und Übertragung erlaube, wird um eine Erklärung verlegen sein wie denn Juden, denen es nach all dem hier Dargestellten um die Gründung eines Nationalstaates ging, die palästinensische nationale Zugehörigkeit aufgaben und als Tschechen (s.o.) gegen Nazi-Deutschland kämpfen wollten. Dies hat nichts mit dem arabisch-jüdischen Konflikt zu tun, sondern mit dem Bewusstsein, dass es höherwertige soziale Formen gibt als die nationale.

Folgen wir weiterhin Hegel, so ist interessant, dass für die Zeit des Kriegsausbruchs im Grunde sowohl die Juden als auch die palästinensischen Araber führerlos waren. Dass beide Seiten dennoch im Hegelschen Sinne „vernünftig" handelten, den sektiererischen Kampf spontan einstellten, sich den Rekrutierungsstellen aufdrängten und gemeinsam soziale und wirtschaftlich Probleme des Landes angingen, belegt Hegels These von der *selbständigen Überzeugung und* (dem selbständigen) *Dafürhalten* dieser Menschen. Diese Vernunft hat sich letztlich in der Organisierung solcher Menschen in vielen militärischen Einheiten manifestiert und besonders in den *Palestine Buffs*. Selbst Yehuda Bauer[307] kommt nicht umhin festzuhalten, dass sich die palästinensischen Juden entgegen ihrer eigenen politische Führung verhielten und *Ben-Gurions Ansinnen, den britischen Vorschlag, sich* (für die Palestine Buffs; Re.) *rekrutieren zu lassen, abzulehnen, nicht hinnahmen*. Während unterschiedliche politische Führer der Juden (z.B. die Parteien *Hashomer Hatzair* und *Mapai*) noch intensiv diskutierten, ob eine mögliche Beteiligung ihrer Jugend am Krieg gegen Hitler beschränkt werden sollte auf die Verteidigung ihres „eigenen" Landes (Städte, Kibbutzim, Palästina), hatten sich schon bis Ende 1941 knapp 11.000 Juden in allen möglichen britischen Einheiten freiwillig dienstverpflichtet.

Wenn diese Einsicht geteilt werden kann, wird der Widerspruch erklärungsbedürftig, den die Geschichtsschreibung darstellt: Es ist nachvollziehbar, dass Juden einen Nationalstaat gründen wollten, da alle anderen im Laufe ihrer Geschichte praktizierten Integrationsversuche sie nicht vor Verfolgung bewahrten. Es ist auch nachvollziehbar, dass ihr ausersehenes Staatsgebiet zu einem Konflikt mit den dort lebenden Bewohnern führte, wobei es keine Rolle spielt, ob das Land aus Wüste bestand oder nicht, ob dort Nomaden umherzogen oder nicht. So ist konsequenterweise auch verständlich, dass die dortigen Bewohner ebenfalls in einem nationalstaatlichen Gebilde mit staatlichen Repressionsinstrumenten, Polizei, Militär, die Antwort sahen, sich gegen die Eindringlinge,

[307] *The Jews did not accept Ben-Gurion's demand to reject this British proposal and refuse to participate in the enlistment*, 1970, S. 89.

die auf ihrem Gebiet einen fremden Staat errichten wollten, zur Wehr setzten. Es muss wohl auch nachvollziehbar sein, dass eine bürgerliche Geschichtsschreibung die Lösung sozialer Konflikte nur im Rahmen nationalstaatlicher Organisation begreifen kann. Es fällt dennoch schwer, dies zu akzeptieren, da diese Lösung nur eine von vielen ist, die im Laufe der Menschheitsgeschichte praktiziert wurde und deshalb nicht als natürlich angenommen werden kann, zumal diese Lösung sich im Laufe der Nationalgeschichten nur als eine scheinbare herausgestellt hat, die in sich den Keim noch größerer, zerstörerischer Konflikte birgt. Es ist enttäuschend, dass nationale Bestrebungen, die mitverantwortlich sind für die Schrecken der beiden Weltkriege, nicht die gebührende Aufmerksamkeit bekommen, wenn diese Schranken überwunden wurden, wie durch eine supranationale Brigade, *The Buffs*, nachweisbar.

Eine Erklärung drängt sich auf: Der Charakter einer solchen Einheit erinnert zu sehr an die Internationalen Brigaden, die u.a. in Spanien den Versuch unternahmen, den Faschismus zu bekämpfen, und zwar in einem internationalen Rahmen, der noch mehr, anderes bedeutet als ein supranationaler. Die Existenz einer solchen Einheit ist ein Modell der Lösung von einigen Menschheitsproblemen, die nicht auf der Grundlage nationalstaatlicher, partikularer Interessen entwickelt werden. Da wir immer noch in dieser alten Zeit der Nationalstaaten leben mit einer nationalen Basis des international operierenden Kapitals, sind solche Modelle geächtet. Dieses provokatorische Angebot einer Erklärung enthält keine hinreichende Antwort. Würde man es unternehmen Hegel oberflächlich zu verstehen, könnte man sagen, dass die von Briten geschaffene supranationale Brigade Ausdruck der „List der Vernunft" gewesen ist, also eine Realisierung des Vernünftigen entgegen dem subjektiven Bewusstsein einer imperialistischen Macht: Gerade, weil die Briten ihr Imperium sichern wollten, wendeten sie ein Mittel an, das diesem Ziel konträr war. Allein, das Britische Imperium hat keine internationale Brigade ins Leben gerufen, der Imperialismus ist nicht bekämpft worden.

Die aktuelle Frage sei die, ob es nicht auch heute hinreichend Gründe gibt, die nationalen Schranken des geschichtlichen Bewusstseins zu überwinden und anders, als die vergangenen Ereignisse (res gestae) es zu erzwingen scheinen, zu handeln. Anders gesagt: Warum muss es erst Kriege geben, um Leistungen hervorzurufen, die in ihrer Fortschrittlichkeit für die Menschheit so beeindruckend sind? Der Rückblick auf die Geschehnisse hat gezeigt, dass es zur Zeit des Zweiten Weltkrieges viele Menschen gab, die das Bewusstsein hatten, Neues zu schaffen, den Nationalismus zu überwinden und durch ihre Taten, unter Einsatz des Lebens, den alles bedrohenden Faschismus zu bekämpfen. Auch heute gibt es genügend Probleme allein in Palästina, die keine Rücksicht auf nationale Grenzen nehmen und bekämpft werden müssen. Es ist nicht an uns, diese Probleme aufzuzählen. Araber und Israelis kennen sie, die Welt kennt einige. Es wäre ein Gewinn für die Weltgemeinschaft, hier modellhafte Lösungen zu sehen, seien es die bekannteren, die das Zusammenarbeiten von Menschen unterschiedlicher Herkunft betrifft, seien es vielleicht weniger bekannte praktische Probleme wie die Gewinnung und Verteilung des Trinkwassers. Es gibt einige Menschen, die es unternommen haben, solche Probleme gemeinsam anzugehen. Noch ist die Meinung – das „Andere der Vernunft" – gegen sie.

V. Folgendes gilt für jeden Krieg, so seien alle nationalen Verweise gelöscht.[308]

Am 23. August 1943 verfehlten Bomber ihre Ziele in der Hauptstadt, so dass das Altbachische Archiv (der Singakademie), sein Schicksal nicht mit dem der Staatsoper teilen musste. *Das Archiv sollte in bombensicheres Gebiet verbracht werden.* Zu Kriegsende, im Mai 1945, wurde das Gebiet, in das das Archiv zusammen mit anderen Kulturgütern ausgelagert worden war, erobert und das Altbachische Archiv auf Umwegen in eine der Hauptstädte der Länder der siegreichen Union verfrachtet. Am 5. November 1945 begann die Musikbibliothekarin Liubow Favndovna Fainshtein ihre Inventarisierung.

Was mag sie gedacht und gefühlt haben, während sie diesen Schatz aus D. in endlosen Stunden sichtete und ordnete?

Es ist nicht das Land der Mörder, das sich ihr in diesen Blättern zeigt.
Es ist das Land der Mörder, das diesen Schatz verwirkt hat.[309]

Die Bibliothekarin, Frau Fainshtein, weiß, dass sie sich bemühen wird, wenigstens ihre Arbeit dem Erhalt der Bachschen Noten, einem Teil des wertvollen Erbes der Menschheit, mit Liebe, Energie und fachlichem Wissen zu widmen. Selbst wenn die nächsten Kriege noch gründlicher versuchen sollten, die Menschheit mitsamt ihren Schöpfungen (fast) restlos zu vernichten, könnte es doch sein, dass die Musik Bachs überlebt und Liebe und Harmonie verkünden würde. Sie wird nicht verstehen, wie überhaupt ein „totaler Krieg" ausgerufen werden kann, nach dessen Ende keine zivilisatorische Existenz mehr bestehen dürfte, geschweige denn Schöpfungen der Menschheit. So wird sie die Ohnmacht spüren, dass alle Warnungen vor dem faschistischen Wahn vergebens waren.[310] Aus irrationalen Gefühlen ließ sich ableiten, dass Juden als keine

---

[308] Hagedorn, Volker, *Bachs Welt – Die Familiengeschichte eines Genies*, ²2016 Hamburg, S. 311-339. (Zitate in Kursiv und von mir hervorgehobenen; Re.)

[309] Ebd. S. 339

[310] *Der Führer schützt das Recht* (Kershaw, Ian, *Hitler 1889-1936: Hubris*, (Band I), dt. 1998, 2013, München, S. 654 und die weiteren Folgen der sog. Kristallnacht: *Die Versicherungsgesellschaften erhielten die Mitteilung (nach der sog. Kristallnacht; Re.), sie würde, damit ihr Auslandsgeschäft keinen Schaden nehme, für die Verluste aufkommen müssen. Die Zahlungen sollten aber ans Reich und selbstverständlich nicht an die Juden gehen*. (Kershaw, Ian, *Hitler 1936-1945: Nemesis*, (Band II), dt. 2000, 2013, München, S. 204.

rechtsfähigen Menschen galten, die jederzeit ihres Eigentums beraubt werden konnten, um die wirtschaftlichen Krisen Deutschlands zu überbrücken. Auch Homosexuelle, die Kriegsgegner der Bibelforscher, aber auch verwundete Soldaten, die nicht mehr „kriegsverwendungsfähig" waren, wurden anfangs ermordet bis einige Bischöfe intervenierten.[311]
Der faschistische Umgang mit Menschen ist an grauenvoller Tiefe kaum auszuloten: Es ist insbesondere das allen Konzentrationslagern frühzeitig bekannte Verfahren, sog. *Konserven* bereitzuhalten. Frau Fainshtein, ob in Kenntnis dieser Dimensionen der Menschenverachtung oder ohne solches Wissen wäre kaum geneigt, ihre Aufgabe ruhen zu lassen. Sie rettet, gegen alle Einwände, das Humanum in der Gestalt des Archivs der Partituren Bachs.
Der erste Tote des Zweiten Weltkriegs war Franz Honiok, ein Landmaschinenverkäufer, der politisch für die polnische aber auch für die deutsche Seite engagiert war. Nachdem den deutschen Behörden vor dem 1. September 1939 der Wunsch Hitlers verkündet wurde, einen „Kriegs-grund" zu fabrizieren, wurde Franz Honiok von der Gleiwitzer GESTAPO verhaftet und als „Konserve" behandelt: Bei dieser Aktion des gewünschten, fingierten „Überfalls" wurden zunächst Insassen des Konzentrationslagers Sachsenhausen ausgesondert. Sie sollten anfangs (ihre Zahl wurde später halbiert) bewusstseinstrübende Injektionen erhalten und dann in PKWs (wie Franz Honiok zum Sender Gleiwitz) oder LKWs an den ausgesuchten Ort gebracht werden, wo sie, in polnische Uniformen gesteckt, erschossen wurden als vermutlich polnische Kämpfer eines freien Polen.[312] Das Unternehmen sollte streng geheim vonstattengehen, jedoch wurde die Presse mit keinen Fotos oder Details versorgt. Verrat der Aktion zog die Todesstrafe, die Ausrottung der gesamten Sippe nach sich. Wie in den vielen Fassungen der alten, griechischen Komödien geht es darum das herauszufinden, was einen Menschen zu einem Menschen macht: In der gar nicht so lustigen Komödie von Peter Hacks *Amphitryon*[313] muss Alkmene, die Gattin des Amphitryon, darum kämpfen, nicht zu einem Spiel*zeug* von Jupiter zu werden:

Alkmene (an Jupiter gerichtet):
[…] Bin ich abzüglich dessen,
Was ich für Sie bin, nichts?

[311] Zum Beispiel Clemens Augustinus Joseph Emmanuel Pius Antonius Hubertus Marie Kardinal Graf von Galen (1878 bis 1946) in Münster, Westfalen (wikipedia, 11.4.23).
[312] Alfred Spieß und Heiner Lichtenstein, *Unternehmen Tannenberg – Der Anlaß zum Zweiten Weltkrieg*, (Zollhaus Hochlinden und Forsthaus Pitschen) 1989, Ffm./Berlin, S. 69 ff. und S. 130 ff.; überarbeitete Fassung, *Der Sender Gleiwitz*, Muzeum w Gliwicach 2022, Text: Kamil Kartasinski).
[313] 1971, 1974 Berlin/Weimar, S. 320.

Nur Gattin, nicht Alkmene?

„Dem Judentum gegenüber kann nicht von Humanität die Rede sein, das Judentum muss zu Boden geworfen werden."[314] Dass es auch zu den Verbrechen der Wehrmacht gehört, dass Soldaten der Roten Armee nicht als Menschen, sondern als Tiere behandelt werden,[315] bedeutet – wenn man nur um ein Geringes die Konsequenzen überdenkt – den Weg zur Selbstvernichtung zu beschreiten, da nun die Soldaten der Roten Armee ganz anders zu handeln getrieben werden. Wird nun das Wort „Konserve" für Menschen verwendet, so besteht ihre Identität darin, eine im wörtlichen Sinne „Sache" zu sein, die etwas enthält, das konsumiert wird (hier; die Täuschung über den Anlass zum Kriege), um die dann leere Dose auf den Müllhaufen zu werfen. Die faschistische Sprachregelung hat die Sprache an ihr zynisches Ende kommen lassen. Allerdings:

> „Die Überwindung des Inhumanen setzt Agenten des Humanismus voraus trotz der Härte und Unbarmherzigkeit, die ich in seinem (Hitlers; Re.) Gesicht zu sehen glaubte, gewann ich den Eindruck, dass da ein Mann war, auf den man sich verlassen konnte, wenn er sein Wort gegeben hatte." (Chamberlain an seine Schwester)[316]

Diese humane Voraussetzung lokalisiert Chamberlain in Hitler als die in Sprache gefasste Überzeugung von Hitler. Sie ist aber lediglich vermutet und als „Beredsamkeit des Herzens" (eloquentia cordis) als Täuschung bekannt. Aber das, was sprachlich bei Hitler zutage tritt, kann auch Produkt einstudierter Schauspielkunst sein als „Sprache des Körpers" (eloquentio corporis). Als solche gehört diese Sprache der Schauspielkunst zur Verschleierungstaktik (Dissimulation) von Kriegsplänen und der Erzeugung (Simulation) von (womöglich noch charakterlicher) Integrität. Chamberlain ist nicht der einzige, der von Hitler getäuscht wurde, er mag sogar das ganze deutsche Volk getäuscht haben. Ein modernes Volk ist inhomogen, es gab, wenn nicht in der eigenen Familie, dann doch bei den Nachbarn, gequälte Juden, Aufenthalte in den Lagern, Verwundete etc.
Es ist bequemer, unser hochverehrter Professor Immanuel Kant, an die Wahrheit des sprachlichen Ausdrucks zu glauben als an die realen Ursachen der kör-

[314] Ian Kershaw, Band II, op.cit. Nach Goebbels soll dies Hitler gesagt haben, S. 760.
[315] Ebd. S. 601.
[316] Günter Blamberger, *Von der Faszination ästhetischer Ideen und der Macht poetischen Denkens*, 2021 Paderborn, S. 90.

perlichen Erscheinung, wie er gepflegt sein mag im Wohlfahrtsstaat oder grausam zerstört bei den Nicht-Nutznießern des von Hitler auserwählten Volkes.

Über den Autor

Dieter Redlich, Dr. phil., Jahrgang 1944, Magister in Romanistik, Philosophie, und Historischen Hilfswissenschaften, Staatsexamina in Anglistik, Pädagogik, Promotion in Soziologie. Lehrtätigkeiten u.a. an den Universitäten Bochum (Mittelalterliche Philosophie und Sprachwissenschaft), Dublin (Philosophie), Dortmund (Zweiter Bildungsweg, unterschiedliche Schulformen), Duisburg-Essen (Lehrerausbildung; Studium Generale). Ehrungen von der vietnamesischen Gesundheitsbehörde.

Im Haushalt meiner Eltern gab es einen großen Bücherschrank, der neben den Klassikern auch viel Kulturgeschichtliches enthielt. Einiges interessierte mich, anderes nicht. Auf der weiterführenden Schule bildeten wir einen Klub der Philosophen und beschäftigten uns besonders mit dem zeitgenössischen Theater, waren begeistert und vertieften kulturelle Themen. Im Laufe der Zeit schien Philosophie für Breitgefächertes (Sprachen, Geschichte, Soziologisches und Psychologisches) ideal zu sein (wir lasen eher Sartre als Heidegger). Für Vieles waren wir offen, so war es und so ist es auch bis heute geblieben. Das mag alles gradlinig in ein Studium und einen Beruf gedeutet haben, aber als schlechter Schüler muss das Leben wohl auch Anderes geboten haben und von ihm ergriffen worden sein.

„Der Krieg ist der Vater aller Dinge und der König aller. Die einen macht er zu Göttern, die andern zu Menschen, die einen zu Sklaven, die andern zu Freien." (Heraklit) Kriege nur als Waffengänge zu betrachten, verkürzt sie auf den Akt der Gewaltausübung. Dabei ist gerade das „Vorspiel" der Ereignisse, die sich im Fokus der Pariser Commune zutrugen, als kulturelles Theater zu verstehen: Welcher Prinz heiratete welche Prinzessin? Und warum war dies von ungeheurer Tragweite? Für welche dynastischen Ziele mussten bzw. sollten Bürger sterben? Und – wäre es nicht an der Zeit, derlei Machtspielen ein für allemal ein Ende zu setzen? Welcher Souverän ist fähig, gegenüber dem Volk verantwortungsbewusst und rechenschaftspflichtig politische Entscheidungen zu treffen? Und was geschieht, wenn diese vom Volk autorisierte Person oder entsprechend das Gremium eine fehlerhafte, die Gemeinschaft schädigende Entscheidung getroffen hat? Es sind genau diese Überlegungen und Schlussfolgerungen, die im Jahre 1870 von den Kommunarden angestellt wurden und zur Errichtung der Pariser Commune führten. Sie stellt somit – exemplarisch für die Herrschaft des Proletariats – gerade heute einen gewichtigen Bezugspunkt für die Formen direkter Demokratie dar. „Die Commune wollte alles und hatte doch für Weniges nur 73 Tage Zeit. Dieses ‚Wenige' war jedoch so viel, dass bis heute fast alle sozialen und revolutionären Bewegungen davon zehren können."

Dieter Redlich (2020): Die Pariser *Commune*: und der französisch-deutsche Krieg 1870/71. 288 Seiten, 978-3-939556-80-0, 23,99 Euro